비극의 탄생

비극의 탄생

발행일	초판 1쇄 2017년 2월 23일	펴낸곳	잇다
	초판 2쇄 2018년 12월 11일	등록	제300-2015-43호. 2015년 3월 11일
	개정판 1쇄 2023년 2월 20일	주소	(04035) 서울시 마포구 양화로11길 64, 401호
지은이	프리드리히 니체	전화	02-6494-2001
옮긴이	김출곤·박술	팩스	0303-3442-0305
기획	김마리·김보미·김영수·김준섭	홈페이지	itta.co.kr
	김현우·김희윤·박효숙·이주환	이메일	itta@itta.co.kr
	최성경·최성웅		
편집	장지은·남수빈		ISBN 979-11-89433-69-7 (04100)
디자인	남수빈		ISBN 979-11-89433-16-1 (세트)
제작	영신사		

ⓒ 김출곤·박술·잇다, 2023

비극의 탄생
DIE GEBURT DER TRAGÖDIE

프리드리히 니체
FRIEDRICH NIETZSCHE

김출곤·박술 옮김

DIE

GEBURT DER TRAGÖDIE

AUS DEM

GEISTE DER MUSIK.

VON

FRIEDRICH NIETZSCHE,

ORDENTL. PROFESSOR DER CLASSISCHEN PHILOLOGIE AN DER
UNIVERSITÄT BASEL.

LEIPZIG.
VERLAG VON E. W. FRITZSCH.
1872.

도판 1. 《비극의 탄생》 초판본(1872) 표지

〈리하르트 바그너에게 바치는 서문〉에서 이 표지가 언급된다. "아마도 당신은 겨울 눈 속에서 저녁 산책을 마친 뒤, 표지에 그려진 결박에서 풀려난 프로메테우스를 살피고는 제 이름을 읽고서……."(1,23)

도판 2. 라파엘로, 〈그리스도의 변용〉

4장에서 라파엘로의 〈그리스도의 변용〉이 언급된다. "불멸의 소박한 자들 중 한 사람이었던 라파엘로 역시 비유적인 그림 한 폭으로, 가상이 가상으로 쇠락하는 과정을, 소박한 예술가와 아폴론적 문화의 원초과정을 우리에게 묘사해주고 있다."(1,39)

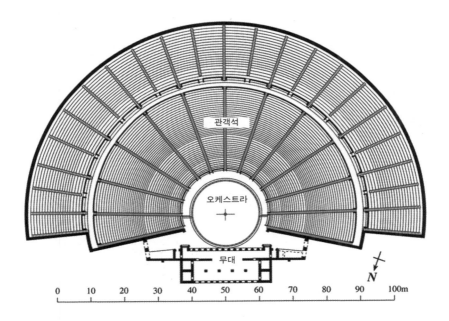

관객석

오케스트라

무대

0 10 20 30 40 50 60 70 80 90 100m

N

도판 3. A. von Gerkan, *Das Theater von Epidauros*(1961)의
실측도에 기반한 고대 그리스의 에피다우로스 극장 평면도

고대 그리스 극장은 대개 산중에 위치했다. 에피다우로스 극장은 기원전 300~340년경에 지어진
것으로 만 명 이상의 관객을 수용할 수 있었다. 니체는 7장과 8장에서 극장의 전체구조 및 위치와
연관시켜 가무단을 해석한다. "그리스 극장의 형태는 외진 산골짜기를 연상시킨다. 무대건축은
장려한 테두리와 같이, 한복판에 계시되는 디오니소스의 영상 주위를 두르고 있는 것으로
나타난다."(1,60)

도판 4. 알브레히트 뒤러, 〈기사와 죽음과 악마〉(1513)

니체는 쇼펜하우어의 《의지와 표상으로서의 세계》 2판 서문을 염두에 두고 뒤러의 그림을
언급했다. "무장한 기사가 청동과도 같이 단엄한 시선으로, 소름 끼치는 위험을 지나면서도 동요하지
않고, 아무런 희망도 없이, 오직 말과 개와 함께 자신의 참혹한 길을 갈 줄밖에 모른다. 우리의
쇼펜하우어가 그와 같은 뒤러의 기사였다. 어떤 희망도 없었지만, 그는 진리를 원했다."(1,131)

일러두기

1. 이 책은 Friedrich Nietzsche, *Die Geburt der Tragödie*를 번역한 것이다. 저본으로는 *Sämtliche Werke. Kritische Studienausgabe in 15 Bänden*, hg. Giorgio Colli & Mazzino Montinari (de Gruyter, 1999, Neuausgabe)를 사용했다. 이 전집판을 인용할 때는 관례에 따라 약호 'KSA' 및 권수와 면수를 표기했다. 가령 (KSA 6,302)는 6권 302면을 가리킨다. 단, 《비극의 탄생》을 인용할 때는 'KSA'를 빼고 (1,133)과 같이 표기했다. 그 외 참고한 문헌은 다음과 같다.

   KSB Friedrich Nietzsche, *Sämtliche Briefe. Kritische Studienausgabe in 8 Bänden*, hg. Giorgio Colli & Mazzino Montinari (de Gruyter, 1986, 2. Auflage)

   FS Friedrich Nietzsche, *Frühe Schriften, in 5 Bänden*, hg. Hans Joachim Mette et al. (DTV, 1994)

   Reibnitz Barbara von Reibnitz, *Ein Kommentar zu Friedrich Nietzsche, " Die Geburt der Tragödie aus dem Geiste der Musik"* (Kap. 1 - 12)(Metzler, 1992)

   Schmidt Jochen Schmidt, *Kommentar zu Nietzsches Die Geburt der Tragödie* (de Gruyter, 2012)

   Diels/Kranz Hermann Diels & Walther Kranz, *Die Fragmente der Vorsokratiker* (Weidmann, 1951/1952, 6. verbesserte Auflage)

2. 본문 중간 및 하단 안쪽에 삽입된 숫자는 저본의 면수를 가리킨다.
3. 작은따옴표는 가독성을 위해 임의로 추가한 표시이며, 내용 이해를 돕기 위해 원문에 없는 표현을 추가한 경우 [ ]로 표시했다.
4. 원문의 강조는 굵은 글자로 표시했다.

자기비판의 시도[1]

1

[11] 이 의문스러운 책 밑바탕에 깔려 있는 것이 무엇이든 간에, 그것은 분명 순위와 매력에서 제일가는 질문, 그것도 심오한 개인적 질문이었다 — 그 증거는 이 책이 기원한 시기이다. 1870/71년 독불전쟁[2]이 격화되던 시기였음에도 **불구하고** 이 책이 기원했던 것이다. 뵈르트 전투의 뇌성이 유럽을 휩쓰는 동안, 이 책의 아버지가 된 골몰자, 난제와 벗했던 자는, 알프스 벽지 어드메에서, 몹시 골머리를 앓으면서도 난제에 난제를 더하고, 그래서 몹시 근심하면서도 근심하지 않는 가운데, **그리스인들**에 대한 자신의 생각들을 적어나갔다 — 기이하면서도 접근하기 까다로운 이 책, 이 뒤늦은 서문이 (혹은 후문이) 헌정될 이 책의 핵심[3]을 쓴 것이다. 그러기를 몇 주간, 그리스인들과 그리스 예술의 이른바 "명랑성"[4]에다 찍어놓았던 물

---

1   《비극의 탄생》 초판(1872) 출간 이후 14년이 지나 신판(1886)이 출간될 때 이 〈자기비판의 시도〉가 추가되었다.
2   1870/71년 프로이센과 프랑스 간에 일어난 '보불전쟁'을 말한다. 니체는 '독불전쟁'이라 칭했다.
3   〈디오니소스적 세계관〉을 말한다. 이 글의 집필 및 니체의 군 입대와 관련해서는 권말의 〈작품 해제〉 참고.
4   "그리스적 명랑성"은 요한 빙켈만Johann Joachim Winckelmann(1717~1768)이 《고대 예술사》(1764)에서 기초를 잡은 개념이다. 18~19세기 독일에서는 중세의 무거움과 대비시켜 그리스 문화의 밝음과 명랑성을 강조했으며, 이는 하나의 학문적 주제가 되었다.

음표에서 그때까지도 헤어나지 못하고, 메츠의 성벽 아래에서도 여전하기만 한 제 자신을 그는 발견하였다. 사람들이 베르사유에서 평화조약을 논의하던 그 팽팽한 긴장의 달에 마침내 그 역시 제 자신과 평화를 이루게되었고, 전장에서 집까지 따라온 질병에서 서서히 회복되는 가운데, "**음악정신으로부터의 비극의 탄생**"을 최종적으로 스스로에게서 [12] 확인하였다. — 음악으로부터? 음악과 비극? 그리스인들과 비극-음악? 그리스인들과 비관주의 예술작품? 이제까지의 인간들 중에서 가장 잘 살았던, 가장 아름다웠던, 가장 부러움을 샀던, 가장 삶을 살라고 유혹했던 부류인그리스인들이 — 어떻게? 바로 그들에게 비극이 **필요**했다고? 심지어 — 예술이? 무엇을 위해 — 그리스 예술이?...

이로써 독자는 [내가] 현존의 가치 어느 부분에 커다란 물음표를 찍었던 것인지 추측하게 될 것이다. 비관주의는 **필연적으로** 쇠퇴·붕괴·실패·지치고 쇠약한 본능의 징표일까? — 인도인들의 비관주의가 그랬던 것처럼? 그리고 우리 "현대" 인간과 유럽인들의 비관주의가 모든 면에서 그런 것처럼? 그게 아니라, **강함**의 비관주의가 있지 않을까? 현존의 가혹함·전율·악함·문제성에 탐닉하는 지적 편향은 현존의 안녕·넘치는 건강·**충만**에서 비롯하지 않을까? 혹시 넘침 자체로 인한 고난이 있는가? 눈초리가 아주 매서운 유혹자와도 같은 대담함에서 공포스러운 것을, 제 힘을 검증해볼 수 있는 적, 존경할 만한 적으로서 **염원**하는가? "공포"가 무엇인지를 한 수 가르쳐줄 적으로서? 아닌 게 아니라, 가장 훌륭하고 가장 강하고 가장 대담한 시대의 그리스인들에게 **비극적** 신화는 무엇을 뜻하는가? 그리고 디오니소스적인 것의 무시무시한 현상現狀[5]은? 그것으로부터 탄생

---

5   "현상現狀"으로 번역한 독일어 'Phänomen'은 그리스어 φαίνεσθαι(보이다, 드러나다,
    나타나다)'에서 유래한 외래어로, 19세기에 '경이롭고 위대한 현상'을 지칭할 때 쓰였
    다. 괴테의 용례에서 이를 확인할 수 있다. 유사한 의미의 독일어 'Erscheinung(나타남,
    現像)'은《비극의 탄생》에서 주로 아폴론적 영상과 관련한 전문용어로, 더러는 독일
    관념론의 의미로 쓰였다. 이것은 "현상現像"으로 옮겼다. 두 용어의 의미가 다르므로

한 비극은 무엇인가? — 그리고 비극을 죽음에 이르게 한 것, 도덕의 소크라테스주의, 이론적 인간의 변증술·자족성·명랑성은 또 무엇인가? — 아니 어떻게? 바로 이 소크라테스주의가 쇠퇴·피로·질병의 징후, 무정부적으로 해체되는 본능의 징후일 수도 있다고? 그리고 후대 그리스의 "그리스적 명랑성"이 황혼에 불과할 수 있다고? 비관주의에 **대항하는** 에피쿠로스적 의지가 고통받는 자의 조심성에 불과하다고? 그러면 학문 자체, 우리의 학문 — 그렇다, 삶이 병든 증상으로 보이는 모든 학문은 도대체 무엇인가? 모든 학문은 무슨 소용이 있는가, 더 심하게 묻자면, 모든 학문의 기원은 무엇인가? 아니 어떻게? 학문성이 비관주의에 대한 두려움과 도피에 불과할 수도 있다고? [13] 진리에 대항하는 절묘한 긴급방어에 불과하다고? 그리고 도덕적으로 말해, 비겁함, 허위 따위라고? 비도덕적으로 말해, 영리함? 오 소크라테스, 소크라테스여, 이게 너의 비밀이었던가? 오 비밀투성이의 반어자여, 이게 너의 — 반어였던가? — —

2

당시 내가 붙잡은 것은 무언가 무섭고 위험한 것, 두 뿔이 달린 문제,[6] 한 마리 황소까지는 아니어도 아무튼 **새로운** 문제였다. 지금의 나라면 **학문의 문제** 자체였노라고 말하리라, — 처음으로 학문이 문제가 있는 것으로, 의문스러운 것으로 포착되었노라고. 당시 나의 청년다운 용기와 의혹을 여기에 쏟아부었으니, — 그토록 청년기에 반하는 과제 속에서 생장해야만 했던 이 책은 그 얼마나 **불가능한** 책이었겠는가! 모든 것이 전달 가능성의

주의를 요한다.
6   "두 뿔"은 논리적 귀결상 모순되는 딜레마(두 전제)를 지칭하는 논리학 용어이다. 소
    피스트 논쟁에서 딜레마는 논적을 두 뿔에 받히게 하는, 즉 논리적 모순에 빠지게 만
    드는 기능을 했다.

한계에 육박했던, 그야말로 때 이르고 시퍼런 자기 체험으로부터 지어져
예술의 토대 위에 세워졌으므로 ─ 학문의 문제는 학문의 토대 위에서 인
식될 수 없기 때문이다 ─, 아마도 분석적이고 뒤집어볼 수 있는 능력을
부수적으로 갖춘 예술가(찾기도 어렵거니와 딱히 사람들이 찾아보려고도
하지 않는 예외적인 부류의 예술가)를 위한 책이며, 심리학적 혁신과 아티
스트[7]-비밀이 가득한, 아티스트-형이상학[8]을 배경에 두고 있는 책, 청년
의 용기와 청년의 침울이 가득한 청년의 작품이다. 이 책은 권위와 존경심
앞에서 몸을 숙이는가 싶은 대목에서도 실은 오만하고 독자적이며, 처녀
작이라는 말의 갖가지 나쁜 의미를 그대로 두더라도 한마디로 처녀작이
며, 무엇보다도 "지나친 장황함", "질풍과 노도"를 벗어나지 못했다. 다른
한편으로, 당시 (특히 이 책이 단둘이 대화를 나누듯 대화 상대로 삼았던 위
대한 예술가 리하르트 바그너에게서) 거두었던 성과를 감안하자면, [14] **입
증된** 부류의 책이다. 아무튼 "당대의 일류 인사들"[9]에게 만족을 주었을 정
도의 책이라는 말이다. 이 점을 유의해서 당연히 어느 정도 배려하고 묵인
하면서 이 책을 다루어야 할 것이다. 그럼에도 불구하고 나는 전혀 감추고
싶지 않다. 지금 나에게는, 16년이 지난 지금[10] 나에게는, ─세월을 겪은,
백배 더 까다로워진, 그러나 결코 더 차가워지지는 않은 눈에는, 이 책이

---

7 니체는 독일어 '예술가Künstler'와 프랑스어에서 유래한 외래어 '아티스트Artist'를 병
    용한다. "아티스트-형이상학"에서 굳이 외래어를 쓴 것은 예술의 목적성에 대한 저
    항, 즉 반도덕주의를 강조하기 위한 것으로 보인다. "예술을 위한 예술l'art pour l'art"
    (KSA 6,127) 및 1886년 유고(KSA 12, 115~116) 참고.
8 "아티스트-형이상학"의 붙임표는 니체가 의도적으로 쓴 것으로, '아티스트가 곧 형
    이상학'임을 뜻한다. 이 표현을 '아티스트의 형이상학'으로 읽는 것은 문법적으로 어
    긋나지는 않지만, 니체의 진정한 의도를 놓친 것으로 보인다. 〈자기비판의 시도〉에
    서 "아티스트-형이상학" 관련 표현들에 쓰인 붙임표는 예외 없이 같은 역할을 한다.
    가령 "아티스트-비밀"(1,13), "예술가-의미"(1,17), "예술가-신"(1,17), "세계-정당
    화"(1,18), "아티스트-형이상학(1,13; 1,17; 1,21)" 등이 그렇다.
9 프리드리히 실러, 〈발렌쉬타인〉 48행.
10 니체는 《비극의 탄생》 초판 출간 연도(1872)가 아니라 원고 집필이 시작된 때
    (1870)로부터 산정해 〈자기비판의 시도〉를 쓰는 이 시점을 "16년이 지난 지금"이라
    고 했다.

얼마나 불편하고 얼마나 생소한가. 그러면서도 이 눈에 생소하지 않은 바가 있으니, 이 대범한 책이 처음으로 과감하게 접근한 과제가 그것이다 — **학문을 예술가의 광학光學으로 보아야 하는, 나아가 예술을 삶의 광학으로 보아야 하는 과제** . . .

3

다시 말하지만, 오늘날의 나에게는 불가능한 책이다, — 나는 이르노라, 이 책이 형편없이 쓰였노라고, 둔중하며, 난감하며, 비유가 어지럽게 난무하며, 감정적이며, 자주 여성적이다 싶을 만큼 달달하며, 템포가 일정하지 않으며, 논리적 깔끔함의 의지 없이, 과신하면서, 하여 증명을 무시하고, 증명의 **예절** 또한 불신하면서, 입교자를 위한 책으로서, 음악으로 세례를 받은 자들, 즉 애초부터 공동의 희귀한 예술경험들로 결속된 자들을 위한 "음악"으로서, 예술들의 혈연을 알려주는 인식표로서 쓰였노라고, — "민중"을, 특히 "지식인"이라는 세속의 평신도[11]를 애초에 차단하려는 도도하고도 열광적인 책으로서, 그러나 그 효력이 예나 지금이나 증명하고 있다시피, 열광의 동참자들을 찾아 그들을 새로운 샛길로, 무도장으로 충분히 유혹할 수 있는 책으로서 쓰였노라고. 여기에서 어찌하든 설한 자는 — 사람들은 꺼리면서도 참신함을 느껴 이를 실토했다 —, 어느 **생소한** 음성이었으며, 그때까지 "알려지지 않은 한 신"[12]의 제자였으며, 한때 학자의 두건 아래, 독일인의 무거움과 무료한 변증술 아래, [15] 바그너 추종자들

---

11 고대세계에서 일반인은 신전 안의 제의에 참여하지 못하고 신전 밖에 머물러야 했다. 호라티우스는 송가에서 시의 영역에서 배제된 자들을 "세속의 평신도profanum vulgus"라고 지칭했다.

12 "알려지지 않은 한 신"은 신약성서 〈사도행전〉 17,23에 나오는 표현이다. 니체는 바울로의 말을 그대로 인용해 내용을 뒤집고 있다.

의 불량한 행색 아래 은신하기도 했던 자였다. 여기에 있는 것은, 그때까지도 이름조차 없었던, 생소한 갈망을 가진 어느 정신이었으며, 디오니소스라는 이름이 마치 물음표처럼 곧잘 따라붙었던 질문·경험·은폐물로 가득 채워진 어느 기억이었다. 여기에서 입을 연 것은 — 사람들은 의혹을 가지고 이렇게 말했다 —, 비의적이고 거의 마이나데스[13]적인 영혼과도 같은 것이었으며, 힘겹게, 제멋대로, 전할 것인지 숨길 것인지 결정하지도 못한 채, 이방인의 혀[14]처럼 더듬거리는 영혼과도 같은 것이었다. 그 영혼이, 그 "새로운 영혼"이 **노래**를 했더라면 — 설하지 말고! 내가 당시 말해야만 했던 그 무엇인가를 과감히 시인으로서 말하지 않았다니, 이 얼마나 유감이냐! 그렇게 할 수도 있었으련만! 아니면 적어도 문헌학자로서 할 수도 있었으련만, — 문헌학자에게는 오늘날 아직까지도 여전히 이 영역에서 거의 모든 것이 발견하고 발굴할 거리로 남아 있는데! 무엇보다 여기에 어떤 문제가 **있다**는 문제를 비롯하여, — 그리고 우리가 "무엇이 디오니소스적인가?"라는 물음에 답을 가지고 있지 못하는 한, 예나 지금이나 그리스인들을 전혀 인식하지도 못하고 전혀 표상할 수도 없다는 문제가 남아 있는데...

4

그렇다, 무엇이 디오니소스적인가? — 이 책에는 이에 대한 답변이 있다, — 한 명의 "지자知者", 자기 신의 입교자이며 제자인 자가 여기에서 설하고 있다. 그것이 그리스인들에게서의 비극의 근원인 만큼, 지금의 나라

---

13 마이나데스는 디오니소스의 시중을 드는 여인들이자 디오니소스 제의를 수행하는 여신도들이다. '마이나데스Μαινάδες'라는 명칭은 '광기μανία'에서 유래했다.
14 "이방인의 혀fremde Zunge"는 '외국어'를 뜻하기도 한다.

면 그토록 무거운 심리학적 물음에 관하여 아마도 좀 더 신중하게 말을 아껴 설하리라. 근본물음은 그리스인과 고통의 관계, 그리스인의 감수성의 정도인 바, — 이 관계가 일정하게 유지되었는가? 아니면 반전이 일어났는가? — 그들의 **아름다움의 염원**, 제전·축전·새로운 제의의 염원이 갈수록 강렬해진 바, 그것이 정말로 결여·결핍·우울·고통에서 생장한 것인가 하는 물음! 이 물음에 그렇다고 긍정한다면 — 페리클레스의 (혹은 투키디데스의) 위대한 추도사[15]를 보면 알 수 있다 —, 그렇다면, 시기상으로 더 앞섰던 정반대의 염원, [16] **추함의 염원**은 어디에서 유래하는가? 그 이전 옛 헬라스인[16]이 품었던 비관주의와 비극적 신화를 향한 의지, 현존의 바탕에 있는 온갖 공포·악·수수께끼·파멸·숙명의 영상影像을 향한 진정 강한 의지는 어디에서 유래한다는 말인가? — 그렇다면, 비극은 어디에서 유래한다는 말인가? 혹시 **욕망**으로부터, 힘으로부터, 넘쳐흐르는 건강으로부터, 지나치게 거대한 충만으로부터? 그렇다면, 생리학적으로 비극예술과 희극예술을 생장시켰던 광기, 디오니소스적 광기는 무슨 의미가 있을까? 아니 어떻게? 광기가 반드시 변질·쇠퇴·뒤늦은 문화의 증상이 아닐 수도 있다고? 혹시 — 정신과 의사에게 묻노니 — **건강해야** 한다는 신경증, 민족의 청년성과 민족의 소년성에서 비롯하는 신경증이 있는 것인가? 신과 염소가 사티로스로 합해졌다는 것은 무엇을 가리키는가? 무슨 자기 체험에서, 무슨 격량을 타려고, 그리스인은 디오니소스적인 열광자이자 원초인간을 사티로스로 생각해야만 했을까? 그리고 비극 가무단의 근원으

---

15 펠로폰네소스 전쟁에서 전사한 아테네 전몰자 위령제에서 페리클레스가 행한 유명한 연설을 가리킨다. 투키디데스, 《펠로폰네소스 전쟁사》 II, 35장 이하 참고.

16 니체는 "헬라스/헬라스적"과 "그리스/그리스적"이라는 표현을 함께 썼다. 대체로 "헬라스/헬라스적"은 소크라테스주의의 등장 이전을 가리키며, "그리스/그리스적"은 그 이후 좁은 의미의 그리스를 가리킨다. 물론 넓은 의미의 "그리스/그리스적"은 고대 그리스 전체를 가리킨다. 여기에서 니체가 비교급을 써서 "그 이전 옛 헬라스인 der ältere Hellene"이라고 한 것은 좁은 의미의 그리스와 대비시킨 것이다. 심리학적으로 말하면, "추함"을 염원했던 충만의 시기가 "헬라스"이며, 반대로 "아름다움"을 염원했던 결핍의 시기가 좁은 의미의 "그리스"이다.

로 말할 것 같으면, 그리스인의 몸이 활짝 피어오르고 그리스인의 영혼이 삶의 포말로 흘러넘쳤던 수 세기 동안, 혹시 풍토병적인 홀림이 있었던 것인가? 마을마다, 제의집회마다 번졌던 환시들과 환각들이? 어떤가? 그들 그리스인들의 젊음이 풍요로웠던 바로 그때에 비극적인 것을 **향한 의지**를 가졌고 비관주의자들이었다면? 다름 아닌 광기가, 플라톤의 말을 빌자면, 헬라스에 **가장 위대한 축복**들을 내렸던 광기[17]가 있었다면? 그리고 다른 한편으로, 거꾸로 말해서, 그리스인들이 다름 아닌 그들의 해체와 쇠약의 시기에 갈수록 낙관적으로, 갈수록 피상적으로, 갈수록 배우처럼 변해가고, 또한 논리와 세계의 논리화에 갈수록 발정하고, 그리하여 동시에 "갈수록 명랑해지고", "갈수록 학문적"이 되었다면? 아니 어떻게? 온갖 "현대적인 이념들"과 민주정 취향의 편견들과는 달리 **낙관주의**의 승리가, 우위를 차지하게 된 **합리성**이, 실천적이고 이론적인 **공리주의**가, 이와 동시대를 누린 민주정조차도, [17] — 꺼져가는 기력·다가오는 노년·생리적인 피로의 증상일 수 있다고? 그것들이 — 비관주의가 **아니겠냐고**? 에피쿠로스가 낙관주의자였다고? — 그것도 **고통받는 자**였는데도? — — 보다시피 이 책이 짊어진 것은 한 아름의 무거운 질문들이지만, — 거기에 이 책의 가장 무거운 질문을 얹어보자! 삶의 광학으로 보면, 무엇을 의미하는가 — 도덕은?...

---

17 플라톤의 대화편 《파이드로스》 244a 이하 참고. 소크라테스의 두 번째 연설은 헬라스인들에게 내린 광기의 축복에 관한 것이다. 그에 따르면 위대한 광기에는 예언술, 뮤즈의 예술, 철학 등이 포함된다.

5

이미 리하르트 바그너에게 바치는 서문에서도 예술이 ─ 도덕은 **아니다** ─ 인간의 진정 **형이상학적인** 활동으로 제시되었다. 본문에서도 '세계의 현존은 오직 미적 현상現狀으로서만 **정당화된다**'[18]라는 은밀한 문장이 몇 번이나 되풀이된다.[19] 실제로, 이 책 전반에 걸쳐 모든 사건 배후에 있는 하나의 '예술가-의미'와 '예술가-배후의미'만을 알 따름이다. ─ 그것은 신이라고 하고 싶다면 하나의 "신", 그러나 아무것도 괘념치 않는 비도덕적인 '예술가-신', 지을 때나 부술 때나, 좋을 때나 나쁠 때나, 자신의 한결같은 욕망과 자기 영광을 알려는 신, 세계들을 창조하면서 충만과 **넘침의 궁핍**으로부터 그리고 자신에게 밀려든 대립들의 고난으로부터 벗어나는 신이다. 세계는 매 순간 **이루어진** 신의 구원인바, '가장 고난받는 자, 가장 대립적인 자, 가장 모순적인 자'의 영원히 변천하고 영원히 새로워지는 환시이며, 신은 오로지 그 **가상** 속에서만 스스로를 구원할 수 있다. 이 아티스트-형이상학 전체를 두고 자의적이라고, 쓸모없다고, 허황하다고 해도 좋다. ─ 중요한 것은 이 형이상학이 여기에서 누설한 어느 한 정신이니, 그것은 언젠가는 온갖 위험을 무릅쓰고 현존에 대한 **도덕적인** 변명과 의미 부여에 대항하여 제 자신을 방어할 정신이었다. 여기에서 아마도 처음으로, "선악 너머"의 비관주의가 고지되었으며, 여기에서, 일찍이 쇼펜하우어가 지칠 줄 모르고 몹시 성난 저주와 벼락을 퍼부었던 "정신태도의 도착倒錯"[20]이 언

---

18 "정당화Rechtfertigung"는 신학 용어이다. 카톨릭에서는 "의인義認", 개신교에서는 "칭의稱義"로 번역한다. 그리스도교에 의하면, 인간은 죄가 있는 존재임에도 불구하고 믿음으로 말미암아 의롭다고 인정될 수 있다. 그리스도교와 의식적으로 대결했던 니체는 초기에 세계 현존의 정당화(의로움) 문제를 고심하였으나, 이후에는 현존 자체가 불의하지 않으므로 정당화가 필요 없다고 보았다. 세계의 현존은 그 자체로 이미 의롭고 정당한 것, 이른바 "세계-정당화"인 것이다.

19 5장(1,47), 24장(1,152) 참고.

20 아르투어 쇼펜하우어, 《부록과 보론Parerga und Paralipomena》 II, §68. 여기에서 쇼펜하우어는 반도덕주의를 비난한다. "세계는 단지 물리적인 의미만 있을 뿐 도덕적인 의

어와 공식을 얻었다. — 이는 [18] 도덕 자체를 과감하게 현상계에 정립시켜 깎아내리는 철학, 그것도 도덕 자체를 가상·환상·오류·변명·핑계·예술로 보아 (관념론 전문용어의 의미에서) "현상들" 밑으로, "기만들" 밑으로 깎아내리는 철학인 것이다. 이 **반도덕적** 성향의 깊이를 제대로 측정하려면, 이 책 전반에 걸쳐 신중하면서도 적대적인 침묵으로 그리스도교를 다룬 것을 보면 될 것이다. — 이 책은 여태까지 인류가 들어본 도덕적 주제 중에서 가장 무절제한 음형으로서 그리스도교를 다루고 있는 것이다. 진실로, 이 책에서 가르치고 있다시피, 순수히 미적인 세계 해석과 세계-정당화에 가장 커다란 대립을 이루는 것은, **오로지** 도덕적이기만 하며 도덕적이기만을 원하는 그리스도교의 가르침, 즉 저의 절대적 기준을 가지고, 예컨대 저의 신의 진실성을 가지고 예술을, **모든** 예술을 **거짓**의 나라로 추방시키는, — 부정하고, 금하고, 심판하는 가르침이다. 아무튼 정직을 유지하는 한 예술에 적대적일 수밖에 없는 부류의 사고방식과 평가방식 배후에서, 나는 옛 시절부터 **삶에 대한 적대**를, 삶 자체에 대하여 분노를 품고 복수를 불태우는 반의지反意志를 감지했다. 모든 삶은 가상·예술·기만·광학에 의해, 관점과 오류의 필연성에 의해 지탱되고 있기 때문이다. 애당초 그리스도교는, 본질적이고 근본적으로, "또 다른" 혹은 "더 나은" 삶에 대한 신앙 아래에서만 위장되고 감춰지고 치장되는, 삶에 대한 삶의 구토요 혐오였다. "세계"에 대한 증오, 격정에 대한 저주, 아름다움과 관능에 대한 두려움, 이 세상을 더욱 잘 비방하기 위해 고안된 저세상, 근본적으로 허무·종말·안식·"안식일 중의 안식일"의 염원 — 이 모든 것이 내게는 **오로지** 도덕적 가치만을 인정하려는 그리스도교의 무조건적인 의지처럼 여겨지나니, 그 이유는 "몰락의 의지"일 수 있는 모든 형태들 중에서 가장 위험하고 섬뜩한 형태처럼, 적어도 가장 심각한 삶의 중병·피로·불만·

미가 없다고 함은, 가장 커다란, 가장 부패한, 가장 근본적인 오류로서, 정신태도의 완연한 도착이다."

[19] 고갈·빈곤을 말해주는 징표처럼 여겨지며, — 삶은 본질적으로는 무언가 비도덕적인 것이므로 도덕 (특히 그리스도교적인, 즉 무조건적인 도덕) 앞에서는 불가피하게 지속적으로 불의가 될 수밖에 없기 때문이다 — 마침내 삶은 경멸과 영원한 부정의 무게에 짓눌려 그 자체로 열망할 만하지 못한 것, 무가치한 것으로 감지될 수밖에 없는 것이다. 도덕 자체가 — 아니 어떻게? 도덕이 "삶에 대한 부정의 의지", 숨겨진 파멸의 본능, 붕괴·영락·비방의 원리, 종말의 시작이 아니겠냐고? 따라서 위험 중의 위험이 아니겠냐고? . . . 그러므로 당시 이 의문스러운 책과 함께, 삶을 지지하는 본능으로서 나의 본능은 도덕에 맞서 방향을 틀었으며, 삶과 관련하여 철저한 반대 가르침과 반대 평가를, 순수히 아티스트적이고 **적그리스도적**[21]인 가르침과 평가를 생각해냈다. 그것들을 뭐라 부를까? 나는 문헌학자요 언어의 인간으로서 그것들에게 세례를 주었다. 얼마간 자유롭게 — 누가 적그리스도의 본명을 알리오? —, 한 그리스 신의 이름으로, 나는 그것들을 **디오니소스적인** 것들이라고 명명했다. —

6

내가 진작에 이 책을 가지고 무슨 과제를 과감히 건드렸던지를 사람들이 이해할까? . . . 지금 보니 이 얼마나 유감스러운가, 그토록 고유한 직관과 과감함을 가지고도 나에게 고유한 언어를 마저 허할 만한 용기가 (혹은

---

21 "안티크리스트Antichrist"에 해당하는 우리말은 '적그리스도'이다. 니체가 《이 사람을 보라》에서 "나는 그리스어로, 꼭 그리스어로만 그런 것은 아니지만, 안티크리스트이다"(KSA 6,302)라고 선언한 내용에 비춰보면, '안티크리스트'는 '반기독교/반기독교인'이 아니라 '적그리스도'를 뜻한다. 그리스어 'ἀντίχριστος'에는 '반기독교/반기독교인'이라는 뜻이 없기 때문이다. 여기에서 '디오니소스'를 마치 '안티크리스트'의 본명처럼 언급하고 있다는 점 또한 이를 뒷받침한다.

불손함이?) 당시까지만 해도 없었다니, — 내가 쇼펜하우어와 칸트식의 공식들을 가지고 생소하고 새로운 가치평가들을 힘겹게 표현하고자 애썼다니, 그 가치평가들은 칸트와 쇼펜하우어의 정신은 물론 그들의 취향과도 근본적으로 반대편에 있었던 것이거늘! 자, 쇼펜하우어는 비극에 대하여 어떻게 생각했는가? 그는 의지와 표상으로서의 세계 II, 495[22]에서, "모든 비극적인 것에 숭고함에 이르는 특유의 도약을 부여하는 것은, 세계가, 삶이, 올바른 충족을 주지 못한다는 인식, 따라서 거기에는 [20] 우리가 매달릴 만한 가치가 없다는 인식의 출현이다. 거기에 비극적 정신이 있다 —, 이 정신이 그리하여 체념으로 인도한다"고 말한다. 오, 디오니소스는 내게 얼마나 다르게 설하였던가! 오, 바로 이 체념주의 전반이 당시 내게서 얼마나 멀리 떨어져 있었던가! — 그러나 이 책에는 쇼펜하우어식 공식들을 가지고 디오니소스적 예감들을 침침하게 만들어 손상시킨 것보다 훨씬 더 나쁜 점, 지금은 더더욱 유감스러운 점이 있다. 그러니까 정녕 웅대한 그리스적 문제가 떠올랐을 적에, 내가 그것을 가장 현대적인 것들과 뒤섞어 손상시켰다는 것! 아무것도 희망할 수 없었던 곳에, 모든 것이 너무나 명백하게 종말을 가리키고 있었던 곳에, 내가 희망을 걸었다는 것! 마치 독일 본질이 제 자신을 발견하고 다시 찾을 태세라도 되는 양, 내가 독일 최후의 음악을 기반으로 하여 "독일본질"에 관하여 허황한 얘기를 지어냈다는 것 — 그것도 유럽을 다스리려는 의지, 유럽을 영도할 수 있는 힘을 근래까지 가지고 있었던 독일정신이 막 유언을 남기고 최종적으로 퇴위했던 시기[23]에, 제국건설이라는 허울 좋은 구실하에 평준화로, 민주정으로, "현대적 이념"으로 이행했던 시기[24]에! 사실상 그동안 나는 아무런 기대도 없

---

22 《의지와 표상으로서의 세계》 II, 3권 37장. 니체가 〈자기비판의 시도〉에서 인용하는 쇼펜하우어의 저작은 《전집 Sämtliche Werke》, hg. Julius Frauenstädt (Leipzig, 1873/ 1874)이다.
23 독일 고전주의 문학사조가 끝난 시기를 의미하는 듯하다.
24 독불전쟁 중인 1871년 파리에 입성한 프로이센군은 베르사유궁전에서 새로운 독일

이 아주 매정하게 사유하기를 배웠다, 이 "독일본질"에 관하여, 아울러 철두철미 낭만주의이며 가능한 모든 예술형태들 중에서 가장 비그리스적인 음악인 지금의 **독일음악**에 관하여. 더욱이 일급 신경파괴자인 그 음악에 관하여, 음주를 사랑하고 몽롱함을 미덕으로 삼는 민족에게는 이중으로 위험한, 즉 도취시키면서 동시에 **혼미하게 만드는** 이중의 마취력을 지니고 있어서 이중으로 위험한 그 음악에 관하여. ― 물론 당시 나의 첫 저작을 손상시키고 말았던, 가장 최근의 것에 대한 섣불렀던 희망들과 잘못된 적용들과는 무관하게, 거기에 찍혀 있는 커다란 디오니소스적 물음표는 음악에 있어 두고두고 유효하다. 음악이 낭만주의적 근원을 가지고 있지 않다면, 그것은 어떤 음악이어야 하는가, 독일음악과 같지 아니하고 ― **디오니소스적 음악**과 같은 음악이라면?...

7

[21] ― 아니, 선생, **당신의** 책이 낭만주의가 아니라면 도대체 뭐가 낭만주의입니까? 그 책에서 당신의 아티스트-형이상학이 "현시대",[25] "현실", "현대적 이념들"에 대하여 퍼부은 것보다 깊은 증오심이 어디에 있겠습니까? ― 그 형이상학은 "지금"보다는 차라리 허무를, 차라리 악마를 더 믿고 있는데? 귀를 홀리는 당신의 모든 대위성부 기법에서 분노와 파멸욕망의 통주저음이 웅장하게 울리고 있지 않습니까! "지금" 있는 모든 것들에 대해 분노하는 결단이, 실천적 허무주의와 그다지 멀지 않은 의지가, "**너희들이 정당하느니, 너희들의 진리가 정당성을 가지고 있느니**, 차라리 참

황제 빌헬름 1세의 대관식을 거행하였다. 이때부터 독일 통일제국이 시작된다.
25 "현시대Jetztzeit"는 쇼펜하우어가 당시의 사상 및 문화와 대결하기 위해 논쟁적으로 사용한 개념으로서, 니체는 주로 《반시대적 고찰》(KSA 1,221; 1,223; 1,228 등)에서 이를 이어받아 사용했다. 23장(1,149)에서 재차 언급된다.

된 것이 아예 없는 편이 낫다"고 말하는 듯한 의지가! 비관주의자이며 예술을 신성시하는 선생, 당신 책에서 위험한 쥐 떼 유인자의 피리처럼 젊은 귀와 심장 들을 유인하는 위험한 대목, 그렇게 떠벌렸던 용 정벌자들 대목 딱 한 군데만 골라 당신 스스로 귀담아 들어보시오. 어떻습니까? 이것이 1850년의 비관주의의 가면을 쓰고 있는, 1830년의 틀림없는 진정한 낭만주의자의 고백이 아닙니까? 그 비관주의 배후에서는 또한 통상적인 낭만주의자의 피날레가 이미 서주부를 타고 있지요, — 어느 옛 신앙, 그 옛 신 앞에서의 파탄, 붕괴, 복귀, 전락이 ... 어떻습니까? 당신의 비관주의자 책이야말로 한 편의 반反그리스적 작품이요 낭만주의 작품, "도취시키고 혼미하게 만드는" 그 무엇, 어쨌든 하나의 마취제, 심지어는 한 편의 음악, **독일음악**이 아닙니까? 자, 여러분 들어보시오.

자라나는 한 세대가 이와 같이 무엇에도 놀라지 않는 눈빛으로 무시무시한 것을 향해 그토록 영웅적인 진군을 하고 있다고 생각해보라. 그들 용 정벌자들의 용맹한 발걸음과 대범함을 생각해보라. 그들은 오롯이 "의연하게 살기 위하여" 낙관주의의 온갖 쇠약한 교리를 등질 정도로 긍지가 넘치는 자들이다. 그와 같은 문화의 비극적 인간은 스스로에게 심각함과 참혹함을 교육할 것이기에 새로운 예술, **형이상학적 위로의 예술**, 비극을 자신의 헬레나로서 열망하고 파우스트처럼 외치는 것이 **필연적이지 않을까?**

그러니 나 역시 비할 데 없는 그리움의 위력을 빌어,

그 유일무이한 형상을 삶 속으로 데려와야 하지 않겠는가?[26]

[22] **"필연적이지 않겠느냐고?"** ... 아니외다, 세 번이나 아니외다! 너

---

26 18장(1,118~119)에서 인용.

희 젊은 낭만주의자들이여, 그것은 필연적이지 **않노라**! 그렇게 **종결함**은, 너희들이 그렇게 종결함은, 그러니까 기록되기를,[27] 스스로에게 심각함과 참혹함을 교육했음에도 불구하고 그렇게 "위로"를 받아, "형이상학적 위로"를 받아 종결함은, 한마디로 낭만주의자들이 그랬듯이 **그리스도교인이 되어 종결함**은 제법 그럴싸하다만 . . . 아니외다! 행여 자네들이 철저히 비관주의자로 남길 원한다면, 자네들은 우선 **이 세상의 위로의 예술**부터 배워야 한다, — 자네들은 웃음부터 배워야 한다, 나의 젊은 벗들이여. 그리하여 자네들은 웃는 자가 되어 언젠가 악마에게나 던져주게 되리라, 모든 형이상학적 위안을, — 그에 앞서 형이상학까지도! 혹은, **차라투스트라**라는 이름의 디오니소스적 괴인의 언어로 말하건대,

"마음을 드높이,[28] 나의 형제들이여, 높이, 더 높이! 그리고 다리도 잊지 마라! 다리도 들어 올려라, 너희 훌륭한 무용수들이여. 아예, 거꾸로 서려무나!

웃는 자의 이 왕관, 이 장미화환의 왕관, 나 스스로 이 왕관을 내게 얹었노라, 나 스스로 나의 웃음을 거룩하다 말하였노라. 이에 필적할 만큼 강한 자 오늘 나는 찾지 못하였노라.

춤추는 자 차라투스트라, 경쾌한 자 차라투스트라, 날개로 신호하는 자, 모든 새들에게 신호를 보내면서 비상할 준비를 마친 자, 복되어라 경쾌한 자 —

---

27 "기록되기를wie geschrieben steht"은 루터번역 성서에서 관용적으로 쓰이는 표현이다. 주로 신약성서에서 구약성서를 인용할 때 쓰인다. 니체는 《비극의 탄생》 본문을 마치 성서처럼 인용하고 있다.

28 이 인용문은 미사 통상문의 "마음을 드높이Sursum Corda"로 시작하여, "복되어라", "거룩하다", "예언자(진실을 말하는 자)" 등의 성서언어를 차용했다. "장미화환Rosen-kranz"은 카톨릭의 성물 묵주를 뜻하는 동시에 그리스도의 가시관에 대립되는 장치로 보인다. 아울러 미사 통상문 형식을 취했다는 점에서 앞서 언급한 "디오니소스적 음악과 같은 음악"(1,20)의 예시로 볼 수도 있다.

진실을 말하는 자 차라투스트라, 진실을 웃는 자 차라투스트라, 인내를 모르지 아니한 자, 제약을 모르지 아니한 자, 도약과 탈선을 사랑하는 자, 나 스스로 이 왕관을 내게 얹었노라!

웃는 자의 이 왕관, 이 장미화환의 왕관, 너희에게, 나의 형제들이여, 이 왕관을 던지노라! 웃음을 나는 거룩하다 말하였노라. 너희 더 높은 인간들이여, 내게 **배우거라** ─ 웃음을!"

차라투스트라는 이렇게 말했다, 제4부 87면²⁹

---

29 《차라투스트라는 이렇게 말했다》 4부, "더 높은 인간에 관하여"(KSA 4,366; 4,368).

리하르트 바그너에게 바치는 서문[30]

[23] 제가 가장 존경하는 벗, 당신이 이 저서를 받아볼 순간을 눈앞에 그려봅니다. 그래야만 이 저서에서 통합된 사상들에 대하여 이 시대 미학적 여론이 그 특유의 성격으로 일으킬 온갖 의구심·흥분·오해를 멀리하고, 명상적 희열을 품고서 이 머리말을 쓸 수 있기 때문입니다. 여기 각 면마다 그 희열의 징표를 간직하고 있으니, 이 저서 자체가 훌륭하고 장엄했던 지난 시간들[31]의 화석이라 하겠습니다. 아마도 당신은 겨울 눈 속에서 저녁 산책을 마친 뒤, 표지에 그려진 결박에서 풀려난 프로메테우스[32]를 살피고는 제 이름을 읽고서, '저자가 이 저서에 무슨 내용을 담았든 간에 무언가 심각하고 절박한 것을 말해야 했을 것이다', '그가 무슨 생각을 했든 간에 마치 나를 면전에 두고 이야기하듯 했을 것이며 오직 그에 어울리는 내용만을 저술했을 것이다' 하고 바로 확신할 것입니다. 아울러 베토벤에 대

---

30 《비극의 탄생》 초판(1872)에 실렸던 이 서문은 신판(1886)에서 삭제되었으며, 그 대신 〈자기비판의 시도〉가 추가되었다.
31 "훌륭하고 장엄했던 시간들"이란 니체가 1869년 5월부터 트립셴에 있는 바그너 부부의 저택을 방문하며 교류했던 시절을 가리킨다. 짧은 의무병 입대와 요양 기간을 제외하고는 바그너가 바이로이트로 옮기는 1872년 4월까지 이들의 만남이 이어졌다. 니체는 《이 사람을 보라》(1888)에서 "어떤 대가를 치르는 한이 있어도 내 인생에서 트립셴의 날들은 빼고 싶지 않다, 그 명랑성과 숭고한 우연의 날들 — 심오한 순간의 날들"(KSA 6,288)이라고 썼다.
32 《비극의 탄생》 초판본 표지 하단에는 결박에서 풀려난 프로메테우스 그림이 있다. 도판 1 참고.

한 당신의 찬란한 기념논문이 탄생했던 때와 같은 시기에, 즉 막 발발한 전쟁의 참상과 숭고함 속에서 제가 이 사상에 집중했음을 당신은 회상할 것입니다.[33] 하지만 제가 이렇게 집중한 것을 두고 [24] '애국적 격동과 미적 탐닉의 대립'이니 '대담한 심각함과 명랑한 유희의 대립'이니 따위를 생각하는 자들은 우를 범하게 되겠지요. 그들이 이 저서를 제대로 읽는다면 오히려 우리가 가진 문제가 얼마나 진지한 독일적 문제인지를 분명하게 알고는 놀랄 것입니다. 우리는 이 문제를 소용돌이이자 전환점으로 보고서, 이를 독일적 희망의 중심을 향해 진정으로 제기하고 있기 때문입니다. 그러나 그들이 예술을 "현존의 심각함"에 따라붙는 흥밋거리나 굳이 없어도 되는 방울소리로밖에 인식하지 못한다면, 미적 문제를 이토록 심각하게 다루었다는 점에 아무튼 불쾌해할 것입니다. 아무도 "현존의 심각함"과 대결하는 일이 얼마나 중요한지를 모른다는 듯이 말입니다. 그러나 진지한 자들은, 제가 어느 장부丈夫의 뜻을 받들어 예술이 삶의 지고한 과제이자 진정한 형이상학적 활동이라고 확신하고 있음을 알았으면 합니다. 저는 바로 그 장부에게, 이 길을 앞서가시는 저의 숭고한 투사에게, 여기 이 저서를 헌정하고자 합니다.

바젤, 1871년 말

---

33 바그너는 베토벤 탄생 100주년을 맞아 1870년 7월 초에 〈베토벤과 독일민족〉이라는 기념논문 초안을 집필하기 시작했다가 얼마 뒤 포기하고 7월 20일에 〈베토벤〉을 쓰기 시작했다. 그는 이 글에서 음악의 자율성을 예찬했다. 한편 니체는 1870년 7월에 트립셴의 바그너 부부를 방문하고 1870년 7월 30일에 트립셴을 떠나 휴양지 마더라너탈로 갔다. 〈자기비판의 시도〉 첫 문단에서 "알프스 벽지 어드메"라고 언급한 바로 그곳이다. 그는 이 시기에 《비극의 탄생》의 핵심인 〈디오니소스적 세계관〉을 집필하기 시작했다.

1

[25] 미학에서 많은 결실을 거두고자 한다면 논리적으로 통찰해야 할 뿐만 아니라 매개 없이 분명하게 직관해야 할 것이 있으니, '예술의 발달은 아폴론적인 것과 디오니소스적인 것의 이중성에 달려 있으며, 이는 번식이 두 성에 의존하는 것과 같아서 끊임없는 투쟁과 간헐적인 화해가 있다'는 것이다. 우리는 그 두 이름을 그리스인들에게서 빌린다. 그들은 그들 예술관의 오의奧義를 개념들로 드러내지 않고 신들의 세계의 강렬하고 명료한 형상들로 드러내어, 통찰자들로 하여금 깨닫게 한다. 그리스 세계에서 '조형가의 예술, 아폴론적 예술'과 '음악의 비조형적 예술, 디오니소스의 예술' 간에 근원에서나 목표에서나 어마어마한 대립이 있다는 우리의 인식은, 그들의 두 예술신성, 아폴론과 디오니소스에 결부된 것이다. 그토록 상이한데도 두 충동은 더불어 함께 나아간다. 두 충동은 대부분 거리낌없이 서로 반목하며, 또 매번 더 강력한 새 탄생체들을 낳도록 서로 자극한다. 이 대립은 겉보기에는 "예술"이라는 공통어 덕분에 봉합된 것처럼 보이지만, 실은 서로 간에 끝없는 투쟁이 벌어진다. 그 투쟁 끝에 마침내 헬라스적 "의지"의 형이상학적 기적을 통해 짝을 이루어 나타나며, [26] 이 짝 짓기로 디오니소스적이자 아폴론적인 예술작품, 아티카 비극을 낳는다.[34]

두 충동에 가까이 다가가기 위해 그것을 우선 **꿈**과 **도취**라는 분리된 예술세계로 생각해보자. 이 생리적 현상들에서 아폴론적인 것과 디오니소스적인 것의 대립에 상응하는 대립이 포착될 수 있다. 루크레티우스의 관념을 따르자면, 신들의 장려한 형상들이 처음으로 인간의 영혼 앞으로 다가온 것은 꿈속에서였으며, 위대한 조형가가 초인적 존재들의 장려한 골격을 보았던 것도 꿈속에서였다.[35] 그리고 헬라스적 시인 역시 시 생성의 비밀에 관해 질문을 받았다면 마찬가지로 꿈을 상기했을 것이며, 명창들[36]에서 한스 작스가 제시한 바와 비슷한 가르침을 제시했으리라.

> 벗이여, 시인의 일이란 바로 이런 것,
> 자신의 꿈을 풀이하고 간파하는 것.
> 믿어주시오, 인간의 가장 참된 환상[37]은
> 그의 꿈속에서 열린다오.
> 무릇 시를 쓰고 짓는 일이란
> 참된 꿈의 풀이에 불과하다오.[38]

---

34 발생사적으로 볼 때 서사시, 서정시, 비극 등은 세월을 두고 순차적으로 탄생한 예술 장르들이며, 니체의 해석에 따르면, 아폴론적인 것과 디오니소스적인 것이라는 두 예술충동이 서로를 자극하여 낳은 "새 탄생체들neue Geburten"이다. 그중 "아티카 비극"은 두 충동이 끝없는 투쟁 끝에 짝을 이루어 낳은 탄생체이다. "아티카 비극"은 아이스킬로스, 소포클레스, 에우리피데스 등의 비극작가가 활약한 기원전 5세기 그리스 비극 전성기의 비극을 가리킨다.

35 루크레티우스, 《사물의 본성에 대하여》 5권 1169~1182행.

36 바그너의 음악극 〈뉘른베르크의 명창들Die Meistersinger von Nürnberg〉을 말한다. 니체는 서명이나 작품명을 약물을 쓰지 않고 언급했으며, 때로는 줄여서 언급하기도 했다. 이를 그대로 따라 번역했다.

37 《비극의 탄생》에서 "환상Wahn"은 주로 아폴론적 조형세계와 관련되어 쓰인다. 디오니소스적 파멸욕망에서 개별자를 구원하기 위해 홀연히 펼쳐지는 아폴론적 가상과 영상이라고 할 수 있다. 바그너와 니체는 이 낱말을 유사한 맥락에서 썼다. 나아가, "환상Wahn"이라는 낱말은 "광기Wahnsinn"와 연결되어 있음을 유의해야 한다. 니체는 "디오니소스적 광기Wahnsinn"와 '아폴론적 환상Wahn'을 연결하는 동시에 대비시켰다.

38 바그너, 〈뉘른베르크의 명창들〉 3막 2장. 여인 하나를 두고 광기 어린 소동이 온 동네 소란스럽게 벌어진 다음 날 아침, 간밤에 놀랍도록 아름다운 꿈을 꾸었다는 기사 발터 폰 슈톨칭에게 명창 한스 작스가 하는 말.

꿈세계의 아름다운 가상은 모든 조형예술의 전제이자, 앞으로 알게 되겠지만, 시의 중요한 절반의 전제이며, 꿈세계를 내놓을 때 인간은 저마다 온전한 예술가가 된다. 꿈세계에서 우리는 형상을 직접적으로 이해하고 향유하며, 모든 형태가 우리에게 말을 건네므로, 어느 것 하나 심금을 울리지 않는 것도, 절실하지 않은 것도 없다. 하지만 그 꿈현실의 지고한 삶에서도 우리에게는 그것이 가상이라는 어렴풋한 느낌이 남는다. 적어도 내 경험은 그렇다. 이 경험의 빈번함, 즉 정상성을 입증하려고 여러 증언과 시인들의 진술을 끌어대야겠는가. 철학적 인간은 우리가 살고 존재하고 있는 이 현실 아래에 제2의 전혀 다른 현실도 있다고, 그러므로 이 현실조차도 하나의 가상이라고 예감한다. 그래서 쇼펜하우어는 때에 따라서는 인간과 모든 사물을 [27] 순전한 환幻이나 꿈영상으로 받아들이는 천성을 두고 바로 철학적 자질의 표지라고 지적한다.[39] 바야흐로 철학자가 현존의 현실과 관계를 맺듯이, 예술가적 격동에 이를 수 있는 인간은 꿈의 현실과 관계를 맺는다. 그가 꿈의 현실을 면밀히 그리고 흔쾌히 바라보는 까닭은, 그 영상들로부터 삶을 풀이하고, 그 사건들을 통해 삶의 수련이 이루어지기 때문이다. 그가 그 총체적인 이해상태에서 편안하고 유쾌한 영상들만 경험하는 것은 아니다. 심각·음울·슬픔·암담·돌연한 제지·우연의 조롱·불안한 기다림, 요컨대 삶의 "신곡神曲" 전편이 지옥편과 더불어 그의 곁을 지나간다. 그러나 그림자극처럼 스쳐 지나가지는 않으며 ─ 그는 그 무대에서 함께 살아가고 함께 괴로워한다 ─, 그렇다고 해서 얼핏 가상이라는 느낌이 없지도 않다. 아마도 어떤 이들은, 나처럼, 꿈의 위험함과 끔찍함을 보고 때로는 스스로를 다독이며 마침내, "이건 꿈이다! 이 꿈을 계속 꾸겠다!"라고 외쳤던 기억이 있을 것이다. 동일한 꿈을 사나흘 밤 이상 계속 이어서 꿀 수 있었던 자들에 관해 들은 바도 있다. 이 사실들

---

39 《쇼펜하우어의 유고*Aus Arthur Schopenhauer's handschriftlicher Nachlaß*》, hg. Julius Frauenstädt (Leipzig, 1874), 295면.

은 '우리의 가장 내밀한 본질, 우리 모두의 공통적인 밑바탕이, 깊은 욕망으로 그리고 환희로운 필연성에서 꿈을 경험한다'고 분명하게 증언한다.

그리스인들은 꿈경험의 환희로운 필연성 역시 그들의 아폴론으로 표현했다. 아폴론은 모든 조형가적 힘의 신인 동시에 예언하는 신이다. 어원상 "빛나는 자",[40] 빛의 신성인 그는 내밀한 환영세계의 아름다운 가상까지도 다스린다. 더 높은 진리, 즉 불완전한 이해의 낮현실과 대립되는 꿈상태의 완전함, 나아가 잠결과 꿈결에 우리를 치유하고 도와주는 자연에 관한 깊은 의식은 예언능력의 상징적인 유비이며, 또한 삶을 가능하게 하고 살아갈 가치를 부여하는 [28] 예술들의 상징적인 유비이다. 그러나 꿈영상이 병리적으로 작용하지 않으려면 넘어서지 말아야 할 엷은 선이 있으니, 그 선을 지키지 않으면 가상은 둔중한 현실이 되어 우리를 배반할 것이다. 그것은 아폴론의 영상에 없어서는 안 되는 것으로, 조형가 신의 절도 있는 한정이요, 지나치게 야성적인 움직임에서 벗어난 자유, 지혜로운 쉼이다. 아폴론의 눈은 근원에 걸맞게 "태양과 같아야"[41] 한다. 혹여 그 눈빛이 성을 내고 마뜩잖게 본다 할지라도, 아름다운 가상의 축성祝聖이 그에게 있다. 그러므로 마야의 너울[42]에 사로잡힌 인간에 관한 쇼펜하우어의 말은, 원래 의미에서 벗어나 아폴론에게 적용될 만하다. 의지와 표상으로서의 세계 I, 416면,[43] "격랑이 일어 사방이 막막하기만 한 가운데, 산채만 한

---

40 아폴론의 별명 중 하나는 "포이보스Φοῖβος"이다. 어원은 '빛'을 뜻하는 '포스φῶς'이다. 이를 근거로 니체는 아폴론을 "빛나는 자der Scheinende"라 했으며, 이는 '가상 Schein'과 어원이 같다.

41 플로티노스, 《엔네아데스》 I. 6,9, "눈이 태양과 같지 않다면 태양을 전혀 보지 못할 것". 괴테는 이를 〈적합한 선물Zahme Xenien 3〉에서 그대로 옮겨 썼다.

42 쇼펜하우어는 《의지와 표상으로서의 세계》 여러 곳에서 "마야의 너울"을 언급한다. '마야'는 인도 베단타 철학에서 진실을 가리는 환영, 허상을 뜻한다. 쇼펜하우어는 "마야의 너울"을 "개별화의 원리", "현상現像"과 동일시했다.

43 쇼펜하우어, 《의지와 표상으로서의 세계》 I, 4권 §63. 니체는 쇼펜하우어의 저술을 인용함에 있어 《비극의 탄생》 본문에서는 《의지와 표상으로서의 세계Die Welt als Wille und Vorstellung》(Leipzig, 1859) 제3판을, 〈자기비판의 시도〉에서는 《전집Sämtliche Werke》(Leipzig, 1873/1874)을 인용했다.

물결이 포효하며 치솟았다 내리꽂히는 바다에서 뱃사람이 허술한 배를 믿고 일엽편주에 앉아 있듯, 그렇게 고통의 세계 한가운데에 단 한 명의 인간이 개별화의 원리[44]를 의지하고 믿으며 고요히 앉아 있다". 그렇다, 그 원리에 대한 흔들림 없는 믿음과 그 원리에 사로잡힌 자의 고요한 좌정은 아폴론 속에서 가장 숭고한 표현을 얻는다고 할 만하다. 그리고 아폴론의 몸짓과 시선에서 "가상"의 욕망과 지혜, 그리고 아름다움마저 우리에게 말을 걸어오니, 우리는 아폴론을 개별화 원리의 영상, 신들의 장려한 영상이라고 칭하고 싶다.

　같은 대목에서 쇼펜하우어는, 인간이 근거율 중 어느 한 구성물[45]에서 예외를 겪어 현상의 인식형태들에서 갑자기 길을 잃을 때에 인간을 사로잡는 무시무시한 **소름**을 묘사하고 있다. 그 소름에 더하여, 개별화의 원리가 그렇게 부서질 때 인간의, 아니 자연의 가장 내밀한 근본으로부터 희열의 황홀마저 솟아오른다면, **도취**의 유비를 통해 그나마 가장 근접할 수 있는 **디오니소스적인 것**의 본질을 엿보게 된다. 모든 근원적인 인간과 민족이 찬가에서 언급하고 있는 [29] 마취적인 음료의 영향으로 인하여, 혹은 욕망이 차오른 봄이 온 자연을 돌파하며 위력적으로 접근함으로 말미암아 디오니소스적 움직임들이 깨어나며, 그 움직임들이 강화되면서 주관적인 것이 온전한 자기망각에 빠져든다. 독일의 중세에도 이와 같은 디오니소스적 위력 아래 점점 불어나는 무리가 노래하면서 춤추면서 이곳저곳 몰려

44　"개별화의 원리principium individuationis"는 쇼펜하우어 철학의 주요 개념으로서, "사물 자체로서의 의지"가 나타날 때 취하는 보편적인 현상 형식, 이를테면 시간과 공간, 근거율 등을 말한다. 따라서 모든 현상, 모든 개별자는 이 "개별화의 원리"에 의지하여 나타난다고 할 수 있다.

45　쇼펜하우어는 박사학위논문《충족근거율의 네 겹 뿌리에 대하여》(1813)에서 칸트가 확립한 이성인식의 네 주요 범주(양, 질, 관계, 양상)를 '인과'로 환원시켰다. 그리고 '인과'를 표상들의 분류에 맞춰 "근거율"의 네 "구성물"로 구분했다. 첫째, (경험적 표상에 상응하는) 생성의 근거 내지 인과의 법칙, 둘째, (추상적 표상에 상응하는) 인식의 근거, 셋째, (시간과 공간의 표상 내지 직관에 상응하는) 존재의 근거, 넷째, (내적 인과로서 현상하는 동기에 상응하는) 행위의 근거.(Schmidt 112~113면)

다녔다. 바로 그 성 요한제와 성 비투스제의 춤추는 무리[46]에서 우리는 소아시아와 바빌론, 황홀경의 사카이아[47]에 전사前史를 둔 그리스인들의 박코스[48] 가무단을 재발견한다. 경험이 모자라거나 우둔해서, 자기들은 건강하다며 이와 같은 현상들을 "민족병"[49] 같은 것으로 여기고는 비웃거나 동정하면서 외면하는 인간들이 있다. 이 불쌍한 자들은 디오니소스적 열광자들의 작열하는 삶이 그들 곁을 스쳐갈 때에 그네들의 그 "건강함"이라는 것이 얼마나 시체처럼 창백하고 허깨비 같은지를 짐작조차 못할 것이다.

디오니소스적인 것의 주술로 인간과 인간의 계약[50]만 다시 체결되는 것은 아니다. 적대적이었거나 소외되었거나 멍에가 씌워졌던 자연이, 잃어버린 아들인 인간과 다시 화해의 제전을 벌인다. 대지는 자진하여 선물을 내놓는다. 그리고 암벽과 황야의 야수들이 평화로이 다가온다. 디오니소스의 수레는 꽃송이와 화관으로 뒤덮이며, 표범과 호랑이가 그 멍에를 쓰고서 내달린다. 베토벤의 "환희"의 송가[51]를 한 폭의 그림으로 변모시켜서, 수백만이 전율에 떨며 부복할 때에도 상상력에 제약을 두지 않는다

46 세례자 성 요한 축제는 하지 무렵에 열렸기 때문에 여러 미신이 이 이름과 연관이 있다. 예컨대 간질은 '요한 질병'이라고 불렸다. 15세기와 16세기에 특히 라인강과 모젤강 유역, 네덜란드 등지는 '요한 춤'의 무리로 몸살을 앓았다. 비투스나 요한의 축일에 이르러서야 그 질병들이 잦아들었다. 성 비투스는 304년경 시칠리아에서 죽은 순교자로서, 간질·히스테리·광견병·광기를 막아주는 수호성인으로 유명했다. 니체는 《도덕의 계보》(KSA 5,391)에서도 두 축제의 춤추는 무리들을 언급한다.

47 "사카이아Sakaia"는 2세기 아테나이오스Athenaios의 저술에서 바빌론의 축제로 소개되었다. 닷새간 벌어지는 이 축제에서는 관계의 전복이 이루어져 주인이 노예가 되고 노예가 주인 노릇을 했다고 한다. 기원 전후의 스타라본Strabon은 사카이아를 두고 "사카이아인들의 일종의 박코스 축제"라고 칭했다.(Schmidt 129면)

48 "박코스"는 디오니소스의 별칭이다.

49 유스투스 헤커J. F. K. Hecker는 《광기의 춤: 중세의 민족병Die Tanzwuth: eine Volks-krankheit im Mittelalter》(Berlin, 1832)에서 성 요한제와 성 비투스제의 춤추는 무리에 관해 서술했다. 이 책의 부제가 "민족병"이다.

50 "인간과 인간의 계약"은 성서에서 말하는 '신과 인간의 계약'을 빗댄 표현이다.

51 베토벤은 라단조 9번 교향곡(op. 125) 제4악장에 기존의 틀을 깨고 합창을 도입했다. 이 합창의 가사는 실러의 찬가 〈환희를 맞아〉를 바탕으로 한다.

면 디오니소스적인 것에 다가갈 수 있으리라. 이제 노예는 자유민이 되며, 궁여지책으로 혹은 임의로, 혹은 "무도한 세태"[52]가 인간들 사이에 고착시켰던 견고하고 적대적인 온갖 한정들은 부서진다. 이제 세계조화의 복음으로, 모두가 이웃과의 일치·화해·융화를 느낄 뿐만 아니라 하나임을 느낀다, 마치 마야의 너울이 갈래갈래 찢겨 [30] 비밀한 원초일자原初一者 앞에서 산산이 나풀거리기라도 하듯이. 노래하고 춤추면서 인간은 더 높은 공동체의 일원으로 모습을 드러낸다. 그는 걷고 말하는 법을 잊었으며, 춤추며 허공으로 비상하려는 참이다. 그의 몸짓으로부터 주술이 발설된다. 이제 동물들이 말하는 만큼, 대지가 젖과 꿀을 내는 만큼, 무언가 초자연적인 것이 그에게서 울려 나온다. 그는 자신이 신이라고 느낀다. 그는 이제 꿈속에서 거니는 신들을 보았을 때처럼 황홀해지고 고양되어 직접 거닌다. 인간은 더 이상 예술가가 아니라 예술작품이 되었다. 온 자연의 예술위력이, 원초일자의 지고한 희열과 평온을 향하여, 여기 도취의 전율 아래 자신을 드러낸다. 더없이 귀한 점토, 더없이 값진 대리석이 여기에서 빚어지고 다듬어진다, 인간이 빚어지고 다듬어진다. 그리고 디오니소스적 세계예술가의 끌질에 맞추어 엘레우시스 비의[53]의 소리가 울린다. "수백만이여, 너희는 부복하느냐? 세계여, 너는 창조자를 예감하느냐?"[54] —

---

52 실러, 〈환희를 맞아〉(1808) 5~6행, "세태가 엄격하게 나누었던 바를 / 그대의 주술이 다시 결합시키도다". 여기에서 "그대"는 〈환희〉를 말한다. 바그너는 이 시구를 변형하여 〈베토벤〉(Leipzig, 1870) 68면에서 "세태가 무도하게 나누었던 바"라 했다. 이를 니체는 "무도한 세태"로 인용했다.

53 "엘레우시스 비의"는 고대 그리스에서 매년 거행된 비의로서, 아테네에서 엘레우시스까지 행진하면서 데메테르, 페르세포네, 디오니소스의 서사를 재현한다. 전승에 따르면 엘레우시스의 데메테르 비의와 아테네의 디오니소스 제의가 결합되었다고 전하며, 소포클레스 비극 《안티고네》에서는 가무단이 디오니소스를 "데메테르의 들녘과 엘레우시스의 만灣을 다스리시는 분"(1119~1120행)으로 기리기도 한다. 하계의 신 하데스가 납치한 딸 페르세포네("하강")를 어머니 데메테르가 구해내어("탐색") 마침내 재결합하는("상승") 신화적 서사를 가지고, 비의의 세계에 진입하여 거치는 여정을 재현한 것으로 추정된다. 일반인의 참여는 제한되었으며 입교자 이상만 참여할 수 있었다.

54 실러, 〈환희를 맞아〉 33~34행.

2

이제까지 우리는 아폴론적인 것과 그 대립인 디오니소스적인 것을 예술가적 권력들로 고찰하였는바, 이 권력들은 **인간적 예술가의 매개를 거치지 않고 자연 자체로부터 움트는 것이며**, 이 권력들 속에서 먼저 자연의 예술충동들이 직접 충족된다. 하나는 꿈의 영상세계로서, 그 세계의 완전성은 개인의 지적 수준이나 예술가적 교양과는 아무런 상관이 없다. 다른 하나는 도취적 현실로서, 이것은 반대로 개인을 개의치 않을 뿐더러 심지어 개별자를 파멸시키고 비의적 합일감을 통하여 구원하고자 한다. 자연의 이러한 직접적인 예술상태에 비하면 예술가는 누구나 "모방자"이다. 그는 아폴론적 꿈예술가이거나 디오니소스적 도취예술가, 혹은 그리스 비극의 예처럼 도취예술가인 동시에 꿈예술가이다. [31] 이 마지막 경우는 디오니소스적 취함과 비의적 자기양여自己讓與 속에서, 열광하는 가무단에서 벗어나 홀로 침잠하는 예술가로서, 아폴론적 꿈의 영향력으로 '세계의 가장 내밀한 근본'과 '자신'이 합일된 상태가 그에게 하나의 **비유적 꿈영상으로** 계시된다 할 것이다.

이러한 일반적인 전제들과 대립을 기준으로 삼고, 이제 **그리스인들에** 게 다가가 **자연의 예술충동들이** 어느 정도, 어느 수준까지 전개되었는지를 살펴보자. 이를 통해 우리는 그리스 예술가와 그의 원초영상들 간의 관계를, 혹은 아리스토텔레스식 표현을 따르자면 "자연의 모방"⁵⁵을 더 깊이 이해하고 존중할 수 있게 된다. 그리스인들의 꿈 문학과 일화가 무수한데도 불구하고 그들의 **꿈들에** 관해서 다만 추정으로, 그러나 어느 정도 확실

---

55 아리스토텔레스는 《시학》에서 모방에 관해 서술하지만, 명시적으로 "자연의 모방"이라는 표현을 사용하지는 않았던 것으로 보인다. 다만, "서사시와 비극시, 그리고 희극과 디티람보스, 수많은 취주와 탄주는, 뭉뚱그려서 보자면, 때마침 전부 모방이다"(1447a), "모방은 어려서부터 본성상 인간에게 내재한 것"(1448b) 등의 참고적인 표현이 등장한다.

성을 가지고 다음과 같이 말할 수 있겠다. 그들 눈의 놀랍도록 명확하고 확실한 조형능력과 그들의 밝고 솔직한 색채욕망을 보면, 후대에 태어난 모든 이들이 부끄럽게도, 그들 꿈에도 역시 '선과 윤곽, 색채와 배열'의 논리적 인과성과 '그들이 낳은 최고의 부조浮彫를 닮은' 일련의 무대가 있었음을 전제하지 않을 수 없다. 그것들의 완전함은, 만일 비교해도 된다면, 꿈꾸는 그리스인들을 호메로스들이라 부르고, 호메로스를 꿈꾸는 그리스인이라 부를 자격을 우리에게 줄 것이다. 여기에는 현대인이 자신의 꿈을 두고 스스로를 감히 셰익스피어와 비교하려는 것보다 더 심오한 의미가 있다.

이와 반대로 **디오니소스적** 그리스인들과 디오니소스적 야만인들을 구분하는 어마어마한 차이를 밝히고자 한다면, 추정으로만 이야기할 필요는 없다. 로마에서 바빌론에 이르는 옛 세계 — 그 이후의 세계는 논외로 하자 — 의 구석구석에서, [32] 우리는 디오니소스적 제전들의 존재를 입증할 수 있다. 그러나 그 옛 세계 제전들의 유형과 그리스 제전들의 전형 간의 관계는, 마치 염소의 이름과 속성을 빌린 수염 난 사티로스와 디오니소스 자신의 관계와도 같다. 거의 어디에서나, 그 옛 세계 제전들의 핵심은 지나친 성적 방종이었으며, 이 성적 방종의 파도는 모든 가족제도와 그 소중한 규범들 너머로 범람했다. 여기에서 자연의 가장 사나운 야수들이 풀려나고, 욕정과 잔인함이 추악하게 혼합되기에 이르렀다. 내게는 이 혼합이야말로 진정한 "마녀의 음료"[56]처럼 비쳤다. 그런 제전들에 관한 지식이 모든 육로와 해로를 통해 그리스인들에게 쇄도하였으나, 그들은 그 열화와 같은 움직임에 맞서서 한동안은 안전하게 보호받았던 듯하다. 그 이유는 그것이 기괴하게 일그러진 얼굴의 디오니소스적 권력보다는 덜 위험한 권력이었으며, 드높은 긍지로 우뚝 선 아폴론 형상이 그 권력에 맞

---

56 요한 볼프강 폰 괴테, 《파우스트》 "마녀의 부엌"(2337행 이하) 참고.

서 메두사의 머리[57]를 내밀 수 있었기 때문이다. 이처럼 위엄 있게 거부하는 아폴론의 자세가 바로 도리스 예술에서 영원화되었다. 그러나 그 저항은, 헬라스적인 것의 가장 깊은 뿌리에서부터 유사한 충동이 끝내 길을 트고 말았을 때 더욱 미심쩍어졌으며 이내 불가능해졌다. 이제 델포이 신의 영향력은 적시에 강화講和를 체결하여 위압적인 적수의 손아귀에서 파멸적인 무기들을 박탈하는 것이 고작이었다. 이 화해야말로 그리스 제의의 역사에서 더없이 중요한 순간이다. 어디에 시선을 두든 이 사건이 초래한 격변이 엿보인다. 두 적수는 그때부터 엄수해야 할 경계선을 예리하게 긋고 주기적으로 공물을 제공하기로 하였으나, 간극이 근본적으로 메워지지는 못했다. 그러나 그 강화조약의 압박하에서도 디오니소스적 권력이 어떻게 드러났는지를 살펴보면, 바빌론의 사카이아에서 인간이 호랑이와 원숭이로 퇴보했던 것에 비해서, 그리스인들의 디오니소스적 황홀경제[58]에는 세계구원의 제전과 변용變容의 날들이라는 의미가 있었음을 인식하게 된다. [33] 그리스인들에게서 비로소 자연이 예술가적 환호성에 도달하며, 개별화 원리의 붕괴가 예술가적 현상現狀이 된다. 욕정과 잔인함이 뒤섞인 추악한 마녀의 음료는 여기에서 힘을 쓰지 못했다. 치료제가 치명적인 독을 상기시키듯이, 디오니소스 열광자들의 격정[59]에 깃든 진기한 배합

57 메두사는 괴이한 고르고 중의 하나로서, 그의 눈을 쳐다보는 자는 돌이 되었다. 제우스의 아들 페르세우스는 메두사의 머리를 베어 아테네 여신에게 선물했고, 아테네 여신은 그 머리를 방패에 문장紋章으로 새겨넣었다고 한다. 호메로스, 《일리아스》 5권 738~742행 참고.
58 《비극의 탄생》에서 'Orgie/Orgiasmus' 관련 용어는 아홉 차례 등장한다. 이는 그리스어 'ὄργια'에서 유래한 것으로, 고대에는 플라톤의 대화편 《파이드로스》 250c의 용례처럼 성스러운 비의적 의미로 사용되었다. 그러나 후대에 성적 흥분의 절정이라는 의미가 가미되었다. 니체는 이 용어를 이와 같은 비의적 의미와 성적 의미('오르가즘')를 미묘하게 결합하여 사용하고 있다. 'Orgie'는 '황홀경제祭'로, 'Orgiasmus'는 '황홀경'으로 옮겼다. '황홀경'의 용례는 5장과 6장(1,44; 1,48; 1,49), 21장(1,133; 1,134) 등에서 확인할 수 있다. 이와 유사한 용어로는 'ekstatisch'를 들 수 있으며, 이는 '망아지경忘我之境'(1,40; 1,133)으로 옮겼다.
59 "격정Affect"은 라틴어 'affectus'를 음차한 것으로 '(자극을 받아 일어난) 거친 정서, 흥분'을 뜻한다. 그리스어 '파토스πάθος'에 상응하는 의미로 쓴 것으로 보인다. 관련 낱

과 이중성만이, 즉 고통이 욕망을 일깨우고 환호성이 가슴에서 단말마의 음을 뜯어내는 현상現像만이 그 음료를 상기시킬 따름이다. 대체될 수 없는 상실을 두고 아쉬워하는 한탄, 소스라치는 절규가 지고한 환희로부터 터져 나온다. 마치 자연이 개별자로 흩어지는 자신을 두고 탄식하기라도 하듯, 그리스인들의 제전에서 자연의 감상적인 면모[60]와도 같은 것이 움튼다. 이와 같이 이중으로 조율된 열광자들의 노래와 몸짓의 언어는 호메로스·그리스 세계에 생면부지의 것이었으며, 특히 디오니소스적 **음악**은 그 세계에 끔찍함과 소름을 일으켰다. 음악은 표면적으로는 예전부터 아폴론적 예술로 알려져 있었으나, 제대로 보면 아폴론적 예술은 리듬의 파동에 불과했으며, 그 리듬의 조형가적 힘이라는 것도 아폴론적 상태를 재현하기 위해 발전된 것이었다. 아폴론의 음악은 도리스 건축술[61]을 음으로 구현한 것으로, 키타라[62] 특유의 그저 은은하기만 한 음으로 이루어진 것이었다. 디오니소스적 음악과 뭇 음악의 성격을 이루는 요소, 즉 뒤흔드는 음의 위력, 선율의 단일한 흐름, 전혀 비길 데 없는 선법旋法[63]의 세계는 비아폴론적인 것으로서 조심스럽게 배척되었다. 그러나 디오니소스의 디티

말로는 '자극Affection'(1,46; 1,69)이 있다. 니체는 이 낱말들을 스피노자 철학과 무관하게 썼다.

60   실러는 〈소박한 시문학과 감상적인 시문학에 대하여〉(1795)에서 "소박한 시문학"과 "감상적인 시문학"을 구분한다. 그에 따르면, 소박한 자연은 스스로와 합일을 이루며 내적 필연성을 가지고 현존한다. 그리고 "시인은 자연인 자이거나, 아니면 자연을 추구하는 자이거나, 둘 중 하나이다. 전자는 소박한 시인이며, 후자는 감상적인 시인이다". 감상적인 시인, 감상적인 시문학은 자연과 하나가 아니므로, 현실과 자연 간의 분열과 불일치를 이상으로써 치유하고자 한다.

61   도리스 건축은 건축사에서 도리스 주범柱範으로 익히 알려져 있다. 도리스 주범은 질박하고 당당하여 이미 고대부터 비트루비우스는 남성적이라고 평했다. 델포이에 위치한 아폴론 신전은 늠름한 도리스양식으로 건축되었다.

62   "키타라"는 그리스 현악기로서 오늘날 '기타'의 어원이 되는 악기이다. 춤이나 서사시 낭송의 반주악기로 쓰였으며, 독주악기로 연주되기도 했다.

63   "선법旋法, Harmonie"은 그리스어 'ἁρμονία'의 음차로서, 오늘날의 '화음'이나 '조화'의 의미가 아니라 고대 그리스 음악과 관련한 용어이다. 장조·단조처럼 음을 조직하는 기본방식을 말하며, 지역 단위로 형성된 선법들은 각기 고유한 분위기를 일으키는 힘이 있었다고 전한다. 플라톤의 대화편 《국가》 377a~403c에서 이를 확인할 수 있다.

람보스[64]에서 자극을 받은 인간은 모든 상징적인 능력을 최고도로 강화시킨다. 그리하여 전혀 느껴보지 못했던 무언가가 터져, 마야의 너울이 소멸되고 종種의 천재, 아니 자연의 천재[65]로서 하나임das Einssein이 표출된다. 이제 자연의 본질은 상징적으로 표현될 것이다. 상징들의 새로운 세계가 필요하다. 일단 몸 전체를 아우르는 상징술이, 즉 입·얼굴·말의 상징술뿐만 아니라 모든 지체肢體가 [34] 율동하는 온전한 춤의 몸짓까지 필수적이다. 그러면 다른 상징적인 힘들, 음악의 상징적인 힘들이 리듬과 강약과 선법 속에서 돌연 격렬하게 생장한다. 이와 같은 모든 상징적인 힘들의 총체적인 해방을 포착하려면, 인간은 자기양여의 고지에 미리 도달해 있어야 한다. 그 고지는 그 모든 상징적인 힘들을 빌어 상징적으로 발설되려 하기 때문이다. 그러니 디티람보스적 디오니소스의 시종은 그와 동류인 자에 의해서만 이해되리라! 아폴론적 그리스인은 그를 그 얼마나 놀랍게 바라볼 수밖에 없었겠는가! '하지만 이 모든 것이 도무지 생소한 것만은 아니구나', 아니, '나의 아폴론적 의식이 꼭 한 장의 너울처럼 목전에서 디오니소스적 세계를 가리고 있구나' 하는 소름이 혼재할 적에, 아폴론적 그리스인은 그를 바라보며 갈수록 놀라움이 배가될 수밖에 없었다.

---

64 디티람보스는 디오니소스를 기리는 제의예술에 속한다. 춤·노래·악기반주가 함께한다. 이 디티람보스에서 비극이 기원했다.

65 니체가 《비극의 탄생》에서 사용하는 "천재Genius"는, 로마 시대의 '수호신genius, Genius' 개념과 '타고난 재능ingenium, Genie'의 개념이 융합된 것으로 볼 수 있다. 독일에서는 라이프니츠, 칸트, 괴테, 노발리스, 쇼펜하우어 등에 의해 다각도로 개념이 정의되었으나, 니체는 이전 세대의 정의를 수용하지 않고 "아티스트 - 형이상학"을 위해 독자적으로 개념을 정의했다. 범박하게 이해하자면, 5장의 "서정시적 천재"나 16장의 "사물 속의 보편"(1,107~108)처럼, 디오니소스적 의지가 개별자적 세계영상으로 드러날 때, 그 개별자가 곧 천재라고 할 수 있다. 이 의미의 "천재"와 관련된 경우 니체는 "예술적" 대신 "예술가적"으로, "조형적" 대신 "조형가적"이라는 용어를 고집한다.

3

이를 파악하려면 **아폴론적 문화**의 정교한 건축물을 지탱하고 있는 토대가 드러날 때까지, 말하자면 돌 하나하나까지 전부 허물어나가야 한다. 여기에서 우선 눈에 띄는 것은, 건축물의 박공에 있는 **올림포스** 신들의 장려한 형상들과, 장식벽에 부조로 장식되어 멀리까지 빛나는 신들의 위업이다. 여기에서 아폴론이 다른 신성들 중 하나의 신성으로, 일인자의 지위를 요구하지 않은 채 서 있다는 사실에 혼동되어서는 안 된다. 아폴론 속에서 감각화된 충동이야말로 올림포스 세계 전체를 낳았으며, 이 의미에서 아폴론은 그 세계의 아버지로 인정될 만하다. 그렇다면 도대체 얼마나 엄청난 갈망이 있었길래, 그것으로부터 이토록 빛나는 올림포스 공동체가 유래했던 것일까?

심중에 또 다른 종교를 품고서 올림포스 신들에게 다가가 높은 윤리적 수준을, 나아가 성스러움을, 비육체적 정신화를, 자비로 가득한 사랑의 시선을 구하고자 하는 자는, 비위가 상하고 환멸을 느낀 나머지 곧 등을 돌릴 수밖에 없다. 여기에는 금욕이니 [35] 정신성이니 의무니 하는 것들을 상기시키는 것은 전혀 없다. 여기에서는 풍만하고도 충천衝天한 현존만이 우리에게 설하며, 그 현존 안에서는 선악을 불문하고 모든 것이 신성해진다. 그리고 이를 바라보는 관망자는 삶의 환상적인 과잉에 직면하기 마련이니, '이 오만한 인간들은 어떤 주술의 음료가 몸에 스며들었기에 어디를 바라보든 "달콤한 관능 속에서 부유하는", 그들 실존의 이상적인 상인 헬레나가 웃음으로 맞아주는 삶을 누렸을까?'[66]를 자문하게 된다. 그러나 그 관망자가 걸음을 돌리려 할 때는 외쳐야 한다. 거기 멈추시라, 여기 당신 앞에 이토록 형언하기 어려운 명랑한 삶이 펼쳐져 있으니, 이 삶에 관하여

---

66 괴테, 《파우스트》 2603~2604행, "당신은 말이야, 이 음료가 몸에 퍼지면 / 곧 어느 여자나 헬레나로 보게 되지."

그리스 민족의 지혜가 무어라고 말하는지를 먼저 들으시라. 오래된 전설이 있다. 미다스 왕은 숲에서 디오니소스의 동반자, 지혜로운 **실레노스**를 오랫동안 사냥하려 했으나 잡지 못했다. 마침내 그를 손아귀에 넣었을 때 왕은 물었다. 인간에게 가장 좋고 이로운 게 무엇이냐고. 그 신귀神鬼는 요지부동 침묵했다. 그런데도 왕이 강압하자 그는 마침내 쩌렁쩌렁 웃으며 설파했다. "처량한 하루살이여, 우연의 자식이여, 고생의 자식이여, 듣지 않음이 너에게 제일 유익하거늘, 어찌 너는 나더러 말하라 하는가? 최선은 네가 결코 얻을 수 없는 것이다. 태어나지 않는 것, **존재하지 않는 것**, **무**無가 되는 것이 최선이므로. 하지만 차선은 네가 얻을 수 있다 ─ 어서 죽는 것이므로."

이러한 민족의 지혜와 올림포스 신들의 세계는 어떤 관계일까? 고문받는 순교자의 황홀한 환시幻視와 그의 고난의 관계와도 같다.

이제 올림포스의 주술의 산이 우리에게 열리고 그 뿌리를 드러낸다. 현존의 참혹함과 섬뜩함을 알았고 또 느꼈기에 그리스인들은 순전히 살기 위해 그에 맞서 올림포스 존재들의 광휘로운 꿈의 탄생을 내세웠다. 자연의 티탄적 권력들에 대한 엄청난 불신, 모든 인식 위에 무자비하게 군림하는 운명의 신, 인간의 위대한 벗 [36] 프로메테우스의 독수리, 현명한 오이디푸스의 참혹한 운명, 오레스테스로 하여금 어머니를 살해하도록 강제하는 아트레우스 가문의 저주, 요컨대 우울한 에트루리아인들을 파멸시킨 숲의 신의 철학 전체는 물론이고 그 신화적 실례까지를, 그리스인들은 올림포스 신들의 저 예술가적 **중간세계**를 통하여 부단히 새롭게 극복했으며 어떻게든 은폐했으며 시야에서 배제했다. 그리스인들은 더없이 심각한 절박함에서 살기 위해 그 신들을 창조한 것이다. 그 과정을 상상해보자면, 근원적·티탄적 신들의 질서, 참혹함의 질서에서, 아폴론적 아름다움을 향한 충동이라는 기나긴 이행을 거쳐, 올림포스 신들의 질서, 환희의 질서가 펼쳐졌다 할 것이니, 이는 장미꽃이 가시덤불에서 피어나는 것과도 같다. 현존이 더욱 높은 영광에 휩싸인 채 자신의 신들 속에서 그 모습이 드러나지 않았더라면, 그토록 민감하게 느끼고 격하게 열망하고 전무후무하게 **고난**을 겪을 줄 알았던 민족이 어찌 현존을 감당할 수 있었겠는가? 예술을 삶으로 불러들이는 저 충동이야말로 살아가라고 유혹하는 현존의 보충이자 완성으로서 올림포스 세계까지 탄생시켰으며, 그 세계 속에서 헬라스적 "의지"는 변용[67]의 거울로 자신을 비추었던 것이다. 그렇게 신들은 인간의 삶을 직접 삶으로써 정당화했다 ― 그 자체로 충분한 신정론 神正論![68] 그와 같은 신들의 밝은 햇빛 아래 현존은 그 자체만으로도 추구할 만한 가치가 있는 것으로 감지되었으며, 호메로스적 인간들의 진정한 **괴로움**은 현존과의 이별, 무엇보다도 곧 있을 이별과 결부되어 있다. 그러므로 이제 실레노스의 지혜를 뒤집어서 호메로스적 인간들에 관하여, "그들에게 최악은 곧 죽는 것이며, 차악은 어쨌든 언젠가는 죽는다는 것이다"라고 말해도 무방하리라. 언제고 탄식이 울린다면, 이는 단명한 아킬레우스, 인간종족의 잎새와도 같은 무상함,[69] 영웅시대의 몰락에 관한 탄식이다. 날품팔이로나마 살아남기를 바라는 일[70]은 제아무리 위대한 영웅이라 해도 구차하지 않다. [37] 아폴론적 단계에서 "의지"는 그토록 격하게 이 현존을 원하고, 호메로스적 인간은 이 현존과 그토록 하나임을 느끼니, 저

---

67   "변용-Verklärung"은 《비극의 탄생》에서 자주 쓰이는 낱말로서, 원래 신약성서에서의 그리스도의 변용, 즉 "얼굴은 해처럼 빛나고 옷은 빛처럼 하얗게 됨"(〈마태오복음〉 17, 1~2)과 관련된 것이다. 니체는 다음 4장(1,39)에서 라파엘로의 그림 〈그리스도의 변용〉을 들어 "소박한 예술작품"을 예시한다. 이 그림의 제목은 라틴어 'transfiguratio'로서 '변용'을 뜻하며, 이에 해당하는 독일어는 'Verklärung'으로서 '환히 비춤, 광명'을 의미한다.

68   "신정론Theodicee"은 '이 세계의 악에 대하여 신에게 책임이 있다'는 비난에 직면하여 신을 정당화하려는 시도이다. 고대에는 세계의 악 문제와 신의 관계에 대해 스토아학파가 관심을 가졌고, 근대에는 라이프니츠가 〈신정론〉에서 이 문제를 다루었다.

69   호메로스, 《일리아스》 21권 464행 이하, "(…) 인간들은 잎새와도 같으니 / 한때는 들녘의 결실을 머금고 새빨갛게 타오르다가도 / 이내 생기를 잃고 시들어버린답니다".

70   호메로스, 《오딧세이아》 11권 487행 이하, "나의 죽음을 두고 위로하지는 마시오, 빛나는 오딧세우스여, / 숨을 거둔 망자들을 전부 거느리고 왕노릇을 하느니 / 차라리 농투성이가 되어 땅뙈기도 없고 가산도 하잘 것 없을지라도 / 다른 사람에게 빌붙어서 품팔이라도 하고 싶소이다."

탄식조차도 그에게는 찬가가 된다.

이제 여기에서 후대 인간들이 그토록 그립게 바라보았던 조화, 나아가 실러가 "소박한"[71]이라는 용어로 정립했던 인간과 자연의 합일은, 모든 문화의 문전에서 인류의 낙원으로서 **반드시** 발견되는 아주 순수한 상태, 저절로 주어진 당연한 상태가 결코 아님을 밝혀야겠다. 그렇다고 믿었던 시대는 루소를 예술가로 생각하려던 시대, 호메로스에게서 자연의 심장에서 육성된 예술가 에밀을 보았다는 환상에 **빠졌던** 시대밖에 없다. 우리는 예술에서 "소박한" 것과 마주치는 지점마다 아폴론적 문화의 지고한 효력이 있었음을 인식해야 한다. 아폴론적 문화는 언제나 먼저 티탄들의 제국을 전복하고 괴물들을 처치해야 했으며, 강력한 환상의 환영幻影들과 욕망 어린 허상들로써 세계관[72]의 참혹한 심층과 고난에 극도로 민감한 체질을 이겨내야만 했다. 그러나 소박한 것은, 가상의 아름다움에 온통 함몰되는 일은, 그 얼마나 희귀하게 이루어지는가! 그러니 **호메로스의** 숭고함을 이루 말할 길 없다. 개별 꿈예술가가 민족 및 자연의 꿈능력과 관계를 맺듯이, 호메로스는 개별자로서 아폴론적 민족문화와 관계를 맺기 때문이다. 호메로스적 "소박성"은 오직 아폴론적 허상의 완벽한 승리로 파악되어야 한다. 이 허상이란 자연이 자신의 의도를 성취하기 위하여 그토록 빈번하게 사용하는 종류의 것이다. 참된 목표는 한 폭 환상의 영상으로 가려져 있다. 우리가 그 영상을 잡으려고 손을 뻗으면, 자연은 우리를 기만함으로써 참된 목표를 달성한다. "의지" 스스로는 그리스인들 속에서, 천재와 예술세계의 변용 속에서 관조되고자 하였다. 그리고 그의 피조

71　"소박한naiv"에 대해서는 2장(1,33) 주석 참고.
72　니체가 "세계관"에 해당하는 낱말로 칸트 이래 표준말로 통용되는 'Weltanschauung'을 쓰지 않고 생소하게도 'Weltbetrachtung'을 쓴 것으로 미루어볼 때, 'Anschauung(관조, 직관)'을 엄밀하게 다루고 있음을 알 수 있다. 나아가 니체는 'Weltbetrachtung'이라는 용어를 씀으로써 '세계'를 능동적으로 '관찰Betrachtung'한다는 의미를 강조하고 있다.

물들이 장려해지려면 그들 자신을 장려해질 가치가 있는 존재로 느끼고, [38] 더욱 높은 천구天球[73] 속에서 자신들을 재회해야 했다. 이 완성된 관조[74]의 세계는 명령이나 질책으로 작용하지 않았다. 이것이 아름다움의 천구이며, 그 속에서 그들은 자신들의 거울영상들, 올림포스의 존재들을 보았다. 헬라스적 "의지"는 이 아름다움의 거울상을 갖고서, 고난 및 고난의 지혜에 호응하는 예술가적 소질에 맞서 투쟁하였다. 그리고 그 승리의 기념비로서 호메로스, 그 소박한 예술가가 우리 앞에 서 있다.

4

위의 소박한 예술가에 대한 몇 가지 가르침을 우리는 꿈의 유비에서 얻을 수 있다. 꿈세계의 허상 가운데에서 그 허상을 흩트리지 않은 채 꿈을 꾸면서, "이건 꿈이야, 이 꿈을 계속 꾸겠다"라고 외치는 자를 떠올려보라. 그리고 여기에서 꿈을 관조하려는 깊은 내밀한 욕망을 추론할 수 있다면, 다른 한편으로 낮과 그 끔찍한 침범을 완전히 망각해야만 비로소 관觀하

---

73 "천구die Sphäre, ὁ σφαῖρος"는 소크라테스 이전 철학에서부터 사용된 개념어로서 특히 엠페도클레스가 중시했다. 엠페도클레스는 인간이 가진 관점에 따라서 그의 세계가 형성된다는 의미에서 '천구'라는 낱말을 썼다. '천구'는 '그의 세계관이 곧 그의 세계' 라는 의미라고 할 수 있으며, 인간은 저마다의 세계, 즉 어느 '천구' 속에서 살기 마련 이다. 니체는 유고에서 "엠페도클레스의 경이로운 시"(KSA 1,811)라고 언급하는 등 일찍부터 그의 단편을 숙지하고 있었으므로 이 '천구'의 의미를 계승하여 애용한 것 으로 보인다. 이 낱말은 흔히 '영역', '권역' 등으로 옮기지만, 고대로부터 전승된 의미 를 존중하여 아주 어색한 경우를 제외하고는 대부분 '천구'로 옮겼다.
74 여기에서 "관조"라고 번역한 'Anschauung'은 《비극의 탄생》의 핵심개념 중 하나이 다. 니체는 이를 칸트의 인식론과 쇼펜하우어의 예술론에서 규정된 의미를 이어받아 아폴론적 예술의 기본원리로 채택했다. 《비극의 탄생》에서 쓰인 'Anschauung' 관련 용례를 살펴보면, 일반적인 의미의 '(본능적) 직관'보다는 '(시각적·영상적) 관조'의 의미로 쓰인 예가 많으며, "직관Intuition"(1,39; 1,155)이라는 낱말이 별도로 쓰이기도 했다. 따라서 'Anschauung'이 아폴론적 예술과 긴밀히 연관될 때에는 '관조'로 옮겼으 며, 일반적 의미에 가깝게 쓰였을 경우에 한하여 '직관'으로 옮겼다.

려는[75] 내밀한 욕망과 함께 꿈꾸는 것이 가능하다면, 우리는 해몽자 아폴론의 지휘 아래 이 모든 현상現像들을 가령 다음과 같은 방식으로 해석해야 할 것이다. 삶의 두 절반, 즉 깨어 있는 절반과 꿈꾸는 절반 중에서 확실히 전자를 비할 수 없이 더 좋아하고 더 중시하고 더 존중하고, 더 살아갈 만한 절반, 나아가 삶을 이루는 유일한 절반으로 여기고 있을지라도, 그래서 내 주장이 아무리 역설적으로 비칠지라도, 나는 우리 삶의 비밀한 근본 — 이것의 현상이 바로 우리이다 — 을 드러내기 위하여, 꿈에 대해서 정반대의 가치평가를 주장하고 싶다. 그 내용은 이렇다. 내가 자연 속에서 전능한 예술충동들을 알아볼수록, 그리고 그 충동들 속에서 가상 및 가상을 통한 구원을 열망하는 동경을 알아볼수록 더욱 피할 수 없다고 느끼는 형이상학적 가정이 있으니, 그것은 '참된 존재자이자 원초일자는 영원토록 고난받고 모순으로 가득 차 있어 자신의 항구적 구원을 위하여 황홀한 환시와 욕망 어린 가상이 필요하다'는 것이다. 그 가상에 완전히 사로잡혀 있으며 [39] 그 가상으로 이루어진 우리는 그 가상을 참된 비존재물로, 즉 시간·공간·인과 속에서 끊임없이 변해가는 생성으로, 달리 말하면, 경험적 실재로 느낄 수밖에 없다. 그러므로 우리 고유의 "실재"를 잠시 도외시하고, 우리의 경험적 현존과 뭇 세계의 현존을 원초일자가 매 순간 낳은 표상이라고 파악한다면, 이제 꿈은 **가상의 가상**으로 여겨질 것이며, 따라서 가상에 대한 원초욕구가 더욱 높이 충족된 것으로 여겨질 수밖에 없다. 바로 이 이유에서, 자연의 가장 내밀한 핵은 소박한 예술가에 대한, 그리고 역시 "가상의 가상"일 뿐인 소박한 예술작품에 대한 형언할 수 없는 욕망을 갖는다. 불멸의 "소박한 자들" 중 한 사람이었던 **라파엘로** 역시 비유적인 그림 한 폭으로 가상이 가상으로 쇠락하는 과정을, 소박한 예술가와 아폴론적 문화에 공통된 원초과정을 우리에게 묘사해주고 있다. 그의 **변용**[76]

---

75 "觀하다schauen"라는 용어는 8장(1,59; 1,62), 19장(1,123) 등 여러 곳에서 '환시를 관하다'라는 의미로 사용된다. 자세한 내용은 22장(1,140; 1,141) 주석 참고.

하반부에는 신들린 아이와 그 아이를 붙들고 절망한 이들, 어찌할 바 모르고 불안에 떠는 제자들이 그려져 있다. 이는 영원한 원초고통, 세계의 유일한 근본을 비추는 거울상이다. 여기에서의 "가상"은 '만물의 아버지, 영원한 모순'을 비추는 거울상이다. 이 가상으로부터 이제 환시와 동일한 하나의 새로운 가상세계가 마치 천상의 음료에서 나는 향처럼 피어오르고 있으나, 첫 번째 가상에 사로잡힌 저들은 이를 전혀 보지 못한다 — 더없이 순수한 열락 속에서, 놀랍도록 찬란한 고통 없는 관조 속에서 눈부시게 부유浮游하고 있음이여! 우리는 여기 이 지고한 예술의 상징술에서 아폴론적 아름다움의 세계와 그 밑바탕 실레노스의 끔찍한 지혜를 목도하며, 그것들의 상호 필연성을 직관으로 파악한다. 그러나 아폴론이 개별화 원리의 신성화로서 다시금 우리에게 다가오나니, 오직 이 원리 안에서만 원초일자가 영구적으로 도달한 목표, 즉 가상을 통한 원초일자의 구원이 완수된다. 그는 숭고한 거동으로 우리에게 단말마의 세계 전반이 필요한 까닭을 보여준다. 단말마의 세계로 말미암아 개별자는 절박하게 자신을 구원하는 환시를 낳기에 이르고, [40] 그다음 그 환시를 하염없이 관조한 채, 바다 한가운데에서 표표히 흔들거리는 일엽편주에 고요히 좌정하게 되는 것이다.

이 개별화의 신성화를 명령이나 규정을 내리는 것으로 간주할 경우, 그것은 단 하나의 법, 개별자, 다시 말해 개별자의 한계 엄수, 헬라스적 의미에서의 적정適正밖에 알지 못한다고 할 수 있다. 윤리적 신성으로서의 아폴론은 자신에게 귀속된 이들에게 적정을 요구하며, 적정을 엄수하기 위한 자기인식을 요구한다. 그리하여 아름다움의 미적 필연성 옆에 "너 자신을 알라"와 "무엇이든 지나치지 말라"[77]는 요구가 붙어다니며, 자기불

---

76 라파엘로의 그림 〈그리스도의 변용·Transfiguratio〉을 말한다. 도판 2 참고.
77 "너 자신을 알라γνῶθι σεαυτόν"와 "무엇이든 지나치지 말라μηδὲν ἄγαν"는 잠언은 고대 그리스의 칠현인의 말로 전승되고 있으며 델포이의 아폴론 신전에 새겨져 있었다.

손과 과도함은 비아폴론적 천구에 속한 진정 적대적인 신귀들로, 따라서 아폴론 이전 시대의, 티탄시대의, 그리고 탈아폴론적 세계의, 즉 야만세계의 속성들로 간주된다. 프로메테우스는 인간에 대한 티탄적인 사랑 때문에 독수리에게 찢겨야 했으며, 오이디푸스는 스핑크스의 수수께끼를 풀어냈던 과도한 지혜 탓에 비행非行의 혼돈스러운 소용돌이로 빠져들었다. 델포이의 신은 그리스의 과거를 이처럼 해석하였다.

디오니소스적인 것이 일으켰던 효력 역시 아폴론적 그리스인에게는 "티탄적"이고 "야만적"인 것으로 여겨졌다. 그러면서도 제압당한 티탄들과 영웅들이 그 자신과 내적으로 동족이라는 것을 숨길 수 없었다. 그뿐이 아니었다. 그토록 아름답고 절도를 갖춘 자신의 현존이 모두 고난과 인식의 은폐된 밑바탕을 기반으로 하고 있음을, 그리고 그 밑바탕은 디오니소스적인 것을 통하여 재발견되는 것임을 감지할 수밖에 없었다. 그러니 보라! 아폴론은 디오니소스 없이는 살 수 없었노라! "티탄적인 것"과 "야만적인 것"은 결국 아폴론적인 것과 하등 다를 바 없는 필연이었노라! 그러니 이제 생각해보라, 그렇게 가상과 절도를 기반으로 건축되고 예술적으로 방비된 세계 속으로, 디오니소스 제전의 망아지경忘我之境의 음이 주술 가락이 되어 가일층 유혹적으로 울려 퍼지는 모습을, 그리고 그 가락을 타고 자연의 **과도함** 전체가 [41] 욕망·고뇌·인식 면에서 막을 수 없는 절규가 되는 모습을! 생각해보라, 이 신귀적 속요俗謠에 비하면 허깨비 같은 탄현과 함께 시편을 영창하듯 하는 아폴론 같은 예술가가 무슨 의미가 있었겠는가! "가상" 예술들의 뮤즈들은, 도취하여 진리를 말하는 예술 앞에서 낯빛을 잃었다. 실레노스의 지혜는 명랑한 올림포스 신들을 향하여 "가련하다! 가련하다!" 소리쳤다. 이때 한계와 적정을 지키던 개별자는 디오니소스적 상태의 자기망각 속에 침잠하여 아폴론적 규정을 망각했다. **과도함**이 진리로 드러났으며, 자연의 심장부에서 모순이, 고통으로부터 태동한 희열이 저절로 발설되었다. 그리하여 디오니소스적인 것이 돌파하는 곳마다 아폴론적인 것은 지양되고 소멸되었다. 그러나 마찬가지로 분명한 것은, 밀려드는 첫 번째 격랑을 버텨낸 곳에서는 델포이 신의 자태와 위엄이 그 어느 때보다 더 당당하고 더 위협적으로 표출되었다는 것이다. 이를테면 나는 **도리스** 국가와 도리스 예술은 아폴론적인 것의 전투진영이 전방에 배치된 것이라고 설명할 수밖에 없다. 오직 디오니소스적인 것의 티탄적이고 야만적인 본질에 맞서 포기하지 않고 저항했을 때에만, 보루로 둘러싸인 그토록 완강하고 투박한 예술이, 그토록 전투적이고 엄혹한 교육이, 그토록 잔인하고 매정한 국가가 비교적 오랜 세월을 견딜 수 있다.

여기까지 내가 이 책의 서두에 밝혔던 것, 즉 디오니소스적인 것과 아폴론적인 것이 서로를 뒤쫓아 매번 새로운 탄생체들을 낳고 서로를 강화시키면서 어떻게 헬라스적 본질을 장악했던지를 상세히 다루었다. [첫째] 티탄전쟁과 엄격한 민족철학의 "청동"시대로부터, 아폴론적 아름다움을 향한 충동의 지배하에 어떻게 호메로스적 세계가 전개되는지를, [둘째] 밀려드는 디오니소스적인 것의 격랑으로 말미암아 어떻게 그 "소박한" 장려함이 다시 함몰되는지를, 그리고 [셋째] 이 새로운 권력에 맞서서 어떻게 아폴론적인 것이 도리스 예술 및 세계관의 엄정한 위엄으로 우뚝 서는지를 다룬 셈이다. [42] 이와 같은 방식으로 볼 경우 시기적으로 앞선 헬라스적 역사가 두 적대적 원리의 투쟁 속에서 크게 네 예술단계로 나뉜다면, 말하자면 마지막에 도달한 [셋째] 시기, 도리스 예술의 시기가 저 예술충동들의 정점이자 목표로 여겨지지 않는다면, 이제 우리는 이어서 그 형세변화의 최후전장에 관하여 물음을 던지지 않을 수 없다. 그리고 여기에서 [넷째] **아티카** 비극과 극화된 디티람보스[78]라는, 숭고하고 경이로운 예술작품[79]이 두 충동의 공동목표로서 우리 시야에 들어온다. 이제까지의 기

---

78 니체는 디티람보스에서 비극이 기원한 점을 고려하여 비극을 일컬어 "극화된 디티람보스"라고 했다. 디티람보스에 대해서는 2장(1,33) 주석 참고.
79 "숭고하고 경이로운"은 플라톤의 대화편 《고르기아스》 502b에서 소크라테스가 비극을 반어적으로 언급한 표현이다. 니체는 이를 역으로 되돌렸다. 14장(1,92)에서 재차 인용된다.

나긴 투쟁 끝에 치른 두 충동의 비밀한 결혼동맹이, 안티고네[80]이기도 하고 카산드라[81]이기도 한 아이 속에서 장려함에 이르렀던 것이다.

5

이제 우리는 본래의 탐구목표에 근접했다. 디오니소스적·아폴론적 천재와 그 예술작품을 인식하겠다는, 적어도 예감을 통해서라도 그 합일의 비의를 이해하겠다는 목표 말이다. 여기에서 먼저 물을 것이 있다. 훗날 비극과 극화된 디티람보스로 발전하게 되는 새로운 싹이 헬라스 세계 어디에서 처음으로 눈에 띄었던가? 이에 대해서는 고대가 직접 조형을 통해 해명해주고 있는바, 고대는 그리스 시문학의 비조鼻祖이자 횃불을 든 자로서 오직 **호메로스와 아르킬로코스**[82]만을 조각작품·보석 등에 나란히 안치했던 것이다. 이는 그 두 사람만이 온전히 근원적인 본성들[83]로서, 그들로부터 일어난 불길이 그리스 후대 전체로 번져나갈 것임을 분명히 감지했기 때문이다. 제 안으로 침잠한 백발의 몽상가 호메로스, 이 아폴론적 소박예술가의 전형은 이제, 뮤즈의 전사 같은 시종이며 거칠게 현존을 겪은 아르

---

80 오이디푸스의 딸로 국가 통수권자의 법에 대항하여 "쓰여 있지 않은 법", 가족애를 호소하다 죽음에 이르게 된다. 니체가 보기에 안티고네는 실정법 위의 법을 추구했다는 점에서 아폴론적 성격에 가까운 인물로 비쳤을 것이다. 소포클레스의 비극 《안티고네》 참고.

81 트로이아 왕의 딸로 아가멤논과 운명을 같이하여 죽임을 당했다. 아폴론으로부터 예언의 능력을 선사받았지만 아폴론의 사랑을 거절했기 때문에 어느 누구도 그의 예언을 믿지 않았다. 니체는 어떤 개념, 어떤 법칙보다도 휘몰아치는 신성에 함몰되고만 카산드라를 디오니소스 쪽에 가까운 인물로 보았을 것이다. 아이스킬로스의 비극 《아가멤논》 참고.

82 아르킬로코스는 기원전 7세기(약 680~640년)의 그리스 서정시인이다. 단편으로 전하는 그의 작품들은 주로 개인적 체험에 바탕한 강렬한 감정을 표출하고 있다.

83 《비극의 탄생》에서 "본성들Naturen"은 단순하게 보면 '인물들', '존재들'을 뜻한다고 할 수 있지만, 여기에는 니체가 인간 존재를 바라보는 관점이 들어 있다. 이 관점을 존중하여 우리말 어감상 낯설더라도 "본성들"로 옮겼다.

킬로코스의 정열적인 두상頭像을 놀라움으로 바라본다. 그러나 근래의 미학은 이를 해석한답시고 고작 "객관적" 예술가에 맞서 최초의 "주관적" 예술가가 등장했다[84]는 식으로 부언할 줄밖에 몰랐다. 이 해석은 우리에게 그다지 쓸모가 없다. 그 이유는 우리가 주관적 예술가를 [43] 형편없는 예술가로 간주하고, 온갖 종류와 수준의 예술에서 무엇보다도 먼저 주관적인 것의 극복, "나"로부터의 구원, 모든 개별자적 의지와 욕망의 침묵을 요구하기 때문이다. 더 나아가, 객관성이 없다면, 무관심한 순수한 관조[85]가 없다면, 어떤 참된 예술가적 생산도 있을 수 없다고 믿기 때문이다. 따라서 우리의 미학이 우선 풀어야 할 문제는, 예술가로서의 "서정시인"이 어떻게 가능한가 하는 것이다. 모든 시대의 경험에 비추어볼 때, 서정시인은 언제나 "나"라고 말하며 자신의 정열과 열망의 반음계 전부를 우리 앞에서 노래한다. 바로 이 아르킬로코스가 호메로스 옆에서 증오와 조롱의 외침으로 취기 어린 욕구를 폭발하여 우리를 경악에 빠뜨린다. 그는, 최초의 주관적 예술가라고 불리는 그는, 그렇다면 진정 비예술가가 아니겠는가? 그런데도 다름 아닌 "객관적" 예술의 진원지 델포이조차 그토록 기묘한 신탁을 내려 바로 그에게, 그 시인에게 존경을 표하다니 이 어인 일인가?[86]

실러는 자신의 시작詩作 과정과 관련하여, 그 스스로는 설명할 수도 없었고 별로 유념하지도 않았던 심리적 관찰을 통해 우리에게 실마리를 던져준다. 그는 고백하기를, 시작 활동의 예비적 상태로서, 가령 사고의 인과

---

84 니체는 헤겔의 미학을 염두에 두고 있다. 헤겔은《미학》에서 서사시를 "순수하게 객관적"인 것, 서정시를 "철저히 주관적"인 것으로 보았다.

85 칸트는 아름다움을 '무관심한 관조'의 경험으로 정의한다. 이에 대해서는《도덕의 계보》의 세 번째 논문〈금욕주의적 이상은 무엇을 의미하는가?〉 6절(KSA 5,347) 참고.

86 니체의 이 서술은 아르킬로코스의 생애에 대한 전승에서 자주 언급되는, 그러나 입증되지는 않은 델포이 신탁을 근거로 한다. 전승에 따르면, 아르킬로코스는 전쟁에서 낙소스 출신의 코락스에게 죽임을 당했다. 이에 코락스는 델포이에서 정화제의를 올리고자 하였으나, "뮤즈들의 시종"을 죽였다는 이유로 신전에서 쫓겨났다.(Reibnitz 162~163면)

질서로 정돈된 일련의 영상들이 아니라 하나의 **음악적 분위기**("처음에 그 감각은 명확하고 분명한 대상이 없습니다. 대상은 뒤늦게야 형성됩니다. 모종의 음악적 정서의 분위기가 먼저 있고, 그 뒤에 비로소 시적인 이념이 따라옵니다"[87])가 자기 앞에, 그리고 자기 안에 있다고 한다. 이에 덧붙여 고대 서정시 전체에서 가장 중요한 현상現狀, 어느 곳에서나 자연스럽게 받아들여지는 **서정시인**과 **음악가**의 합일, 즉 동일성 — 이에 비하면 근래의 우리 서정시는 머리 없는 신상과도 같아 보인다 — 도 함께 감안하면, 앞서 서술한 미적 형이상학에 근거해서 이제 서정시인을 다음과 같이 설명해도 될 것이다. 음악이 세계의 반복이요 제2의 주물이라고 명명함이 옳다면, [44] 서정시인은 먼저 디오니소스적 예술가로서 '원초일자와 그것의 고통, 그것의 모순'과 전적으로 하나가 되고 나서, 그 원초일자의 모상을 음악으로 내놓는다. 그러면 그 음악이, 마치 한 폭의 **비유적인 꿈의 영상**처럼, 아폴론적 꿈의 영향력 아래 그에게 다시 가시화된다. 이처럼 영상도 개념도 없는 '원초고통의 음악 속 반영'은, '원초고통의 가상 속 구원'과 함께 개별적 비유나 본보기로 제2의 거울상을 낳는다. 디오니소스적 과정에서 예술가는 자신의 주관성을 이미 내려놓는다. 그에게 자신과 세계 심장의 합일을 보여주는 영상은, 원초모순과 원초고통, 그리고 가상에 대한 원초욕망마저 감각화시키는 한바탕 꿈의 무대이다. 그러므로 서정시인의 "나"는 존재의 심연에서 울려 나오는 것이며, 근래의 미학자들이 말하는 의미에서 서정시인의 "주관성"이라는 것은 한낱 상상에 불과하다. 그리스인들 중 최초의 서정시인 아르킬로코스가 리캄베스의 딸들에게 미칠 듯한 사랑과 경멸을 동시에 선언할 때, 그것은 우리 앞에서 황홀경에 취해 춤추는 그의 정열이 아니다. 우리가 보고 있는 것은 디오니소스와 마이나데스들이며, 도취된 열광자 아르킬로코스가 잠든 모습 — 에우리피데스가

---

87 1796년 3월 18일, 괴테에게 보낸 편지.

박코스의 시녀들에서 묘사해주고 있다시피, 정오의 태양 아래 고원에서 잠든 모습[88] — 이다. 그때 아폴론이 다가와 그를 월계수로 어루만진다. 그리하여 잠든 자의 디오니소스적·음악적 주술이 영상들을 불꽃처럼 주위로 흩뿌리나니, 이것이 서정시이며, 이것이 최고도로 펼쳐져 비극 및 극화된 디티람보스로 불리게 된다.

조각가 및 그와 동족인 서사시인은 순수하게 영상들의 관조에 잠겨든다. 디오니소스적 음악가는 어떠한 영상도 없이 그 스스로가 원초고통이자 원초고통의 원초반향일 뿐이다. 서정시적 천재는 비의적 자기양여와 합일의 상태에서, 조각가·서사시인의 세계와는 전적으로 다른 색채·인과·속도를 가진 영상 및 비유의 세계가 움틈을 느낀다. 조각가·서사시인은 자신의 세계의 영상들 속에서, [45] 오로지 그 영상들 속에서만 즐겁고 쾌활하게 살면서, 영상들의 아주 사소한 윤곽까지 애정을 품고 지칠 줄 모르고 관조한다. 분노하는 아킬레우스의 영상마저도 그에게는 그저 한 폭의 영상에 불과하며, 가상을 누리는 꿈욕망을 가지고 그 분노의 표현을 만끽하는 반면에 — 그리하여 가상의 거울을 통해 아킬레우스의 형상과 일체가 되거나 융합되지 않도록 방어하는 반면에 —, 서정시인의 영상들은 다름 아닌 바로 그 자신이며 오직 자신의 다양한 객관화일 뿐이다. 그 때문에 그는 세계의 움직이는 중심으로서의 "나"를 말할 수 있다. 다만 이 '나'는 깨어 있는 경험적·실재적 인간의 '나'가 아니라, 유일무이하며 참

---

88 에우리피데스의 《박코스의 시녀들》 667행 이하 참고. "태양이 대지를 데우기 위하여 빛을 쏟아부을 때, 풀을 뜯는 소 떼가 산등성이를 향하여 오르고 있었습니다. 그때 세 패의 춤추는 여인들을 보았는데, (…) 그들은 모두 사지를 뻗고 자고 있었습니다. 더러는 전나무 가지에 등을 기대고 있었고, 더러는 땅바닥을 베고 참나무 잎사귀 속에서 쓰러져 자고 있었는데, 다들 얌전했고, 전하의 말씀처럼 포도주와 피리 소리에 취하여 사랑을 찾아 숲속 한적한 곳을 쏘다니지는 않았습니다." 이 대목은 디오니소스를 경시하는 왕 펜테우스가 명을 내려 디오니소스의 시녀인 마이나데스들이 은신하는 곳을 염탐하고 온 사자가 왕에게 보고하는 장면이다. 문란한 성관계, 폭력적인 가축 살해, 미친 듯한 행패로 익히 알려진 마이나데스들이 역설적이게도 숲속 고원에서 가장 평온한 낮잠을 자고 있다. 그런데 이 평온한 잠에서 깨어난 마이나데스들은 펜테우스 왕을 찢어 죽인다.

되게 존재하며 영원한, 사물들의 근본에서 쉬고 있는 '나'이다. 서정시적 천재는 이 '나'의 모상들을 투과하여 사물들의 근본까지 꿰뚫어본다. 이제 한번 생각해보자. '나'의 모상들 아래의 그가 어떻게 **자기 자신**을 비천재非天才로, 즉 자신의 "주관"으로, 자신에게 실재라고 여겨지는 어느 특정 사물을 향한 주관적 정열 및 의지의 움직임의 소란으로 바라보겠는가? 지금 서정시적 천재와 그와 결합된 비천재가 마치 하나인 것처럼 비치고, 그리고 스스로에 관하여 "나"라는 낱말을 말하는 것이 마치 서정시적 천재인 것처럼 비치지만, 그렇게 비친다 해서 '서정시인을 주관적 시인이라고 지칭한 자들'을 오도했듯 우리마저 오도하지는 못할 것이다. 진실로 정열에 불타 사랑하고 증오하는 인간 아르킬로코스는 천재의 한바탕 환시인바, 이 천재는 이미 더 이상 아르킬로코스가 아니라 세계천재이며, 자신의 원초고통을 인간 아르킬로코스에 비유하여 상징적으로 발설하는 자이다. 반면에 주관적인 의욕과 열망을 가진 인간 아르킬로코스는 결코 단 한 순간도 시인이 될 수 없다. 그러나 서정시인은, 영원한 존재의 반영으로서 딱히 인간 아르킬로코스라는 현상現狀만을 목전에 둘 필요는 전혀 없다. 그리고 비극은 서정시인의 환시세계가 바로 곁에 위치한 그러한 현상現狀으로부터 얼마나 멀리 떨어질 수 있는지를 입증해준다.

[46] **쇼펜하우어**는 서정시인이 철학적 예술관에 선사한 난점을 외면하지 않았으며, 하나의 활로를 찾아냈다고 믿고 있지만, 나는 그 길을 함께 할 수는 없다. 하지만 그 난점을 결정적으로 해소할 수 있었던 비책은 오직 쇼펜하우어에게만, 그리고 음악에 대한 그의 심오한 형이상학에만 주어졌으니, 나는 이 점에서는 그에게 존경을 표하며, 그의 정신을 좇아 이 일을 해냈다고 믿는다. 그는 가곡 특유의 본질을 다음과 같이 언급한다(의지와 표상으로서의 세계 I, 295면[89]): "노래하는 자의 의식을 채우는 것은

---

89 쇼펜하우어, 《의지와 표상으로서의 세계》 I, 3권 §51.

의지의 주관, 즉 고유의 의욕이다. 이는 때로는 발산되는 충족된 의욕(기쁨)이며, 그러나 더 빈번하게는 가로막힌 의욕(슬픔)일 것이며, 언제나 격정, 정열, 격동된 정서상태이다. 그러면서도 노래하는 자는 그것과 나란히 그리고 그와 동시에 주위 자연을 봄으로써 자기 자신을 순수하고 무의지적인 인식의 주관으로서 의식하게 되며, 이 인식의 흔들림 없는 복된 쉼은 항상 제한된, 항상 결핍된 의욕의 격류와 대비를 이룬다. 이 대비, 이 갈마드는 유희의 느낌이야말로 진정 가곡 전체에서 발설되는 것이며, 서정시적 상태의 핵심이다. 여기에서 의욕과 그 격류에서 우리를 구원하기 위해 순수한 인식이 다가온다. 우리는 그 인식을 따르기는 하지만 오직 순간일 뿐이다. 우리에게 개인적 목적을 상기시키는 의욕이 매번 우리에게서 고요한 관망을 빼앗아간다. 그러나 그다음에, 순수한 무의지적 인식을 내놓는 아름다운 환경이 또 우리를 그 의욕에서 거듭하여 유인해낸다. 따라서 가곡과 서정시적 분위기에서는 '의욕'(목적에 대한 개인적 관심)과 '환경이 내놓은 순수한 관조'가 진기하게 서로 배합된다. 이 둘의 관계들이 탐색되고 상상된다. 주관적 분위기·의지의 자극은 관조된 환경에, 또 관조된 환경은 주관적 분위기·의지의 자극에, 자신들의 색조를 반사적으로 알린다. 진정한 가곡은 이처럼 [47] 혼합되면서도 분리된 정서상태 전체의 자국이다."

이 서술에서는 서정시의 특징을 불완전하게 달성되는, 말하자면 다급함 때문에 거의 목표에 도달하는 법이 없는 예술로 보고, 심지어는 의욕과 순수한 관조, 즉 비미적非美的 상태와 미적 상태의 진기한 배합을 **본질**로 하는 반쪽짜리 예술로 보고 있다. 누가 이를 오독할 수 있겠는가? 우리가 주장하려는 바는 오히려, 쇼펜하우어까지도 여전히 예술 분류의 가치척도처럼 사용했던 주관적인 것과 객관적인 것의 대립 전반이 미학에 전혀 적합하지 않다는 것이다. 주관, 즉 의욕하는 개별자이자 이기적 목적을 추구하는 개별자는 예술의 적대자일 뿐 예술의 근원으로 간주될 수 없기 때문이다. 그러나 주관이 예술가라면 그 주관은 이미 자신의 개별자적 의지로부터 구원된 것이며, 이를테면 매개라고 볼 수 있다. 이 매개를 통하여, 참되게 존재하는 단 하나의 주관이 가상 속에서 이루어지는 자신의 구원을 경축하는 것이다. 이는 무엇보다도 예술이라는 희극 전반이 결코 우리를 위해, 가령 우리의 개선이나 교양을 위해 상연되는 것이 아님을, 나아가 우리가 그 예술세계의 진정한 창조자가 아님을 분명히 밝혀주어, 우리를 낮추는 **동시**에 높인다.[90] 그러나 그 예술세계의 진정한 창조자 입장에서 보자면 확실히 우리는 영상이요 예술가적 투영이며, 예술작품의 의미 속에 우리의 지고한 위엄이 있다고 해도 될 것이다 — 현존과 세계는 오직 **미적 현상**으로서만 영원히 **정당화**되기 때문이다. 반면에 이러한 우리의 의미에 대해 우리가 가지는 의식은, 화폭에 묘사된 전투에 관하여 화폭에 그려진 전사가 가지는 의식과 거의 다를 바 없다. 따라서 우리의 모든 예술 지식은 근본적으로 완전히 허상 같은 지식이다. 지식을 가진 자로서의 우리는, '예술이라는 희극의 유일무이한 창조자이자 관객으로서 한바탕 영원한 향유를 내놓는 존재Wesen'와 하나가 아니며 동일하지도 않기 때문이다. 천재는 오직 예술가적 생성활동 속에서 [48] 세계의 원초예술가와 융합되는 한에서만, 예술의 영원한 본질Wesen에 대하여 무언가를 알게 된다. 그 상태에서 그는 경이롭게도, 눈을 뒤집어 자기 자신을 관조할 수 있는 섬뜩한 동화 속 영상과도 같다. 이제 그는 주관인 동시에 객관이며, 시인인 동시에 배우이자 관객이다.

90 "낮추는 동시에 높임Erniedrigung und Erhöhung"은 신약성서의 "자신을 낮추시어 죽음에 이르기까지, 십자가의 죽음에 이르기까지 순종하셨으니, 이로 말미암아 하느님께서 그분을 지극히 높이셔서 그분께 모든 이름 위의 이름을 주셨습니다"(〈필리피서〉2,8~9)는 구절에 근거한 신학적 주제 중의 하나이다. 니체는 루터번역 성서의 용어("erniedrigen", "erhöhen")를 그대로 썼다.

6

학자들의 관련 연구에 따르면, 아르킬로코스가 문학에 **민요**를 도입하였으며, 그 업적으로 그리스인들이 내린 통상적인 평가에서 유일하게 호메로스와 비견될 만한 지위를 얻었다. 그런데 온전히 아폴론적인 서사시와 비교했을 때 민요란 무엇인가? 아폴론적인 것과 디오니소스적인 것의 일치가 남긴 끝없는 흔적perpetuum vestigium이 아니라면 무엇이겠는가? 그 흔적이 모든 민족에게 퍼져 나가, 매번 새롭게 낳은 탄생체들 속에서 강화되고 엄청나게 확산된 것은, 자연의 예술가적 이중충동이 얼마나 강한지에 대한 증언이다. 한 민족의 황홀경 속 운동들이 그 민족의 음악으로 영구화되듯이, 그 이중충동은 민요에 흔적을 남겨놓았다. 그렇다, 민요가 풍미했던 모든 시기가 디오니소스적 흐름, 즉 우리가 언제나 민요의 밑바탕이자 전제라고 보아야 하는 그 흐름으로 말미암아 가장 강렬하게 격동하였다는 점은 역사학적으로도 입증될 수 있다.

그러나 근원적 선율은 자신에게 상응하는 꿈현상現像을 탐색하여 이를 시문詩文으로 표현하는바, 민요는 우선 그와 같은 선율, 세계의 음악적 거울이라 할 만하다. **그러므로 선율은 최초의 것이요 보편적인 것**, 따라서 여러 번의 객관화, 여러 절節의 가사를 감내할 수 있는 것이다. 선율은 또한 민중의 소박한 평가에서 훨씬 더 중요하고 필연적인 것이기도 하다. 선율은 매번 새롭게 자신으로부터 시문을 낳는다. [49] **민요의 유절형식有節形式**이 말하는 바가 그 외에 달리 무엇이겠는가. 나는 그 현상現狀을 늘 경이롭게 여겨 관찰한 끝에 이와 같은 설명을 찾아낸 것이다. 예컨대 아이의 마법뿔피리[91]와 같은 민요집을 이 이론에 비춰보면, 선율이 끊임없이 시문을 낳으며 영상의 불꽃을 흩뿌리는 사례를 수없이 발견하게 될 것이다. 불꽃은 다

---

91 《아이의 마법뿔피리》(1805~1808)는 아힘 폰 아르님Achim von Arnim과 클레멘스 브렌타노Clemens Brentano가 공동으로 수집한 독일민요 가사집이다.

채롭게 급변하면서, 심지어는 연이어 격렬하게 터지면서, 서사시적 가상과 그 고요한 흐름에 전혀 생소한 힘을 계시한다. 서사시의 입장에서 보면 서정시의 균일하지 않고 불규칙적인 이 영상세계는 그야말로 배척되어야 한다. 과연 테르판드로스 시대의 아폴론 제전의 장엄한 서사시 낭송가인들은 그렇게 했다.[92]

따라서 우리는 민요의 시문에서 **음악을 모방하기 위해** 가장 팽팽하게 긴장된 언어를 본다. 호메로스적 시세계와 가장 깊은 근본에서 모순되는 새로운 시세계가 아르킬로코스와 함께 시작되는 것이다. 이것으로 우리는 시와 음악, 말과 음 간에 가능한 유일한 관계를 언급했다. 즉 말·영상·개념이 음악에 유비적인 표현을 탐색한다면 음악의 위력을 감수할 수밖에 없다는 것이다. 이 의미에서, '언어가 모방한 것이 현상·영상의 세계이냐, 아니면 음악이냐'에 따라, 그리스 민족의 언어사를 두 가지 주요 흐름으로 구분할 수 있다. 이 대립의 의미를 파악하려면, 호메로스와 핀다로스[93]를 놓고 한 번이라도 색채·구문구조·어휘의 언어적 차이에 대하여 깊이 생각해보라. 그러면 호메로스와 핀다로스 사이에서 **올림포스의 황홀경 속 취주가락**[94]이 울렸으리라는 점이 손에 잡힐 듯 분명해지리라. 그 가락은

92 "낭송가인朗誦歌人"은 (특히 호메로스의) 서사시를 음악적으로 낭송하는 자들을 말한다. 플라톤의 대화편 《이온》 533b~c에서는 "아울로스 연주, 키타라 연주, 키타라 병창, 서사시 낭송"을 같은 직업군으로 언급하고 있다. 전승에 따르면 테르판드로스 Terpandros는 기원전 7세기 레스보스의 음악가로서 칠현금인 키타라를 만들었으며, 호메로스의 서사시와 오르페우스의 선율을 모방했다고 한다. 니체는 이 구절에서 테르판드로스를 아폴론적 천구에 속하는 낭송가인으로 간주하고 있으며, 《즐거운 학문》(KSA 3,441)에서도 같은 의미로 언급했다.

93 핀다로스Pindaros는 기원전 5~6세기의 그리스 서정시인이다. 고대의 분류에 의하면 그의 서정시는 종교적인 내용이 열한 권, 세속적인 내용이 여섯 권에 달한다. 그중 현존하는 것은 헬라스 전체를 아우르는 축제에서 승리한 자를 기리는 축가들을 모아놓은 네 권뿐이고, 나머지는 단편으로만 전한다. 그의 시는 대체로 아름다움·용맹·명예 등의 도덕적 이상을 고취하는 내용이다. 문체는 다의적이고 비유적이며, 의미의 전이와 은유가 풍부하다.

94 올림포스Olympos는 프리기아 지방의 아울로스 연주자로서, 전설상의 인물인데 후대에 실존 인물로 간주되었다고 본다. 생몰 연대는 알려져 있지 않다. 아울로스는 취주악기로 현대의 오보에와 비교할 만하다. 올림포스는 아울로스 연주법 창시자로 전해

음악이 비할 바 없이 발달했던 아리스토텔레스 시대에도 취한 신들린 상태로 이끌었으며, 근원적인 효력을 발휘하여 그 시대 사람들이 온갖 시적 표현수단으로 자신을 모방하도록 자극했다. 나는 여기에서 [50] 우리 미학이 불쾌하게만 여기고 있는, 익히 알려진 오늘날의 현상現狀을 상기시키고자 한다. 우리가 거듭하여 체험하고 있다시피 베토벤 교향곡은 개별 청중이 영상언어⁹⁵에 이르도록 강제하며, 그리하여 한 편의 곡에서 서로 다른 영상세계들이 태어나 환상적으로 다채롭게, 심지어는 모순적으로 결합되어 나타난다. 그런 결합물들에 대하여 기지를 발휘하면서도 정작 설명할 만한 가치가 있는 현상現狀은 간과하고 마는 것이 빈약한 우리 미학의 방식이다. 나아가 음의 시인이 어느 작곡물에 대해서 영상으로 설할 때조차도, 가령 한 교향곡을 '전원'이라 하고, 그중 한 악장에 "시냇가 정경" 혹은 "시골사람들의 흥겨운 모임"이라고 표제를 붙일 때에도,⁹⁶ 이는 음악이 모방한 대상 같은 것이 아니다. 오히려 음악에서 탄생한 비유적 표상들이며, 음악의 **디오니소스적** 내용에 대해 그 어떤 면도 가르쳐줄 수 없는, 즉 다른 영상들에 비해 배타적 가치를 지니지 못한 표상들에 불과하다. 음악이 영상으로 분출되는 이 과정을 젊고 신선한, 언어적으로 창조적인 민족에 적용해보면, 유절민요가 어떻게 생겨났으며, 음악의 모방이라는 새 원리로 말미암아 언어능력 전반이 어떻게 요동칠지 예감할 수 있다.

그러므로 서정시적 시문을 '영상과 개념으로 음악을 모방하는 섬광'이라고 보아도 된다면, 이제 우리는 물을 수 있다. "음악은 조형성과 개념들의 거울 속에서 무엇으로서 **나타나는가?**" 쇼펜하우어적인 의미에서, **음**

지고 있으며, 그의 음악은 "영혼을 신들리게 한다"(아리스토텔레스,《정치학》1340a)고 전승된다.

95 "영상언어Bilderrede"는 니체의 조어로서 음악에서 탄생한 조형·영상·시문을 총칭한다. 17장(1,112; 1,113)과 19장(1,126)에서 언급하는 "음화音畵, Tonmalerei"와 대립되는 개념이다.

96 베토벤의 바장조 6번 교향곡 op. 68을 언급하고 있다. 2악장은 "시냇가 정경", 3악장은 "시골사람들의 흥겨운 모임"이라는 표제를 달고 있다.

악은 의지로서 나타난다erscheinen, 음악은 순수하게 관망적이고 무의지적인 미적 분위기에 대한 대립으로서 나타난다. 이제 이쪽에서 가능한 한 날카롭게 본질의 개념과 현상現像, Erscheinung의 개념을 구분해보자. 음악은 본질상 의지일 수가 없다. 의지는 그 자체로는 미적이지 않으므로, 의지로서의 음악은 예술의 영역에서 아예 추방되어야 하기 때문이다. 하지만 음악은 [51] 의지로서 나타난다. 음악의 현상現像을 영상으로 표현하기 위해서 서정시인에게는 애정의 속삭임에서 광기의 원한에 이르기까지 정열의 갖가지 움직임이 필요하다. 그는 아폴론적 비유로 음악을 설하고자 하는 충동 아래, 자연 전반 및 자연 속의 자신을 오직 영원히 의욕하고 갈망하고 동경하는 자로 이해한다. 그러나 음악을 영상으로 풀이하는 동안, 음악이라는 매개를 통해 관조되는 모든 것이 주위에 밀려들지라도, 그는 아폴론적 관찰이라는 고요한 바다에서 쉰다. 나아가 그가 음악이라는 매개를 통해 자기 자신을 바라보면, 갈급한 감정상태 속의 자기 고유의 영상이 보인다. 그에게 자기 고유의 의욕·동경·신음·환성은 음악을 풀이하는 비유이다. 이것이 서정시인이라는 현상現狀이다. 그는 아폴론적 천재로서 의지의 영상을 통해 음악을 해석하는 한편, 그 자신은 의지의 탐욕으로부터 온전히 벗어나 티 없이 맑은 태양의 눈이 된다.

이상의 모든 논의에서 주지하다시피, 서정시는 음악 자체에 의존하는 만큼이나 음악의 정신에 의존하고 있으며, 그 어떤 한정도 없기 때문에 영상과 개념이 필요한 것이 아니라 오히려 그것들을 곁에 둔 채 견뎌내고 있을 뿐이다. 서정시인으로 하여금 영상언어를 쓰도록 강요했던 것은 음악이며, 음악 속에서 이미 엄청난 보편성과 타당성을 띠고 있었던 것이 아니라면 시인의 시문은 그 무엇도 발언할 수 없다. 음악은 원초일자의 심장에 있는 원초모순과 원초고통을 상징적으로 지시하므로, 따라서 모든 현상現像 너머, 모든 현상 이전에 있는 하나의 천구를 상징하므로, 언어로 음악이라는 세계상징술을 감당하기에는 어떤 식으로든 부족할 수밖에 없다. 오히려 음악에 비하면 현상은 비유에 불과하다. 따라서 현상들의 기관이자 상징인 **언어**는 음악의 가장 깊은 내부를 결코 외부로 표출시키지 못하고, 도리어 음악을 모방하려 할 때마다 언제나 음악과 피상적으로만 접촉하고 만다. 서정시의 수려한 표현을 통해서도 [52] 음악의 가장 깊은 의미에는 그 이상 단 한 걸음도 접근할 수 없다.

7

미로라고 할 수밖에 없는 그리스 **비극**의 근원에서 제대로 길을 찾으려면, [역사상] 논의된 모든 예술론으로부터 도움을 받아야 한다. 단편들로 흩어져 있는 고대 전승을 사람들이 이리저리 조합하고 해체해보았지만 그리스 비극의 근원 문제가 풀리기는커녕 지금까지 진지하게 제기된 적조차 없다고 말한들, 나는 억지스럽다고 생각하지 않는다. 고대 전승은 **비극은 비극 가무단에서 기원하며**, 근원적으로 오직 가무단[97]이었을 뿐, 그 외 어떤 것도 아니었다고 단호하게 말해준다. 우리는 진정한 원초극인 이 비극 가무단의 심장을 포착해야 한다는 의무를 느끼는 까닭에 비극 가무단이 이상적인 관객이라는 둥, 군주의 무대 영역에 맞서 민중을 대표한다는 둥의 상투적인 수사에는 전혀 만족하지 못한다. 마지막 언급처럼, '민주정 아테네인들의 불변의 도덕률이 민중가무단으로 재현되었으며, 이 가무단은 왕들의 심한 월권과 탈선 너머에서 언제나 정의를 간직하고 있다'는 식으로 해설하는 사상이 어떤 정치가들에게는 숭고하게 들릴지라도, 그리고 그 사상이 아리스토텔레스의 발언[98]으로 인하여 제아무리 분명하게 여겨

---

97 그리스어 '코로스χορός'는 제창을 하면서 춤추는 단원들을 가리킨다. 독일어 'der Chor'는 그리스어 'χορός'의 번역어로서 '합창(단)', '가무(단)' 모두를 지칭한다. 우리말 '합창', '제창', '가무'는 엄연히 구별되므로 '코로스'를 '가무단'으로 번역했다.

98 아리스토텔레스, 《문제들》 922b, "관직의 지도자들만이 영웅들이었으며, 민중들은 가무단이 포함된 사람들이었다. 따라서 가무단에는 슬프거나 부드러운 성향과 선율

질지라도, 비극의 근원적 구성에 아무런 영향을 미치지 못한다. [비극 가무단과 같은] 순수하게 종교적인 근원들에서는 민중과 군주의 대립이나 정치사회적 영역은 전부 배제되기 때문이다. 더 나아가 아이스킬로스와 소포클레스의 익히 알려진 고전적 가무단 형태와 관련하여, "입헌 민중대표"의 예감이라고 운운하는 것조차 신성모독으로 간주하고 싶다. 그런데도 [53] 주저없이 그러한 신성모독을 범하는 자들이 있다. 고대 국가헌법은 실제로 입헌 민중대표를 알지도 못했으니, 하물며 어찌 그들의 비극에서 그것을 "짐작"이라도 할 수 있었겠는가.

가무단에 대한 이와 같은 정치적 설명보다 훨씬 더 유명한 것은, 가무단을 관중의 총화이자 진수와 같은 것, "이상적인 관객"으로 보라고 권고하는 A. W. 슐레겔의 사상이다. 근원적으로 비극은 오직 가무단이었을 뿐이라는 역사적 전승과 결부해서 보면, 이 견해의 정체가 드러난다. 이 견해는 조야하고 비학문적인 주장임에도 불구하고 그 표현의 압축적 형식 때문에, "이상적"이라고 불리는 모든 것에 대한 진정 게르만적인 편견 때문에, 그리고 부지불식간에 나오는 경탄 때문에 빛을 얻은 주장이다. 말하자면 우리에게 익숙한 극장관중과 가무단을 비교해보고는, 이 관중에서 가무단과 유비적인 그 무언가를 끌어내 이상화할 수 있지는 않을까 자문하는 순간 이내 경탄하게 되는 식이다. 우리는 이를 조용히 거부한다. 그리고 슐레겔식 주장의 과감함에 대해서나 [그가 주장하는] 그리스 관중의 판이한 본성에 대해서나 이상하다고 여긴다. 즉 우리는 이제껏 진정한 관객이라면 눈앞에 있는 것이 어떤 경험적 실재가 아니라 하나의 예술작품임을 늘 의식하고 있어야 한다고 생각했다. 반면 그리스인들의 비극 가무단은 무대의 군상을 보고 육화된 실존들을 인식하지 않을 수 없다. 오케아노스 딸들로 구성된 가무단[99]은 실제로 눈앞에서 티탄 프로메테우스를 보고

이 어울린다. 그러니까 인간적이었다".

99 아이스킬로스 비극, 《결박된 프로메테우스》에서 "오케아노스 딸들"로 구성된 가무

있다고 믿으며 자신들 스스로를 무대의 그 신과 마찬가지로 실재적이라고 간주한다. 그러니 오케아노스 딸들마냥 프로메테우스를 육화되어 존재하는 실재적인 신으로 간주하는 것이 가장 높고 가장 순수한 부류의 관객이란 말인가? 무대 위로 달려가 신을 고난에서 해방시키는 것이 이상적인 관객의 표지라도 되는가? 우리는 관중이 미적이라고 믿어왔으며, 개개의 [54] 관객이 예술작품을 예술로서, 즉 미적으로 받아들일 수 있는 정도에 따라 능력을 평가해왔다. 그런데 슐레겔의 표현은, 완벽하게 이상적인 관객은 무대세계로부터 미적 영향을 받는 것이 아니라, 오히려 육화가 이루어져 경험적 영향을 받는다고 암시하고 있다. 오, 이런 그리스인들이라니! 우리는 탄식한다. 그리스인들이 우리의 미학을 뒤엎고 있다니! 그런데도 여기에 길들여져서 가무단 이야기가 나올 때마다 슐레겔식 잠언을 반복해왔다.[100]

그러나 고대 전승은 이 지점에서 아주 분명하게 슐레겔과 반대로 말한다. '무대가 없는 가무단 그 자체, 즉 비극의 원시적 형상'과 '이상적인 관객으로 구성된 가무단'은 서로 부합하지 않노라고. 관객의 개념에서 도출한 예술장르, 진정한 형태가 "관객 그 자체"라고 해야 할 예술장르가 도대체 무엇이겠는가? 연극이 없는 관객이란 모순된 개념이다. 우리는 사람들이 행여 비극의 탄생이 다중의 윤리적 지능을 높이 존중한 데에서 비롯했다거나 연극이 없는 관객의 개념에서 비롯했다고 설명하지는 않을까 염려하면서, 이 문제는 그런 피상적인 관찰로는 범접할 수 없을 정도로 대

단이 등장한다.

100 슐레겔의 가무단 정의와 관련한 이 대목은 서술이 불명료하게 전개된 까닭에 내용 이해를 돕기 위한 보충설명이 필요하다. 먼저 두 전제가 있다. 첫째, 슐레겔은 가무단을 "이상적인 관객"이라고 정의한다. 둘째, 그리스인들의 비극 가무단은 무대의 군상을 "육화된 실존"으로 인식한다. 이 둘을 전제로 추론하면, '무대의 신을 실재적인 신으로 간주하는 관객이 이상적이고 순수한 관객'이라는 결론이 나온다. 이 결론은 무대세계를 늘 "경험적 실재가 아니라 하나의 예술작품"으로 의식하는 미적 관객을 부정하는 셈이며, 비극의 원시적 형태였던 "무대가 없는 가무단"과도 부합하지 않는다. 따라서 슐레겔의 가무단 정의는 피상적인 관찰에 불과하다는 것이 니체의 판단이다.

단히 심오하다고 본다.

　가무단의 의미에 대한 훨씬 가치 있는 통찰은 이미 실러가 메시나 신부의 유명한 서문[101]에서 드러낸 바 있다. 그는 가무단을 살아 있는 장벽으로 보았으니, 그것은 비극의 이상적인 토대 및 시적 자유를 지키기 위해 비극 주위를 두르고 현실세계를 아예 차단하는 것이었다.

　실러는 이를 주 무기로 활용하여 '자연적'인 것이라는 상투적인 개념, 즉 극시劇詩에서 흔히 요구되는 허상에 대항하여 투쟁했다. 극에서의 대낮은 다름 아닌 인공적인 것이며, 건축은 다름 아닌 상징적인 것이며, 운율 언어는 이상적인 성격을 지닌 것인데도, 극시와 관련하여 여전히 전반적으로 오류가 팽배해 있다고 한다. 하지만 모든 시의 본질과 관련된 것을, 그저 시적 자유일 따름이라며 용인해서는 안 된다고 한다. [55] 가무단의 도입이야말로 결정적인 진일보로서, 이와 함께 예술에서 모든 자연주의와의 전쟁이 공공연하고 당당하게 선포된다고 한다. 이와 같은 유의 고찰에 대해서 "사이비 이상주의"라는 표어를 쏘아붙이고 있는 것이 바로 우월하다는 환상에 빠진 우리 시대이다. 오늘날 자연적이며 현실적인 것을 숭상함으로써 모든 이상주의의 대극對極, 즉 밀납인형관 영역으로 들어서지 않았나 우려스럽다. 물론 거기에도 요즘 사람들에게 사랑받고 있는 소설들과 같은 일종의 예술이 있기는 하다. 다만 그 예술로 인하여 실러·괴테식 "사이비 이상주의"가 극복되었다는 표현으로 괴롭히지는 말라.

　실러의 올바른 통찰에 따르면 그리스의 사티로스 가무단, 근원적인 비극의 가무단이 늘상 거니는 곳은 당연히 "이상적"인 토대로서, 명멸자明滅者들의 실제 행로 위로 높게 솟아올라 있다. 그리스인은 이 가무단을 위하여 가공架空된 **자연상태**라는 허공에 뜬 발판을 조립하였으며 그 위에다 가공된 **자연존재들**을 세웠다.[102] 비극은 이 기초에서 움터 성장하였기

---

101 실러,《메시나 신부》의 프롤로그, 〈비극에서의 가무단 사용에 대하여〉.
102 일반적으로 비극은 가무단이 '등장가'를 부르며 입장하여 디오니소스 제단을 모신

에, 확실히 그 시작부터 곤욕스러운 현실 베끼기에서 벗어나 있었다. 하지만 그것은 하늘과 땅 사이에 제멋대로 들어선 환영세계가 아니다. 오히려 신앙이 있는 헬라스인에게 올림포스 산과 그곳의 거주신들이 실재와 신빙성을 가졌던 것과 마찬가지로, 실재와 신빙성을 가진 세계인 것이다. 디오니소스 가무단원인 사티로스는 신화와 제의의 재가를 받고 종교적으로 인정된 현실 속에서 산다. 그 사티로스와 함께 비극이 시작된다는 점, 그 사티로스로부터 비극의 디오니소스적 지혜가 발설된다는 점은, 비극의 기원이 가무단이라는 점과 마찬가지로 오늘날 우리에게는 생소한 현상現狀이다. 그러므로 가공된 자연존재인 사티로스와 문명인의 관계가 디오니소스 음악과 문명의 관계와 같다고 주장한다면, 아마도 관찰의 출발점을 얻은 셈이리라. 리하르트 바그너는 문명과 관련해서, [56] 등잔의 불빛이 대낮의 빛에 의하여 소실되듯이 문명은 음악에 의하여 소실된다고 말한다.[103] 이와 마찬가지로, 그리스적 문명인은 사티로스 가무단 앞에서 자신이 소실됨을 느꼈을 것이다. 디오니소스적 비극의 그다음 효력은, 국가와 사회가, 나아가 사람과 사람 사이의 뭇 균열이 압도적 합일감에 자리를 내어주고, 자연의 심장으로 회귀하는 것이다. 여기에서 미리 암시하겠거니와, 모든 참된 비극은 형이상학적 위로, 즉 '사물들의 근본에 있는 삶은 현상現像들의 온갖 변천에도 굴하지 않고 파괴되지 않는 위력과 욕망을 품고 있다'는 위로를 베풀어 우리를 퇴장시키나니, 이것이 육화되어 명료하게 나타난 것이 바로 사티로스 가무단, 자연존재들로 구성된 가무단이다. 이

'오케스트라'에 오르면서 본격적으로 시작된다. 그리고 퇴장하기 전까지 가무단은 그 곳에서 비극의 주요 구성요소인 '정립가들'을 부른다. 오케스트라는 무대 앞, 극장의 중심에 위치하며 바닥에서 솟아 있다. 니체는 극장의 전체 구조와 관련하여 8장(1,60)에서 재차 다룬다. 도판 3의 에피다우로스 극장 참고.

103 니체가 〈리하르트 바그너에게 바치는 서문〉에서 언급하고 있는 바그너의 논문 〈베토벤〉(1870)에서 인용한 내용이다. "그러나 이제, 가장 진지한 의미로 이해하자면, 이것이 우리 현대의 문명 전체에 미치는 음악의 변함없는 효력이다. 대낮의 빛이 등잔의 불빛을 소실시키듯, 음악은 문명을 소실시킨다."

가무단은 모든 문명 뒤편에서 근절되지 않고 살아 있으며 인간세대와 민족사의 온갖 변천에도 굴하지 않고 영원히 그대로 남아 있는 것이다.

　이 가무단을 통해 위로를 얻은 자는, 극히 섬세하고 혹독한 고난을 겪을 줄 알았던 유일한 존재, 심오한 헬라스인이었다. 날카로운 시선으로 소위 세계사라는 것의 공포스러운 파멸충동과 자연의 잔인함 한가운데를 보았으며, 의지에 대한 불교적 부정을 동경할 위기에 처했던 그 헬라스인 말이다. 그를 예술이 구원한다. 그리고 예술을 통하여 그를 구원한다 — 생명이 그 스스로를 위하여.

　현존의 익숙한 틀과 한계를 파멸시키는 디오니소스적 상태의 홀림은 **망각의 강**의 요소를 품고 있으니, 그 상태가 지속되는 동안 과거에 개인적으로 체험했던 모든 것이 가라앉는다. 이와 같은 망각이라는 균열을 통하여 일상적 현실세계와 디오니소스적 현실세계가 서로 갈라진다. 그러나 일상적 현실이 다시 의식 속으로 들어오는 순간 그 현실 자체가 역겹게 느껴지며, 그 결과물이 금욕적이고 의지부정적인 분위기이다. 이 의미에서 디오니소스적 인간은 햄릿과 유사하다. 둘 다 한 번은 사물들의 본질을 참되게 보았으며, **인식하였으며**, 그래서 행동하기를 역겨워한다. [57] 그들의 행위가 사물들의 영원한 본질에서 아무것도 바꿀 수가 없기 때문이며, 와해된 세계를 재정비하라는 요구를 받는 것이 비웃음거리나 수모라고 느끼기 때문이다. 인식은 행동을 죽인다. 행동하려면 허상의 너울에 씌어 있어야 한다 — 이것이 햄릿의 가르침이다. 이것은 지나친 성찰과 너무 많은 가능성 탓에 행동에 이르지 못하는 몽상가 한스[104]의 싸구려 지혜가 아니다. 성찰 때문이 아니다. 그게 아니다! — 참된 인식이, 잔인한 진리에 대한 직시가, 행동하게끔 하는 갖가지 동인을 모두 압도한다. 햄릿도 그렇고 디

104　셰익스피어의 《햄릿》 2막 2장에서 행동을 실현에 옮기지 못하고 주저하던 햄릿은 독백의 형식으로 자조하며 "John-a-dreams"라고 표현한다. 슐레겔은 이를 "몽상가 한스Hans der Träumer"로 옮겼다. 영어권의 'John'이나 독일어권의 'Hans'는 가장 흔히 입에 오르내리는 인명으로서 각종 비아냥거리는 표현에 주인공으로 자주 등장한다.

오니소스적 인간도 그렇다. 이제 더 이상 위로에 빠져들지 않는다. 그리움은 사후세계를 넘어서며, 신들까지도 넘어선다. 현존은 부정된다. 신들 속에서 혹은 불멸의 저편에서 현존을 비추며 빛나는 거울상까지도 부정된다. 한번 본 진리를 의식하는 한, 이제 인간은 어디서나 존재의 섬뜩함 아니면 부조리만을 볼 뿐이다. 이제 인간은 오필리아의 운명이 상징하는 바를 이해한다. 이제 인간은 숲의 신 실레노스의 지혜를 인식한다. 그래서 그는 역겨워한다.

여기에서, 이와 같은 의지의 최고 위험 속에서, 구원과 치유의 주술사로서 **예술**이 다가온다. 예술만이 현존의 섬뜩함이나 부조리에 대한 역겨움의 사상을 선회시켜, 살아갈 수 있게 만드는 표상들 속으로 이끌 수 있다. 이 표상들이 섬뜩함을 예술가적으로 억제시킬 경우 **숭고한** 것이 되며, 부조리에 대한 역겨움을 예술가적으로 분출할 경우 **희극적인** 것이 된다. 디티람보스의 사티로스 가무단은 그리스 예술이 이룬 구원의 위업이다. 이 디오니소스적 동반자들의 중간세계에서, 앞서 서술한 발작들이 사그라들었다.

8

사티로스도 근래 우리 시대의 목가적인 양치기도 모두 근원적·자연적인 것을 [58] 향한 동경의 소산이다. 그리스인들은 그토록 확고하고도 대담하게 그들의 숲사람을 포착했건만, 현대인들은 참으로 수줍고도 유약하게도 예쁘장하게 꾸민 연약한 목동의 영상을 가지고 놀았다. 아직 어떤 인식도 가해지지 않은 자연, 아직 문명의 빗장이 풀리지 않은 자연 — 이것을 그리스인은 사티로스에게서 보았지만, 그렇다고 해서 사티로스가 유인원으로 전락한 것은 아니었다. 반대로 사티로스는 인간의 원초영상이자 인간의 가장 높고도 강한 움직임의 표현이었으며, 신의 근접으로 인하여 홀리고 신들린 열광자였으며, 신의 고난을 되풀이하여 함께 겪는 동무, 자연의 가장 깊은 가슴에서 나오는 지혜를 선포하는 자였으며, 그리스인이 늘상 경외하고 놀라워하며 관찰했던 자연의 전능한 생식력의 상징이었다. 사티로스는 무언가 숭고하고 신성한 것이었다. 특히 디오니소스적 인간의 고통스럽게 트인 시선에는 그렇게 보일 수밖에 없었다. 말쑥한 양치기로 날조한다면 그를 모욕하는 것이리라. 그의 눈은 은폐되지도 위축되지도 않은 위대한 자연의 필치 위에 머물면서 숭고한 만족을 누렸다. 여기에서 문명의 허상이 인간의 원초영상에 의하여 씻겨나갔으며 여기에서 참된 인간이 모습을 드러내었으니, 그는 자신의 신을 향해 환성을 올리는 수염 수북한 사티로스였다. 그 앞에서 문명인은 허위의 희화로 쪼그라들었다. 비극 예술의 시초에 대해서도 역시 실러가 옳았다. 가무단이 쇄도해오는 현실을 가로막는 살아 있는 장벽인 까닭은, 흔히 스스로를 유일한 실재라고 여기는 문명인에 비해 가무단 — 사티로스 가무단 — 이 현존을 더 참되게, 더 현실적으로, 더 온전하게 모사하기 때문이다. 시의 천구는 세계 바깥에 있는 것이 아니며, 시인의 뇌가 지어낸 허황된 환영도 아니다. 시의 천구는 그와 정반대로 진리의 꾸밈없는 표현이기를 바라며, 바로 그 때문에 문명인이 현실이라고 오인하는 것의 허위치장을 걷어낼 수밖에 없다. 진정한 '자연의 진리'와 유일한 실재임을 자처하는 [59] '문명허위'의 대조는, '사물의 영원한 핵, 사물 자체Ding an sich'와 '현상계現象界 전체'의 대조와 유사하다. 그리고 현상들의 부단한 몰락 속에서 형이상학적 위로를 주는 비극이 저 현존의 핵의 영원한 삶을 가리키듯이, 하나의 비유 속에서 사티로스 가무단의 상징술이 사물 자체와 현상의 원초관계를 이미 발설하고 있다. 앞서 말한 현대인의 목가적 양치기란 단지 자연이라고 여겨지는 '교양허상들의 합'을 베낀 것에 불과하다. 그러나 디오니소스적 그리스인은 최고조에 달한 힘의 진리와 자연을 원한다 — 그는 주술에 걸려 사티로스가 된 자신을 본다.

그와 같은 분위기와 인식하에, 열광하는 디오니소스 시종들의 무리가 환호한다. 그 권력하에 그들은 스스로의 변신을 목도하며, 그리하여 자신들을 회복된 자연의 천성, 사티로스들로 보는 환상에 빠진다. 훗날의 비극 가무단 구성은 그 자연적 현상現狀에 대한 예술가적 모방이긴 하지만, 그 구성에서 디오니소스적 관객들과 디오니소스적 주술에 걸린 자들의 분리가 불가피해졌다. 그러나 반드시 유념해야 할 것은, 아티카 비극의 관중은 오케스트라의 가무단에서 자기 자신을 재발견하였으며, 근본적으로는 관중과 가무단의 대립이 없었다는 점이다. 모든 것은 오직 춤추고 노래하는 사티로스들로 구성된, 혹은 이 사티로스들로 대표될 수 있는 자들로 구성된, 하나의 위대하고 숭고한 가무단일 뿐이기 때문이다. 여기에서 슐레겔의 말은 더욱 심오한 의미로 해명되어야 한다. 가무단이 "이상적인 관객 Zuschauer"인 것은 가무단이 유일하게 觀觀하는 자Schauer인 한에서, 무대라는 환시세계를 관하는 자인 한에서 그러하다. 그리스인들은 오늘날과 같은 관객들로 구성된 관중을 알지 못했다. 그들의 극장에서는 관람공간이 부채꼴의 층계식으로 건축된 덕분에, 저마다 주위의 문명세계 전체를 완전히 간과하고, 흠뻑 몰입한 채 관하면서 자신이 가무단원이라는 환상에 빠지는 일이 가능했다. 이와 같은 통찰에 따라 우리는 원초비극의 원시적 단계의 가무단을 [60] 디오니소스적 인간의 자기 거울상이라고 명명할 수 있다. 이 현상現狀은 참된 재능을 품부받은 배우, 즉 자신이 재현해야 하는 배역의 영상이 손에 잡힐 듯 목전에서 떠다니는 것을 지각하고 보는 배우가 등장함으로써 가장 분명히 드러난다. 사티로스 가무단은 무엇보다도 디오니소스적 무리의 환시이며, 더 나아가 무대의 세계는 사티로스 가무단의 환시이다. 이 환시의 힘이 매우 강력한 탓에 소위 "실재"의 인상에 대하여, 좌석을 따라 빙 둘러 진을 친 교양인에 대하여, 시선이 무더지고 둔감해진다. 그리스 극장의 형태는 외진 산골짜기를 연상시킨다. 무대건축은 장려한 테두리와 같이, 한복판에 계시되는 디오니소스의 영상 주위를 두르고 있는 것으로 나타난다. 이는 마치 산중을 휘젓고 다니며 열광하는 박코스 시녀들이 고지에서 내려다보는 한 폭의 빛나는 구름의 영상과

도 같다.[105]

우리가 여기에서 비극 가무단을 설명하기 위해 언급하고 있는 이 예술가적 원초현상原初現像은, 예술가적 근본과정에 대한 학자적인 직관으로 보기에는 거의 망측하기까지 하다. 그러나 무엇보다 분명한 점은, 시인은 생을 펼치고 행위하는 군상에 자신이 에워싸여 있음을 봄으로써, 그리고 그 군상의 가장 내밀한 본질을 들여다봄으로써만 시인이 될 수 있다는 것이다. 우리는 현대적 재능 특유의 약점 때문에 미적인 원초현상을 너무 복잡하고 추상적으로 표상하는 경향이 있다. 진정한 시인에게는 은유란 수사적인 형용이 아니라 시인 앞에서 개념을 대신하여 실제로 떠다니는 대리영상이다. 그에게 성격이란 하나하나의 특성들을 취합하여 조합한 전체가 아니라 그의 눈앞에서 집요하게 생을 펼치는 인물이므로, 그것은 화가의 환시와 다를 바 없으며, 단지 끊임없이 생과 행위를 펼친다는 점에서만 구별된다. 호메로스는 어떻게 여타 시인들보다 훨씬 더 관조적으로 묘파하는 것일까? 그가 그만큼 더 많이 관조하기 때문이다. 우리가 시에 대하여 그토록 추상적으로 이야기하는 까닭은, 우리 모두가 줄곧 형편없는 시인들이었기 때문이다. [61] 근본적으로 미적 현상現狀은 단순하다. 끊임없이 생생한 유희를 볼 수 있고 줄기차게 정령들의 무리에 둘러싸여 살아갈 수 있는 능력만 가져보라, 그러면 시인이 될 것이다. 자기 자신을 변신시켜서 타인의 몸과 영혼으로 발설하려는 충동만 느껴보라, 그러면 극작가가 될 것이다.

디오니소스적 격동은 이 예술가적 재능을 한 무리 전체에 전달하여 그들로 하여금 정령들의 무리에 에워싸인 자신들을 볼 수 있게 하나니, 이 다중은 정령들과 내적으로 하나임을 안다. 변신한 자기 자신을 목도하는 것, 그리고 실제로 다른 몸, 다른 성격 속으로 들어간 듯 행위하는 것, 바로

105 도판 3의 에피다우로스 극장 참고. 고대 그리스 극장은 대개 산중에 있었다.

이와 같은 비극 가무단의 등장이야말로 **극적 원초현상**原初現狀이다. 이 등장은 극 발전의 시초에 자리한다. 이 현상에는 낭송가인과는 다른 무언가가 있으니, 낭송가인은 자신의 영상들과 융합되지 않고 마치 화가처럼 관찰하는 눈으로 자기 외부에서 그 영상들을 보기 때문이다. 이 현상에는 이미 낯선 본성 속으로 들어감으로써 이루어지는 개별자의 포기가 있다. 이 현상이 전염병처럼 번져나갔던 까닭에 무리 전체가 주술에 걸렸다고 느끼는 것이다. 그러므로 디티람보스는 본질적으로 여타 가무곡과 구별된다. 손에 월계수 가지를 들고 장엄하게 아폴론 신전을 향하며 행진곡을 부르는 처녀들은 [변신하지 않고] 그대로 남아 평범한 시민으로서의 이름을 간직하고 있다. 그러나 디티람보스 가무단은 평범한 시민으로서의 과거, 사회적 지위를 온전히 망각한 변신자들로 구성된 가무단이다. 그들은 신의 시종들로서 시간을 초탈한 자들이며, 사회의 모든 천구 외부에서 살아가는 자들이다. 헬라스인들의 여타 가무서정시는 아폴론적 개별가수의 엄청난 강화에 불과한 반면, 디티람보스에서는 서로가 서로를 변신자들로 알아보는, 무의식적인 배우들의 공동체가 우리 눈앞에 있다.

주술이야말로 모든 극예술의 전제이다. 이 주술 속에서 디오니소스적 열광자는 자신을 [62] 사티로스로 보며, **더 나아가 사티로스로서 그는 신을 관**觀**한다.** 즉 그는 변신한 채 자기 외부에서 새로운 환시를 보거니와 이는 자기 상태의 아폴론적 완성이다. 이 새로운 환시와 더불어 극이 완비된다.

이 인식에 따라 우리는 그리스 비극을 디오니소스적 가무단, 즉 아폴론적 영상세계 속에서 매번 새로이 분출되는 가무단으로 이해해야 한다. 그러므로 비극을 관통하고 있는 가무단 파트들은, 이른바 '대화' 전체, 즉 무대세계 전체, 진정한 극의 모태라고 할 수 있다.[106] 비극의 이 원초근거

---

106 그리스 비극은 일반적으로 '프롤로그(대화)', '등장가(가무)', '삽화(대화)', '정립가(가무)', '퇴장가(가무)'의 기본골격을 갖추고 있다. 니체는 이를 "(오케스트라 위) 가무단 파트"와 "(무대 위 배우들의) 대화"로 대별하고서 독자적인 관점으로 양자의 관계를 설명한다.

가 여러 번 잇따라 분출되면서 극이라는 환시를 쏟아낸다. 이 환시는 온통 꿈현상現像이며 그러한 한에서 서사시적 본성을 갖지만, 다른 한편으로는 디오니소스적 상태의 객관화로서, 가상 속 아폴론적 구원을 재현하는 것이 아니라 개별자의 파멸과 원초존재와의 하나됨을 재현한다. 따라서 극은 디오니소스적 인식들과 효력들의 아폴론적 감각화이며, 그렇기 때문에 서사시와 어마어마한 간극이 있다.

  이와 같이 파악하면, 그리스 비극의 **가무단**, 디오니소스적 격동에 휩싸인 무리 전체의 상징이 온전히 설명된다. 우리는 현대무대, 특히 오페라 합창단의 지위에 익숙한 탓에, 그리스인들의 비극 가무단이 어찌하여 진정한 "드라마Action"[107]보다 더 유구하고 더 근원적이고 더 중요한지를 — 아주 분명하게 전승된 사실임에도 불구하고 — 전혀 파악하지 못했다. 도리어 가무단이 하인과도 같은 천한 본질들로만, 심지어 최초에는 염소류의 사티로스들로만 구성된 이유를 저 대단히 중요하고 근원적인 전승과 어긋나게 해석했으며, 오케스트라가 무대 앞에 위치한 이유도 늘 수수께끼로 남아 있었다. 그러나 이제 우리가 얻은 통찰은, 근본적으로나 근원적으로나 드라마가 펼쳐지는 무대도 오직 환시에 불과한 것으로 간주되었다는 것이며, [63] 여기에서 유일한 "실재"는 바로 자기 자신으로부터 환시를 낳는 가무단, 즉 춤·음·말의 상징술을 전부 동원하여 환시에 대해 설하는 가무단이라는 것이다. 이 가무단은 자신의 환시 속에서 자신의 주인

---

107 "Action"을 아리스토텔레스《시학》 1448a의 "δρᾶν"을 지시하는 것으로 보고 "드라마"로 번역했다. 'δρᾶν'은 번역되면서 '드라마(극)', '플롯(행위)' 등의 의미로 분절되었다. 니체는 여기에서 "Action"을 언급함으로써 '극, 플롯, 행위, 줄거리, 대화'의 근원으로 거슬러 올라가, 무대 위의 모든 것, 즉 "드라마"가 비극 가무단의 환시임을 말하고자 한다. 그러나 훗날 니체는《바그너의 경우》각주(KSA 6,32)에서 엄밀한 문헌학자의 관점에서 아리스토텔레스의 "δρᾶν"을 비평하면서 이 "Actio(=Action)"는 '플롯, 행위, 줄거리'로 번역되어서는 안 된다고 밝힌다. 그는 도리스 방언을 추적하여 "δρᾶν"이 '성스러운 사건'을 가리킨다고 보고서, 고대 드라마는 '위대한 파국적 무대들grosse Pathosscenen'만을 안중에 두었으며 '플롯, 행위, 줄거리'는 무대 시작 이전이나 무대 뒤로 이전시켰다고 설명한다.

이자 스승인 디오니소스를 관하며, 따라서 영원토록 **섬기는** 가무단이다. 가무단은 디오니소스, 그 신이 어떻게 고난을 겪고 장려해지는지를 볼 뿐이지, 자기 자신이 **행위하지는** 않는다. 철저히 신을 섬기는 이 지위 덕분에 가무단은 **자연**의 지고한 표현, 즉 디오니소스적 표현이며, 따라서 신들린 상태에서 마치 자연처럼 신탁과 잠언을 설한다. 그 내용인즉, 가무단은 **함께 고난을 겪는 자**이면서 동시에 세계의 심장으로부터 진리를 선포하는 **현자**라는 것이다. 과연 이렇게 하여 지혜로우면서 신들린 사티로스, 동시에 신과는 반대로 "순진한 인간"이기도 한 사티로스라는 환영적이면서도 몹시 망측한 상像이 기원한다. 사티로스는 '자연' 및 '자연의 가장 강한 충동들'의 모상이자 상징이며, '자연의 지혜와 예술'의 선포자이며, 음악가·시인·무용수이자 정령들을 보는 자이다.

무대의 진정한 주인공이자 환시의 중심인 **디오니소스**는, 이 인식과 전승에 걸맞게, 최초의 가장 오래된 비극 시기에는 무슨 참되게 있는 모습이 아니라 그냥 있는 모습으로 제시되었을 뿐이다. 즉 근원적으로 비극은 "가무단"이었을 뿐 "극"은 아니었다. 훗날에야 그 신을 실재자로 보여주려는 시도, 변용의 빛으로 둘러싸인 환시의 형상을 모두의 눈앞에 가시적으로 재현하려는 시도가 생겨났다. 이와 더불어 좁은 의미에서의 "극"이 시작된다. 이제 디티람보스 가무단은 청중의 분위기를 디오니소스적으로 격동시켜야 하는 과제를 안게 되는 바, 청중은 비극적 주인공이 무대에 나타날 때 기이한 가면 쓴 인간[108]을 보는 것이 아니라 청중 스스로의 홀림으로 인하여 탄생한 모종의 환시형상을 볼 정도가 되어야 한다. 아드메토스가 사별한 지 얼마 안 된 아내 알케스티스를 깊이 생각하고 그녀를 온 마음으로 그리워하느라 초췌해졌을 때, 그를 향해 홀연히 아내와 비슷한 모습, 비슷한 걸음걸이를 가진 여인의 영상이 얼굴을 가린 채 다가왔던 일을

---

[108] 그리스 비극의 가무단과 배우들은 가면을 썼다. 비극의 가면은 디오니소스 제의에서 디오니소스, 사티로스, 마이나데스 들이 쓴 가면에서 발전한 것이다.

떠올려보라.[109] [64] 그 순간 그가 일순 불안에 떨고, 미친듯이 비교해보고, 본능적으로 확신했던 일을 떠올려보라. 그러면, 디오니소스적 격동에 휩싸인 관객이 신 — 관객은 이미 이 신의 고난과 하나가 되었다 — 이 무대 위에서 걸어오는 것을 보는 느낌에 대한 유비를 얻게 될 것이다. 관객은 자신의 영혼 앞에서 불가사의하게 진동하는 신의 영상 전체를 부지불식간에 저 가면 쓴 형상에 전이시켰으며, 또 그 형상의 실재를 정령 같은 비현실로 융해시켰다. 이는 아폴론적 꿈의 상태로, 이 상태에서 낮의 세계가 너울을 쓰게 되고, 새로운 세계가 낮의 세계보다 더 명료하게, 더 분명하게, 더 위력적으로, 그러면서도 더 그림자처럼, 끊임없이 변천하면서 우리 눈에 새로이 탄생한다. 그에 따라 우리는 비극에서 단호한 양식상의 대립을 인식한다. 즉 한편으로는 '가무단의 디오니소스적 서정시', 다른 한편으로는 '무대의 아폴론적 꿈세계'라는 전적으로 분리된 표현의 천구들 간에 서로 다른 언어, 색채, 움직임, 이야기의 활력을 인식한다. 디오니소스가 아폴론적 현상現像들 속에서 스스로를 객관화하고 있으니, 이 현상들은 가무단의 음악마냥 "영원한 바다, 변천하는 직조織造, 작열하는 생"[110]이 더 이상 아니며, 감지되기만 할 뿐 영상으로 응집되지 않는 힘들 — 이 힘들 속에서 신들린 디오니소스 시종이 신의 근접을 직감한다 — 도 더 이상 아니다. 바야흐로 명료하고 확고한 서사시적 형상화가 무대에서 디오니소스 시종에게 말한다. 바야흐로 디오니소스가 더 이상 힘들을 통해서 설하지 않고 서사시적 영웅으로서, 거의 호메로스의 언어로 설한다.

---

109 에우리피데스 비극 《알케스티스》 1123~1125행 참고. 아드메토스가 자신을 대신해 죽었던 아내 알케스티스를 대면하는 장면을 말한다.
110 괴테, 《파우스트》 505~507행.

9

그리스 비극의 아폴론적 부분, 즉 대화에서 표면에 드러나는 모든 것은 단순하고, 투명하고, 아름다워 보인다. 이 의미에서 대화는 춤 속에서 본성이 드러나는 헬라스인에 대한 모상이다. 모름지기 가장 큰 힘은 춤 속에서는 다만 잠재해 있을 뿐이며, 동작의 유연함과 풍부함에서 비로소 누설되기 때문이다. [65] 이렇듯 소포클레스 주인공들의 언어는 아폴론적 특정과 밝음을 통하여 경탄을 자아내기에, 이내 우리는 그 본질의 가장 내밀한 근본까지 들여다보고 있다는 환상에 빠지며 그곳에 이르는 길이 그토록 짧다는 데에 다소 놀라게 된다. 그러나 일단 표면에 드러나 가시화된 주인공의 성격을 도외시하고 — 그 성격은 근본적으로 어두운 벽에 드리워진 빛영상, 즉 철저히 현상現像에 불과하다 —, 그 밝은 거울상들에 투영된 신화 속으로 침입하면, 오히려 갑작스럽게 하나의 현상現狀, 익히 알려진 광학적 현상과 반대되는 것을 체험하게 된다. 태양을 쳐다보느라 눈이 부셔서 고개를 돌릴 때, 우리의 시야에는 마치 치료제와도 같이 어두운 반점들이 나타난다. 이와 반대로 소포클레스 주인공들의 빛영상의 현상現像들, 요컨대 가면이라는 아폴론적인 것은, 소름 끼치는 밤에 의해 손상된 시선을 치유하는 밝은 반점마냥, 자연의 내밀한 곳과 참혹함을 들여다본 시선이 필연적으로 내놓은 것들이다. 오직 이 의미로 보아야 "그리스적 명랑성"이라는 의미심장한 개념을 제대로 파악한 것이다. 그런데도 오늘날 어느 길목에서든, 위험이 없는 안락한 상태로 잘못 이해된 명랑성의 개념과 마주치고 있다.

그리스 무대의 가장 고통스러운 형상, 불행한 **오이디푸스**[111]를 소포클레스는 고귀한 인간으로 이해했다. 지혜로운 자인데도 불구하고 오류와

---

111 소포클레스의 비극 《오이디푸스 왕》 참고.

비참함에 이르도록 점지된 자, 그러나 종국에는 자신이 겪은 엄청난 고난으로 말미암아 주위에 불가사의한 축복의 힘을 행사하여, 죽음 너머까지도 영향을 미치는 자로 이해했던 것이다. '고귀한 인간은 죄를 짓지 않는다'고 심오한 시인은 우리에게 말하고자 한다. 그의 행위로 말미암아 모든 법, 모든 자연적 질서, 심지어 윤리적 세계마저 무너질지라도, 바로 그 행위로 말미암아, 와해된 옛 세계의 폐허 위에 새로운 세계를 세우는 효력들에 의하여, 더욱 높은 불가사의한 원이 그어진다. [66] 종교사상가로서의 시인은 바로 그것을 말하고자 했던 것이다. 그러나 시인으로서의 그는 먼저 기묘하게 얽힌 과정[112]의 매듭들을 보여주는 바, 판관은 매듭을 하나하나 풀면서 파멸을 향해 간다. 이러한 변증술적 해결에 대한 헬라스인의 진정한 기쁨이 대단히 크기에 명랑성의 기운이 작품 전체에 우세하게 흐르고, 그 과정에서 드러나는 소름 끼치는 전제들의 창끝을 모조리 꺾어버린다. "콜로노스의 오이디푸스"[113]에서도 우리는 동일한 명랑성과 마주치지만, 이는 무한한 변용을 향해 솟아오른 명랑성이다. 당면한 모든 것에 대해 오롯이 **고난받는 자**로서만 자신을 내맡기는, 지나치게 비참했던 노인 앞에 — 이 세상 너머의 명랑성이 신성한 친구로부터 강림하여 마주 선다. 그리고 '주인공은 오롯이 수동적인 태도를 취할 때 그의 생애 너머 멀리까지 미치는 최고의 능동성을 얻는 한편, 노년에 이르기 전의 의식적인 기질과 성향은 다만 수동성으로 인도했을 뿐'임을 시사한다. 이렇게 하여, 명멸자의 눈에는 해결 불능으로 뒤얽혔던, 오이디푸스 이야기의 매듭이 서서히 풀린다 — 그리고 변증술이라는 이 신성한 대응점 덕분에 가장 깊은

---

112 니체는 그리스어나 라틴어에서 유래하거나 그 둘에 상응하는 개념어를 미묘하게 중의적으로 다루는 경향이 있다. 이를테면 "Prozess"는 라틴어 'procedere(나아감, 진행)'에서 유래한 것으로, 니체는 앞서 8장에서 "(변신을 통한) 등장"(1,60; 1,61)의 의미로 사용하였으나 여기에서는 '과정, 전개, 심판' 등의 의미로 확장하여 사용했다. 비슷한 예로 "Scene"를 들 수 있다. 이것은 일반적으로 '장면'을 의미하지만, 니체는 그리스어 'σκηνή'의 원뜻에 가깝게 복원하여 대부분 '무대'라는 의미로 사용했다.
113 소포클레스의 비극 《콜로노스의 오이디푸스》를 말한다.

인간적 기쁨이 우리를 엄습한다. 우리가 이와 같이 시인을 올바르게 설명하긴 했지만, 과연 신화의 내용을 온전히 파헤쳤는가 하는 의문이 있을 수 있다. 바야흐로 이 지점에서, 시인의 이해 전체는 심연을 들여다본 우리에게 치유하는 자연이 들이미는 빛영상에 불과하다는 것이 드러난다. 아버지의 살인자, 어머니의 남편 오이디푸스, 스핑크스의 수수께끼를 푼 자 오이디푸스! 비밀한 이 숙명적인 행위의 삼박자는 우리에게 무엇을 말하는가? 영묘한 주술사는 근친상간을 통해서만 태어날 수 있다는, 특히 페르시아적인 태고의 민간신앙이 있다. 우리는 이것을 수수께끼를 풀고 제 어머니와 결혼한 오이디푸스와 관련시켜 곧장 이렇게 해석해야 한다. 즉 지혜를 말하는 불가사의한 힘들로 말미암아 현재와 미래의 속박, 개별화라는 부동의 법칙, 심지어 자연의 진정한 주술마저 [67] 깨지는 곳에는, 어김없이 — 근친상간처럼 — 자연에 대한 무시무시한 거역이 원인으로 선행할 수밖에 없다는 것이다. 사람이 비자연적인 것을 통해서가 아니라면, 즉 자연을 거역하여 승리를 거두지 못한다면, 과연 무슨 수로 자연으로 하여금 비밀을 내놓게 강제할 수 있겠는가? 나는 이 인식이 오이디푸스의 운명의 경악스러운 삼박자에 각인되어 있음을 본다. 자연 — 이중의 종種인 스핑크스 — 의 수수께끼를 푼 자는 또한 아버지의 살해자요 어머니의 남편이 되어 가장 성스러운 자연질서를 붕괴시킬 수밖에 없다. 그렇다, 그 신화는 우리에게, '지혜, 특히 디오니소스적 지혜는 자연을 거역하는 만행이며, 자신의 앎을 통하여 자연을 파멸의 심연에 빠뜨리는 자는 자연의 해체를 몸소 경험해야만 한다'고 속삭이는 듯하다. "지혜의 서슬은 지혜로운 자를 향한다. 지혜야말로 자연에 가하는 범죄이다." 이러한 끔찍한 금언을 신화는 우리에게 외친다. 그러나 헬라스적 시인이 신화의 숭엄하고 무서운 멤논의 기둥[114]을 햇살처럼 어루만지면, 신화가 홀연히 울리기 시

---

114 꼭대기에 이집트의 아메노피스 3세의 좌상이 놓인 높다란 기둥이 테베에 있었다고 한다. 로마제국 시대에 이 좌상들을 멤논의 상으로 간주하여 멤논의 기둥이라고 불렀

작한다 — 소포클레스의 선율로!

나는 이제 수동성의 영광에 대하여 아이스킬로스의 **프로메테우스**[115] 주위를 비추고 있는 능동성의 영광을 대비시키고자 한다. 사상가 아이스킬로스가 그 작품에서 우리에게 말하려 했던 바를 시인 아이스킬로스는 비유적 영상을 통해 예감만 하게 했을 뿐이지만, 청년 괴테는 이를 프로메테우스의 대범한 말로 우리에게 드러내 보여줄 수 있었다.

나 여기 앉아서 인간을 빚노라,

나의 형상에 따라,

나와 같은 족속을,

고난을 겪으라고, 눈물을 흘리라고,

향유하라고, 기뻐하라고,

그리고 당신을 개의치 말라고,

내가 그러했듯이![116]

인간은 티탄적으로 강화되면서 직접 자신의 문명을 쟁취하며, 신들을 강제하여 자신과 결탁하게 만든다. [68] 그 이유는 인간이 자신만의 지혜로 신들의 실존과 한계를 좌지우지하기 때문이다. 괴테의 시 프로메테우스는 그 근본사상이 불경不敬을 기리는 진정한 찬가이지만, 그 시에서 가장 경이로운 것은 정의에 대한 아이스킬로스적 천착이다. 한편에는 대담한 "개체"의 헤아릴 길 없는 고난, 반대편에는 신들의 곤경, 즉 신들의 황혼의 예감

다. 두 기둥 중의 하나가 기원전 27년 지진에 무너졌는데 아침 해가 떠올라 데워지면 균열부에서 음이 울렸다고 전한다. 파우사니아스는 이 소리를 탄현 소리와 비교하기도 했다. (Reibnitz 237면)

115 아이스킬로스의 비극 《결박된 프로메테우스》를 말한다.

116 괴테의 시 〈프로메테우스〉(1773)의 마지막 연(51~57행). 여기에서 "당신"은 제우스를 가리킨다.

이 있으며, 이 두 고난의 세계의 화해와 형이상학적 합일을 강제하는 권력도 있다. 이 모든 것은 운명의 신 모이라가 신들과 인간들 위에 영원한 정의로서 군림한다고 보는 아이스킬로스적 세계관의 중심과 대명제를 더없이 강렬하게 상기시킨다. 아이스킬로스는 경이로울 만큼 대범하게 올림포스 세계를 자신의 정의의 저울에 얹었다. 그 대범함으로 미루어보건대, 이 심오한 그리스인이 그 형이상학적 사유의 확고부동한 밑바탕을 자신의 비의들에 두고 있었으며, 그리하여 올림포스 신성들을 향해 자신의 온갖 회의적 심경을 분출할 수 있었음이 분명하게 다가온다. 이 그리스 예술가는 특히 그 신성들에게서 상호예속의 어두운 느낌을 감지하였다. 이 느낌을 상징하는 것이 바로 아이스킬로스의 프로메테우스[117]이다. 티탄 예술가는 인간을 창조할 수 있다는, 최소한 올림포스 신들을 파멸시킬 수 있다는 거역의 신앙을 자신 안에서 발견했다. 그리고 이는 그의 더욱 높은 지혜를 통해서 가능했으며, 이 지혜 때문에 그는 영원한 고난을 겪음으로써 대가를 치르지 않을 수 없었다. 영원한 고난으로 대가를 치러도 모자랄 이 위대한 천재의 장려한 "능력", **예술가의 엄혹한 자긍심** — 이것이 아이스킬로스 시문학의 내용이자 정수인 반면에, 소포클레스는 그의 오이디푸스에서 **성자**의 승전가 서주부를 탄다. 그러나 신화의 참혹함이 경이로울 정도로 깊어 아이스킬로스의 해석으로도 그 깊이를 가늠할 수 없다. 오히려 예술가의 생성욕망, 즉 갖가지 재앙에도 굴하지 않는 예술가적 창조의 명랑성은 단지 비애의 검은 바다에 어리는 한 점 백운천白雲天의 영상에 불과하다. [69] 프로메테우스 설화는 아리안 민족공동체 전체의 근원적 속성이며, 그들이 심오하고 비극적인 것에 소질이 있음을 말해주는 기록이다. 그렇다, 아리안족에게 이 프로메테우스 신화의 특징과 의미는, 셈족에게 죄·타락 신화가 갖는 것과 동일하며, 두 신화는 남매지간과 같다고 할

---

117 아이스킬로스의 비극 《결박된 프로메테우스》를 말한다.

만하다. 프로메테우스 신화가 성립하기 위한 전제는 소박한 인류가 불에 부여하는 막대한 가치인 바, 이 불을 발홍하는 모든 문명의 참된 팔라스 상像[118]으로 보는 것이다. 그러나 인간이 불을 자유롭게 관장하고, 불을 천상의 선물로서만 얻지 않고 번갯불이나 뙤약볕의 열기를 통해서도 얻는다는 것은, 명상적 원초인간들이 보기에는 하나의 신성모독으로, 신성한 자연에 가한 약탈로 비친다. 그래서 최초의 철학적 문제는 단숨에 인간과 신 사이에 해소되지 않는 고통스러운 모순을 내세워 바윗덩이처럼 각 문명의 문전에 세워놓았다. 인류는 성취할 수 있는 최선이자 최고를 신성모독을 통해서 달성하므로 그 결과 역시 감수할 수밖에 없다. 이를테면 모욕당한 천상의 신들이 고귀하게 상승하려는 인간종족에게 퍼붓는 온갖 고난과 비애의 홍수를 감수할 수밖에 없다는 것 — 이 엄혹한 사상은 신성모독에 **존엄**을 부여함으로써 희귀하게도 셈족의 죄·타락 신화와 대비된다. 죄·타락 신화에서는 호기심, 근사한 현혹, 유혹에 취약함, 탐스러움, 요컨대 특히 여성적인 자극들이 악의 근원으로 여겨졌던 것이다. 아리안족의 표상을 돋보이게 하는 것은, **능동적 죄**를 진정한 프로메테우스적 미덕으로 보는 고고한 안목이다. 그와 동시에 비관주의적 비극의 윤리적 밑바탕은 인간적 악의 **정당화**, 비단 인간적 유책[119]의 정당화일 뿐만 아니라 그로 인해 야기되는 고난의 정당화임이 드러난다. 명상적 아리안족이 굳이 해석 나부랭이를 들이대려 하지 않는 [70] '사물들의 본질에 있는 재앙, 세

---

118 "팔라스"는 아테네 여신의 별명으로 호메로스 서사시 《일리아스》에서 "팔라스 아테네"로 언급된다. 아폴로도로스에 따르면, 아테네는 올림포스 신들과 티탄들의 전쟁 시 티탄 팔라스의 가죽을 벗겨 그것으로 방패를 만들었다고 한다. 따라서 "팔라스 아테네"는 티탄 전쟁에서 거둔 승리를 기념하는 별명이며, 이 아테네를 조각한 상을 "팔라스 상Palladium"이라 부른다.
119 '유책有責'으로 번역한 'Schuld'는 법적 용어이다. 형법에서는 '책임'으로, 민법에서는 '채무'로 번역한다. 국내형법상 14세 미만 어린이의 경우 범죄행위가 있어도 범죄의 '책임'을 물을 수 없으므로 범죄가 성립하지 않는다. 'Schuld'는 바로 이때의 '책임'을 말한다. 이것은 종교적 용어인 '죄Sünde'와 엄격하게 구별해야 한다. 이는 《도덕의 계보》에서 핵심적으로 다루는 내용이기도 하다.

계의 심장에 있는 모순'은 상이한 세계들의 혼재, 예컨대 신적 세계와 인간적 세계의 혼재로서 계시된다. 이 세계들 각각은 개별자로서 정당하지만, 자신들의 개별화를 위해 서로의 곁에서 개체세계로서 고난을 겪을 수밖에 없다. 보편을 향한 개체의 영웅적인 격랑에서, 개별화의 속박을 뛰어넘어 하나의 세계본질 자체가 되려는 시도에서, 개체는 사물들 속에 은폐되어 있는 원초모순을 겪는다. 즉 그는 신성모독을 범하고 고난을 겪는다. 원초의 신성모독은 남성이 범하고 원죄는 여성이 범하는 만큼, 아리안족은 신성모독을 남성으로 이해하며 셈족은 죄를 여성으로 이해한다. 나아가 마녀 가무단은 이렇게 말한다.

> 우린 그렇게 자잘하게 따지지는 않잖아.
> 여자가 수천 걸음 걸어보았자지.
> 제아무리 여자가 서두를지라도
> 남자는 한달음에 가버리잖아.[120]

프로메테우스 설화의 가장 내밀한 핵 — 즉 티탄적으로 일어서는 개별자에게 부과되는 신성모독의 필연성 — 을 이해하는 자는, 동시에 이 비관주의적 표상의 비아폴론적인 것 역시 감지할 수밖에 없다. 그 이유는 아폴론이 개체존재들 사이에 한계선들을 그음으로써, 그리고 자기인식과 적정을 요구함과 동시에 그 한계선들을 가장 성스러운 세계법칙으로서 매번 새롭게 상기시킴으로써, 개체들을 쉼으로 이끌려고 하기 때문이다. 그러나 이 아폴론적 경향 때문에 형식이 응고되어 이집트식의 경직성과 냉엄함으로 전락하지 않도록, 개개의 파문波紋에 그 궤도와 영역을 지정하느라 호수 전체의 운동을 고사시키는 일이 없도록, 디오니소스적인

---

120 괴테, 《파우스트》 3982~3985행.

것의 대홍수가 온갖 소소한 원 — 이 안에 아폴론 일방의 "의지"가 헬라스를 속박해두려고 했다 — 을 되풀이하여 수시로 파괴했다. 그다음, 순식간에 불어난 디오니소스적인 것의 홍수가 개별자들의 소소한 개체적 파고波高들을 등에 짊어지나니, 이는 마치 프로메테우스의 형제인 [71] 티탄 아틀라스가 대지를 짊어진 것과도 같다. 이 티탄적인 격랑은, 모든 개체의 아틀라스가 되어 광대한 등으로 그 개체들을 더욱더 높이, 더욱더 멀리 들어 올리려는 격랑은, 프로메테우스적인 것과 디오니소스적인 것에 공통이다. 이와 같은 관점에서 아이스킬로스의 프로메테우스는 디오니소스적 가면이며, 다른 한편, 앞서 언급했듯 아이스킬로스는 정의에 천착하면서 자신이 '개별화'와 '정의의 한계'의 신 아폴론의 후손임을 통찰자에게 누설한다. 그러므로 아이스킬로스의 프로메테우스의 이중본질, 즉 디오니소스적이자 아폴론적인 그의 본성은 개념적인 공식으로 이렇게 표현될 수 있으리라. "모든 존재는 정의로우면서도 정의롭지 않으며, 두 경우 모두 정당하다."

이것이 너의 세계로다! 이것이 이름하여 하나의 세계로다![121]

10

가장 오래된 형태의 그리스 비극은 오로지 디오니소스의 고난만을 다루었으며, 오랜 세월 무대에 유일하게 등장했던 주인공도 바로 디오니소스였다. 이것은 공박할 수 없는 전승이다. 에우리피데스에 이르기 전까지 디오니소스는 단 한 번도 비극적 주인공이기를 그친 적이 없으며, 그리스 무대의 유명한 인물 프로메테우스, 오이디푸스 등은 모두 근원적 주인공 디

---

121 괴테, 《파우스트》 409행.

오니소스의 가면들에 불과하다는 점 또한 확실히 주장할 수 있다. 한 신성이 그러한 온갖 가면 뒤에 은신하고 있다는 점이야말로 그 유명한 인물들이 그토록 경이로운 전형적 "이상성"을 갖는 본질적인 이유이다. 누구인지는 모르겠으나 모든 개별자는 개별자로서는 희극적이며, 따라서 비극적이지 않다고 주장한 자도 있었다.[122] 이로부터 추정해보건대, 그리스인들은 비극 무대에 개별자들이 등장하는 것 자체를 견딜 수 없었으리라. 실제로 그들은 "이데아"와 "모상"의 대립이라는 플라톤식 구분과 가치평가가 [72] 헬라스적 본질에 깊이 뿌리박혀 있다고 느꼈던 듯하다. 내친김에 플라톤의 용어를 빌어 헬라스 무대의 비극적 군상에 관해서 언급하자면, '참되게 실재하는 디오니소스는 군상의 다多로, 투쟁하는 주인공들의 가면들로 나타나되, 개체의지의 그물에 걸린 채 나타난다'고 할 만하다. 이제 이렇게 나타나는 신이 말하고 행위하는 만큼, 그 신은 방황하고 노력하고 고난받는 개별자를 닮는다. 그리고 이처럼 서사시적 특정과 명료함을 띠고서 신이 **나타나는** 것은 해몽하는 자 아폴론의 효력으로서, 아폴론은 자신의 디오니소스적 상태를 비유적 현상現像을 통해 가무단에게 풀이해준다. 그러나 진실로, 고난받는 비의의 주인공 디오니소스는 개별화의 고난을 몸소 경험하는 신이며, 기묘한 신화들이 알려주고 있다시피, 어린아이로서의 디오니소스는 티탄들에게 난도당하고 그 상태로 자그레우스로 숭배된다. 이것이 암시하듯, 이 난도질, 진정한 디오니소스적 **고난**은 지수화풍으로의 전변轉變과도 같으므로, 우리는 개별화 상태를 모든 고난의 원천이자 원초근거로서, 무언가 흠이 있는 것으로서 보아야 한다. 디오니소스의 미소에서 올림포스의 신들이, 그의 눈물에서 인간들이 기원했다. 디오니소스는 난도당한 신으로 실존하면서, 잔인하고 야성적인 신귀이자 온화하고 부드러운 지배자라는 이중본성을 지닌다. 그러나 견자見者[123]들은

---

122 쇼펜하우어,《의지와 표상으로서의 세계》I, 4권 §58.
123 "견자"로 번역한 'Epopt'는 그리스어 'ἐπόπτης'를 음차한 것이며,《차라투스트라는 이

디오니소스의 재생 — 우리는 이것이 곧 개별화의 종결임을 예감해야 한
다 — 을 바라 마지않았으며, 이 세 번째 디오니소스의 도래를 향한 견자
들의 환호성이 함성처럼 울려 퍼졌다. 그리고 이 희망 속에서만, 파열되고
개별자들로 분쇄된 세계의 얼굴 위에 환희의 햇살이 어리나니, 신화가 형
상화하고 있다시피, 영원한 슬픔에 잠겼던 데메테르는 디오니소스를 **다시
한번 낳을 수 있다**는 말을 듣고 처음으로 **환희**를 되찾았던 것이다.[124] 이상
의 직관들을 통해 [73] 우리는 심오하고 비관주의적인 세계관의 모든 구성
요소뿐만 아니라 **비극의 비의적 가르침**도 확보해두었으니, 그것은 현존하
는 모든 것들의 합일에 관한 근본인식이며, 개별화를 악의 원초근거로 보
는 것이며, '개별화의 속박이 파괴될 수 있을 것'이라는 기쁜 희망이자 '다
시 합일이 수립될 것'이라는 예감으로서의 예술이다. —

앞서 시사했다시피[125] 호메로스 서사시는 올림포스 문명의 시문학이
며 티탄 전쟁의 참혹함을 이겨내고 부른 승전가이다. 그런데 이제는 비극
시문학의 압도적인 영향하에 호메로스 신화들이 새롭게 전생轉生했으며,
이 윤회[126]의 와중에 올림포스 문명 또한 더욱 깊은 세계관에 패배했음을
보여준다. 거역의 티탄 프로메테우스는 자신을 괴롭히는 올림포스의 박
해자에게, 만약 적시에 자신과 결탁하지 않을 경우에는 그의 지배가 극도
의 위험에 처할 것이라고 경고했다.[127] 아이스킬로스의 비극에서 알 수 있

렇게 말했다》에서는 독일어 'Seher(본 자)'로 대체되었다. '견자'는 엘레우시스 비의
에 입교한 이들 중에서 가장 높은 단계에 오른 자로서 오의奧義를 본 자이다.
124 니체가 말하는 '디오니소스의 세 번째 탄생'은 오르페우스 관련 단편에 근거한 것이
다. 전승에 따르면, 디오니소스 비의는 일찍이 오르페우스교와 결합된 것이며, 데메테
르를 기리는 엘레우시스 비의는 아테네의 디오니소스 제의와 결합된 것이라고 한다.
125 티탄 전쟁과 호메로스 세계의 관계에 대해서는 4장(1,36)과 5장(1,41)에서 언급한 바
있다.
126 서양 고대전통의 "윤회μετεμψύχωσις"는 소크라테스 이전 철학에서 기원한 것으로,
주로 오르페우스, 디오니소스, 엘레우시스 비의 등과 관련되어 있다. 이후 피타고라스,
플라톤 등이 언급했으며, 근대에는 쇼펜하우어가 그리스어를 음차하여 주요 주제로
다루었다. 그리스어의 원뜻은 '윤회' 또는 '전생轉生'에 상응한다.
127 아이스킬로스의 비극《결박된 프로메테우스》755~770행 참고.

다시피, 경악한 제우스는 자신의 종말을 염려하며 그 티탄과 동맹한다.[128] 그리하여 예전의 티탄 시대가 지옥에서 벗어나 다시 광명으로 나온 것이다.[129] 야성적이고 적나라한 자연의 철학은 너울을 걷은 진리의 풍모로, 춤추며 지나가는 호메로스 세계의 신화들을 본다. 이 여신의 섬광 같은 눈초리 앞에서 그 신화들은 파리해지고 바들거린다. 그리고 마침내 디오니소스적 예술가의 위력적인 주먹이 새로운 신성을 섬기도록 그 신화들을 강제한다. 디오니소스적 진리는 신화의 전 영역을 넘겨받아 자신의 인식에 대한 상징술로 쓰며, 이 상징술의 일부는 비극이라는 공개적 제의에서, 일부는 극화된 비의제전의 비밀 거행을 통해 발설하되, 언제나 옛 신화의 너울로 가리고 있다. 프로메테우스를 독수리에게서 해방시키고 신화를 디오니소스적 지혜의 수레로 변신시킨 것은 어떤 힘이었을까? 이는 음악의 헤라클레스와 같은 힘이다. 비극에서 최고의 현상現像에 [74] 도달하여 신화를 더없이 심오하고 새로운 의의로 해석할 수 있는 힘 말이다. 우리는 이미 앞서 이 힘의 성격을 음악이 가진 막강한 능력이라고 규정했다. 그러나 모든 신화는 이른바 역사학적 현실의 궁벽 속으로 서서히 기어들어가 언젠가 훗날에는 역사학적 요구와 함께 일개 사실로 취급될 운명이다. 그리고 그리스인들은 이미 재바른 감각으로 자신들의 신화적 유년의 꿈 전부에 자의적으로 역사학적·실용적 유년사라는 낙인을 찍는 길목으로 완연히 접어든 상태였다. 이는 종교가 사멸하는 일정한 방식이다. 즉 한 종교의 신화적 전제들이 정통 교의론의 엄격한 지성적 시선에 의해 역사학적 사건들의 완결된 합으로 체계화되면, 불안해진 사람들은 신화들의 신빙성을 옹호하면서도 그 신화들의 자연스러운 생장과 번성을 거부하기 시작하며, 그 결과로 신화에 대한 감정이 고사하고 종교는 그 대신 역사학적

---

128 아이스킬로스의 비극 《결박된 프로메테우스》 190~192행 참고.
129 아이스킬로스의 프로메테우스 3부작 중에서 《해방된 프로메테우스》가 단편으로 전하는데, 이 작품의 가무단은 지옥(타르타로스)에서 해방된 티탄들로 구성되어 있다.

토대를 요구한다. 이때 디오니소스적 음악의 신생 천재가 그 고사해가는 신화를 부여잡아 그의 손길에 의해 다시 한번 신화가 피어났던 것이니, 이는 유례를 찾아볼 수 없는 색채를 띠었으며 형이상학적 세계에 대한 아련한 예감을 불러일으키는 향기가 있었다. 이 마지막 광채 이후에 신화는 몰락하고 그 잎사귀들은 시든다. 이윽고 고대에 조롱을 일삼았던 루키아노스[130] 무리가 바람에 실려 사방으로 흩날리는 퇴색하고 황폐해진 꽃잎을 잡아챈다. 비극을 통하여 신화는 가장 깊은 내용, 가장 표현이 풍부한 형태에 도달한다. 신화는 상처 입은 영웅처럼 다시 한번 몸을 일으킨다. 그리고 그 눈의 강렬한 마지막 안광에서는 힘의 과잉과 죽어가는 자의 지혜로운 적멸이 이글거린다.

신성모독자 에우리피데스여, 죽어가는 자에게 강제로 다시 한번 부역질을 시키고자 하였을 적에, 너는 무엇을 바랐더냐? 그는 너의 폭압적인 손길에 죽음을 맞이했다. 그리고 [75] 너는 헤라클레스의 원숭이마냥 그저 옛 장식물로 치장할 줄밖에 모르는데도 그 신화에 가면을 씌우고 모조했다.[131] 네게 이르러 신화가 죽었으니, 음악의 천재 또한 죽었다. 또 탐욕스럽게 집착하며 음악의 모든 정원을 약탈했음에도 불구하고, 너는 그것을 고작 가면 쓴 모조 음악을 위해서만 썼다. 그리고 네가 디오니소스를 떠나버렸으니, 아폴론도 너를 떠나버렸다. 모든 정열을 그 보금자리에서 사냥하여 너의 원 안에 가두거라, 그리고 소피스트적 변증술을 갈고 별러서 네 주인공들의 이야기를 잘 가다듬어보거라 — 그러면 너의 주인공들도 가면 쓴 모조의 정열들을 갖게 될 것이요, 오직 가면 쓴 모조 이야기들만을 말하리니.

---

130 기원후 2세기의 대표적인 그리스 풍자작가로서 전승된 신화를 익살스럽게 표현하여 명성을 얻었다.

131 니체는 루키아노스의 작품에 언급된, "참된 철학자와 가짜 철학자의 관계는 '헤라클레스'와 '위대한 그리스 영웅들의 사자 가죽을 두른 원숭이'의 관계와 같다"는 속담을 빌어 에우리피데스를 비평하고 있다.(Reibnitz 279면, Schmidt 220면)

11

그리스 비극은 자매지간인 이전의 모든 예술장르와는 다른 방식으로 몰락에 이르렀다. 그리스 비극의 죽음은 해소되지 않는 갈등 때문에 일어난 자살이며, 따라서 비극적이었던 반면, 다른 예술장르들은 노령을 맞이하여 더없이 아름답고 평온하게 숨을 거두었다. 이를테면 아름다운 후손을 남기고 집착 없이 삶과 이별하는 것이 행복한 자연상태라면, 이전 예술장르들은 그와 같은 종말을 보여준다. 서서히 하직하며 생기를 잃어가는 그들의 눈앞에는 더욱 아름다운 후손이 나타나, 위풍당당하게 벌써 머리를 들고 있다. 이와 반대로, 그리스 비극의 죽음과 동시에 도처에서 무시무시하고도 근본적인 공허가 생겨났다. 언젠가 티베리우스 시대에 그리스 선원들이 외딴 섬에서 "위대한 판이 죽었다"[132]라는 비통한 외침을 들었을 때처럼 헬라스 세계에서 처절한 비탄의 소리가 울렸다. "비극이 죽었다! 그와 함께 시 자체도 비극과 함께 사라져버렸다! 가거라, 가거라, 너희 허약하고 앙상한 아류들아! 저승으로 가거라, 너희 그곳에서 선대 스승들의 빵 부스러기로 배를 채울 수 있으리니!"

[76] 그런데 비극을 자신들의 선구자요 스승으로 숭상하는 새로운 예술장르가 만개했을 때, 그 장르가 제 어머니의 모습, 특히 긴 생사투쟁을 벌인 모습을 닮았다는 사실은 끔찍하기까지하다. 이 생사투쟁을 벌인 것은 **에우리피데스**였으며, 그 뒤를 이은 예술장르는 **아티카 신희극**[133]으로 알려져 있다. 비극은 변질된 형상을 취하여 신희극으로 살아남았으니, 이는

---

132 플루타르코스의 《모랄리아 *Moralia*》 419b~e에서 전하는 이야기로, 특정 장소에 가서 "위대한 판이 죽었다"라고 외치라는 신비한 음성을 들었다고 한다. 상고시대에 판은 목가신이었으나 후대에 사티로스나 실레노스와 유사하게 언급된 까닭에 니체는 판의 죽음을 비극의 죽음에 비유했다.
133 에우리피데스의 영향하에 '신희극'을 발전시켰던 메난드로스(기원전 342~291년)를 신희극의 시작으로 본다. 신희극은 '고희극', '중간기희극'과는 달리 디오니소스 제의와는 무관하며 아테네와의 사회적·종교적 결속도 거의 없다.

극도로 힘겹고 폭압적이었던 비극의 죽음을 기리는 것이다.

이와 같은 맥락에서 볼 때 신희극의 시인들이 에우리피데스에게 격한 애착을 가졌던 것이 이해된다. 이승을 떠난 자에게도 여전히 지성이 있다는 확신만 있다면 저승의 에우리피데스를 방문하기 위해 당장 목이라도 매겠다던 필레몬[134]의 소망도 그다지 낯설지 않다. 메난드로스·필레몬이 에우리피데스와 공유했던 것이 무엇이며, 그리고 그 두 사람을 그토록 흥분시켰던 모범이 무엇인지를 상술하는 대신 간략하게 말하자면, '에우리피데스가 관객을 무대 위로 올렸다'고 언급하는 것으로 충분하다. 에우리피데스 이전의 프로메테우스적 비극작가들이 어떤 질료로 주인공들을 빚어냈는지, 그리고 현실에 충실한 가면들을 무대 위에 올리는 것이 그들의 의도와 얼마나 동떨어진 것인지를 아는 자라면, 에우리피데스의 전적인 이탈 경향에 대해서도 명확하게 알 것이다. 에우리피데스를 통하여 일상의 인간은 관람공간에서 나와 무대 위로 올라갔으며, 이전에는 위대하고 대범한 윤곽들만을 표현했던 거울은 이제 쓸데없이 자연의 자잘한 선들까지 착실하게 묘사하는 수치스러울 정도의 충실함을 보여주었다. 옛 예술의 전형적 헬라스인 오딧세우스는 이제 새로운 시인들의 손길에 '그리스 놈'[135]의 상像으로 전락하여, 넉살 좋은 종으로서 극의 흥미를 독차지했다. 아리스토파네스의 "개구리"에서[136] 에우리피데스는 [77] 자신만의 비법으로 비극 예술을 허장성세의 비대함에서 구해준 것을 자신의 공로로 꼽았다. 무엇보다도 그의 비극의 주인공들에서 이를 직감할 수 있다. 가장 중요한 것은, 관객이 에우리피데스의 무대에서 자신의 분신을 보고

---

134 필레몬(기원전 약 364~264/3년)은 메난드로스, 디필로스와 더불어 신희극의 대표작가로 꼽힌다.

135 "그리스 놈"으로 옮긴 라틴어 '그라이쿨루스Graeculus'는 '그리스인Graecus'에 대한 비칭卑稱이다. 23장(1,148)에서 재차 언급된다.

136 아리스토파네스 희극《개구리》939행 이하 참고.《개구리》는 저승에서 아이스킬로스와 에우리피데스가 "명예의 자리"를 차지하기 위해 서로의 비극을 공박하며 대결하는 가상의 경연을 소재로 한다.

들을 수 있게 되었으며, 그 분신이 매우 훌륭한 언변을 갖추고 있다는 사실에 기뻐했다는 점이다. 그러나 사람들은 그 기쁨에 그치지 않고 에우리피데스에게서 스스로 말하는 법을 배웠으며, 에우리피데스 역시 아이스킬로스와의 경연에서 자랑하기를, 자기 덕분에 민중은 아주 교활한 소피스트처럼 능란한 솜씨로 관찰하고 추궁하고 결론을 끌어내는 법을 배웠다고 했다. 그가 이루어낸 이러한 공공 언어의 급변이야말로 신희극을 가능하게 만들었던 것이다. 이제 일상성이 어떤 방식으로, 어떤 경구를 빌어 무대에 등장할 수 있느냐 하는 것은 더 이상 비밀이 아니었다. 에우리피데스가 자신의 정치적 희망을 통째로 걸었던 시민적 범속함이 바야흐로 입을 열게 되었으니, 비극에서는 반신半神이, 희극에서는 취한 사티로스나 반인半人이 언어의 성격을 규정했던 시절은 지나갔다. 이처럼 아리스토파네스의 에우리피데스는 누구나 판단할 수 있는 일반적이고 잘 알려진, 일상적 생활과 충동을 재현했다며 자화자찬했다. 이제 모든 대중이 철학을 함으로써 전례없이 명민하게 토지와 재산을 관리하고 스스로 소송을 진행하게 된다면, 이는 자신의 공로이자 자신이 민중에게 접목시킨 지혜의 성과라고 했다.

신희극은 이와 같이 계몽되고 준비된 대중에게 의지할 수 있었으니, 에우리피데스는 이 [대중이라는] 관중가무단을 단련시킨 가무단장이었던 셈이다. 이 가무단이 에우리피데스의 음조로 노래하는 법을 익히자 곧이어 장기놀이와도 같은 연극장르인 신희극이 일어났으며, 영리함과 술수가 지속적으로 우위를 차지했다. 하지만 에우리피데스, 그 가무단장에 대한 칭송은 끝이 없었다. 그래서 만약 비극도 죽고 비극 시인들도 죽어서 [지성이] 없다는 사실을 몰랐다면, [78] 사람들은 에우리피데스에게 더 배우려고 자결도 불사했으리라.[137] 하지만 헬라스인은 비극의 죽음과 함께 불

---

137 앞 문단의 "이승을 떠난 자에게도 여전히 지성이 있다는 확신만 있다면 저승의 에우리피데스를 방문하기 위해 당장 목이라도 매겠다던 필레몬의 소망"(1,76)에 대한

멸에 대한 신앙을 포기했으며, 이상적인 과거는 물론 이상적인 미래에 대한 신앙까지도 포기했다. 유명한 묘비명, "노년이 되면 경박하고 괴팍하다"[138]라는 말은 노년의 헬라스 문명에도 해당된다. 순간·재치·경박·변덕이 최고의 신성이 된다. 제5의 계급, 노예계급이 적어도 [정신적인] 성향면에서, 이제 통치좌에 오른다. 그리고 이제 와서 어쨌든 "그리스적 명랑성"을 거론할 수 있다면, 그것은 어떤 무거운 것도 책임지지 않으려 하고, 어떤 위대한 것을 위해서도 노력하지 아니하고, 현재 이외에는 그 어떤 과거도 그 어떤 미래도 더 높이 평가할 줄 모르는 노예의 명랑성이다. 이 가상의 "그리스적 명랑성"을 두고, 그리스도교의 최초의 4세기 동안 침울하고도 무서운 본성들은 격분했다. 그들이 보기에, 그 명랑성이란 심각함과 참혹함을 피하려는 여성적 도피였으며, 편안한 향락에 비겁하게 안주하는 그 성향은 멸시받아 마땅한 것, 진정으로 적그리스도적인 것이었다. 고대 그리스의 직관이 수 세기 동안 목숨을 부지하면서 집요하게 저 창백한 명랑성에 집착한 까닭은 바로 그 본성들의 영향 탓이라고 할 수 있다. 마치 비극의 탄생과 그 비의, 피타고라스와 헤라클레이토스의 기원전 6세기가 없기라도 한 듯한, 심지어 '노년의 노예적인 현존욕망과 명랑성을 토대로는 결코 해명될 수도 없으며 그런 실존근거와는 전혀 다른 세계관을 가리키는, 위대한 시대의 예술작품들'이 존재하지 않기라도 한 듯한 집착이었던 것이다.

앞서 주장했던 것처럼 에우리피데스가 관객을 무대 위로 올림으로써 처음으로 관객에게 극을 판단할 능력을 진짜 부여했다면, 그 이전 비극예술은 [79] 관객과의 잘못된 관계에서 헤어나지 못한 것은 아닐까 하는 인상을 준다. 그래서 사람들은 예술작품과 관중의 적절한 관계를 목표로 삼은 에우리피데스의 급진적 경향이 소포클레스를 능가하는 진보라며 예찬

부연 설명이다.
138 괴테의 〈묘비명〉(1815).

하려 들 것이다. 한편으로, "관중"이란 한마디 말에 불과하며 결코 균일하거나 고정된 것이 아니다. 그러니 예술가가 수적으로만 우세한 힘에 순응해야 한다는 의무감을 느낄 필요가 있을까? 예술가가 소질로 보나 지향점으로 보나 자신이 모든 관객보다 월등하다고 느낀다면, 어찌 상대적으로 가장 소질이 뛰어난 개인 관객을 존중하지 않고 오히려 자신보다 열등한 온갖 깜냥들의 이구동성을 존중해야 한단 말인가? 진실로 그 어떤 그리스 예술가도 긴 생애에 걸쳐 에우리피데스만큼 자기만족에 빠져 후안무치하게 관중을 다루지는 못했다. 대중 스스로 그의 발에 엎드렸을 때조차도, 그는 대중을 사로잡았던 자신의 경향을 고고하게도 거스르더니 보란 듯이 그 경향을 무참히 짓밟았다. 이 천재가 관중이라는 범신귀[139]를 조금이라도 공경했다면, 자기 이력의 정점에 이르기 훨씬 전에 실패의 뭇매를 맞고 좌절했으리라. 이 점을 감안하면, '에우리피데스가 관객을 무대 위로 올려 관객에게 판단능력을 진짜 부여했다'고 한 것은 잠정적인 표현에 불과하며, 그의 경향을 더 깊이 이해해야 한다는 것을 알 수 있다. 반면에 아이스킬로스와 소포클레스가 생전에, 심지어는 사후에도 민중의 사랑을 독차지했다는 사실은 너무나 잘 알려져 있으며, 따라서 에우리피데스의 그 선구자들을 두고서 예술작품과 관중의 잘못된 관계를 논할 여지는 전혀 없다. 끊임없이 창작에 내몰린 이 유능한 예술가 에우리피데스를, '위대한 시인들의 명성이라는 밝은 태양'과 '민중의 사랑이라는 구름 한 점 없는 하늘'이 빛나던 길에서 그토록 폭압적으로 [80] 몰아낸 것은 무엇일까? 그 어떤 특이한 배려심에서 그는 관객에게 다가간 것일까? 어떻게 관중에 대한 그의 과도한 존중이 경멸로 뒤바뀔 수 있었을까?

이 수수께끼의 해답은, 에우리피데스가 자신을 대중보다는 우월하지

---

139 "범신귀汎神鬼, Pandämonium"는 '뭇 신귀들', '신귀들이 서린 곳'을 뜻하며 23장 (1,148)에서 재차 언급된다. "신귀적인 것"은 신화가 쇠퇴할 경우 더 이상 신화에 깃들지 못하고, 다중이 그 대체물을 찾는 보편적 현상에 서려서 "범신귀"로 나타난다는 맥락으로 이해된다.

만 두 명의 관객보다는 우월하지 못한 시인으로 느꼈다는 데 있다. 그는 대중을 무대 위로 올렸으나, 동시에 그 두 관객을 자신의 모든 예술을 판단할 유일한 판관이자 스승으로 숭배했다. 그는 그 두 사람의 지침과 훈계를 따라 그전까지 제전공연마다 '보이지 않는 가무단'으로 관객석에 앉아 있던 감각·정열·경험의 세계 전반을 무대 주인공들의 영혼에 옮겨 담았으며, 그 새로운 성격들을 위해 새로운 말과 새로운 음을 탐색할 때에도 그 두 사람의 요구에 굴복했다. 그리고 그는 관중의 사법司法이 자신에게 유죄를 선고할 때조차 오직 그 둘의 음성에서만 자신의 창작에 대한 타당한 판결문과 승리를 기약하는 격려의 소리를 들었다.

두 관객 중 한 사람은 ─ 에우리피데스 자신, 시인이 아니라 **사상가**로서의 에우리피데스이다. 레싱의 경우와 유사하게 그가 가진 대단히 풍부한 비평적 재능은, 생산적인 예술가로서의 부수충동을 낳지는 못했을지라도 지속적으로 수태했다고는 할 수 있을 것이다. 이런 재능을 가진데다 비평적 사상의 밝기와 기민함을 더하여 에우리피데스는 극장에 앉아서, 희미해져버린 초상화와도 같은 위대한 선구자들의 걸작에서 필치 하나하나, 선 하나하나를 재인식하려고 애썼다. 그리고 마침내 그는 더욱 심오한 아이스킬로스 비극의 비밀에 입교한 자가 예감했을 법한 그 무엇과 마주치게 되었다. 그는 하나하나의 필치와 하나하나의 선에서 무언가 측정 불가능한 것, 모종의 기만적인 특정,[140] 수수께끼 같은 심층, 나아가 배경의 무한성을 알아보았다. 가장 선명한 상像도 언제나 막막함과 막연함을 암시하는 듯한 [81] 혜성의 꼬리를 달고 있었다. 이 같은 실오리 빛이 극의 건축 위로, 더 나아가 가무단의 의미 위로 비치고 있었다. 그러니 그에게 윤리적 문제의 해결이란 얼마나 의심스러웠겠는가! 신화를 다루는 방식이 얼

---

140 "기만적인 특정"은 디오니소스적인 것이 아폴론적 기만을 통하여 관조적으로 특정된다는 뜻이다. 19장의 "디오니소스적 세계특정"(1,126) 주석, 그리고 쇼펜하우어의 "명료한 특정"(1,105)과 9장(1,65)의 "아폴론적 특정" 참고.

마나 의뭉스러웠겠는가! 행과 불행의 배분이 얼마나 불균등했겠는가! 이전 비극의 언어도 그에게는 수많은 부분이 불쾌하거나, 적어도 수수께끼였다. 특히 그는 단순한 관계 대신에 지나친 호화스러움을, 성격들의 간명함 대신에 지나친 수사법과 괴이한 면들을 발견했다. 그렇게 극장에 앉아 가만있지 못하고 골몰하면서, 저 한 명의 관객으로서 그는 자신의 위대한 선구자들을 이해하지 못하겠다고 자인했다. 하지만 지성이 모든 향유와 창작의 진정한 뿌리로 여겨질 때면, 그는 자신처럼 생각하는 자, 동시에 저 불가측성을 고백하는 자는 과연 없는지 물으며 주위를 둘러보았다. 그러나 운집한 자들, 그리고 그들과 더불어 최고의 사람들이 저마다 그를 향해 그저 불신의 웃음만을 지을 뿐, 어느 누구도 위대한 대가들에 대한 자신의 생각과 이의가 왜 정당한지를 설명하지 못했다. 그리고 이 괴로운 상태에서 그는 **또 다른 관객**, 즉 비극을 파악하지도 못했으며 그래서 존중하지 않았던 자를 찾아냈다. 이 관객과 동맹하여 그는 외로움을 떨쳐내고 아이스킬로스와 소포클레스의 예술작품에 대항하여 엄청난 투쟁을 감행할 수 있었다 — 반박 논문을 쓴 것이 아니라, 비극에 관한 자신의 표상을 가지고 전승된 비극에 맞서는 극시인으로서. —

12

이 다른 관객의 실명을 거론하기에 앞서 여기에서 잠시 멈추고, 전술했던 바대로 아이스킬로스 비극의 본질에서 보이는, 모순적이고 불가측하다는 인상을 떠올려보자. 그리고 비극의 **가무단**과 **비극적 주인공**에 대해 느꼈던 생소함을 생각해보자. 우리는 그 둘 중 어떤 것도 종래의 관습이나 [82] 전승에 맞추어 해석할 수 없었으나, **아폴론적인 것과 디오니소스적인 것**의 이중성 자체가 그리스 비극의 근원이자 본질이며 서로 얽힌 두 예술충동의 표현임을 재발견하고 나서야 비로소 그 생소함이 사라졌던 것이다.

근원적이고 전능한 디오니소스적 요소를 비극에서 솎아내고 비극을 순수히 비非디오니소스적인 예술·풍습·세계관 위에다 새로 건립하는 것 — 이것이 백일하에 드러난 에우리피데스의 경향이다.

인생의 황혼기에 이른 에우리피데스는 직접 신화를 빌어 그 경향의 가치와 의의에 관한 물음을 동시대인들에게 대단히 강조하여 제시했다. 과연 디오니소스적인 것이 존속해도 좋은가? 폭력을 써서라도 헬라스 토양에서 근절시켜야 하지 않을까? 가능하기만 하다면야 당연히 그래야 한다고 그 시인은 말한다. 그러나 디오니소스 신은 너무도 강력하다. 심지어 가장 지성적인 적대자 — 가령 "박코스의 시녀들"[141]에서의 펜테우스 — 마저 예기치 않게 디오니소스의 주술에 걸려 자신의 숙명을 향해 치닫는다. 두 노인 카드모스와 테이레시아스의 판단은 노년에 이른 시인의 판단과 일치하는 듯하다. 이를테면 가장 영리한 개인들이 숙고한다 해도 옛 민속전통들, 즉 영원히 증식하는 디오니소스 숭배를 전복시키지 못하며, 그 경이로운 힘들을 상대할 때에는 최소한 외교관처럼 신중하게 동감을 표하는 게 온당하다는 것이다. 물론 그럼에도 그런 미온적인 동조를 불쾌하게 여긴 디오니소스가 그 외교관을 카드모스처럼 한 마리 용으로 변신시킬 수도 있겠지만 말이다. 이상의 것들을, 기나긴 생애에 걸쳐 영웅적인 힘으로 디오니소스에게 저항했던 시인이 우리에게 들려준다 — 그리고 마치 끔찍한 어지러움을 더 이상 견딜 수 없어 애오라지 벗어나려고 탑에서 뛰어내리는 현기증 환자와도 같이, 그는 삶의 막바지에 이르러 자신의 적수에게 영광을 돌리고 자살로 이력을 마감했다.[142] 이 비극은 그의 경향이

---

141 에우리피데스의 비극 《박코스의 시녀들》을 말한다. 이 문단은 이 작품 내용을 토대로 서술되었다. 펜테우스 관련 내용은 915행 이하, 카드모스와 테이레시아스의 판단은 201행 이하, 용으로 변신된 카드모스는 1330행 참고.
142 에우리피데스가 자살했다는 근거는 없다. 아마도 니체는 에우리피데스의 《박코스의 시녀들》을 그의 경향을 자진 철회한 작품으로 해석하고 이를 "(정신적) 자살"로 언급한 듯하다.

실행될 가능성을 저지하려는 하나의 저항이다. [83] 오호라, 그의 경향은 이미 실행되고 말았거늘! 놀라운 일이 벌어지고 말았으니, 그 시인이 번복했을 때는 이미 그 경향이 승리를 거둔 뒤였다. 디오니소스는 이미 비극 무대에서 쫓겨나고 말았으니, 이는 에우리피데스를 빌려 설하는 신귀적 권력을 통해서였다. 에우리피데스 역시 어떤 의미에서는 가면에 불과했다. 그를 빌려 설하는 신성은 디오니소스도 아폴론도 아니었으며, 완전히 새롭게 태어난 신귀, 이름하여 **소크라테스**였다. 디오니소스적인 것과 소크라테스적인 것, 이것이야말로 새로운 대립이며, 그리스 비극의 예술작품은 이로 말미암아 몰락하였다. 이제 와서 에우리피데스가 번복함으로써 우리를 위로하고자 한들 가당치 않다. 더없이 찬란한 신전이 폐허가 되고만 것이다. 그것이 모든 신전 중에서 가장 아름다운 신전이었다는 파괴자의 고백과 비탄이 우리에게 무슨 소용이 있겠는가? 에우리피데스가 만고에 걸쳐 예술 판관들이 내리는 형벌을 받아 한 마리 용으로 변한들, 그 누가 그런 빈약한 벌충에 만족하겠는가?

이제는 그 **소크라테스적** 경향을 살펴보자, 에우리피데스가 그 경향을 가지고 아이스킬로스 비극과 싸워 승리를 거둔 것이므로.

이제 우리는 물어야 한다. 극을 오로지 비디오니소스적인 것 위에 건립하는 것이 에우리피데스의 의도였다면, 그 의도가 가장 이상적으로 관철되었을 경우 과연 어떤 목표에 이르게 될 것인가? 음악의 모태에서 태어나지도 않았으며 디오니소스적인 것의 비밀한 어스름에서 태어나지도 않은 극이 있다면, 그것은 무슨 형태의 극인가? 남은 것은 오직 **극화된 서사시**[143]뿐이다. 이와 같은 아폴론적 예술영역에서 **비극적 효력**이 성취될 수

---

143 "극화된 서사시"는 에우리피데스 비극에 대한 니체의 평가로서, 앞서 4장에서 언급한 "극화된 디티람보스"(1,42)와 대비되는 것이다. 니체의 유고, "극을 전적으로 아폴론적으로 만들려는, 서사시의 윤리를 가지고 **극화된 서사시**로 만들려는 에우리피데스의 시도. 그렇지만 변증술·연민·공포라는 **비예술가적** 효력들, 사기에 기반한 **병리적 꿈**".(KSA 7,222)

없음은 당연하다. 여기에서 관건은 묘사된 사건들의 내용이 아니다. 더 나아가 내가 주장하고 싶은 것은, 괴테가 "나우시카"를 구상할 때 제5막에 할애할 전원적 존재의 자살을 비극적으로 포착하는 게 불가능했으리라는 점이다.[144] 서사시적·아폴론적인 것의 위력은 그만큼 엄청난 바, '가상'과 '가상을 통한 구원'의 욕망으로 주술을 걸어 참혹하기 짝이 없는 것들을 [84] 우리 눈앞에서 덮어버리기까지 한다. 극화된 서사시의 시인은 서사시 낭송가인과 마찬가지로 자신의 영상들과 완벽하게 융합될 수가 없다. 그는 여전히 고요하고 움직임 없는, 자신 **앞의** 영상들을 망연히 바라보는 관조이다.[145] 이 극화된 서사시 속에서 배우는 가장 깊은 근본에서도 언제나 낭송가인으로 남는다. 내밀한 꿈의 축성祝聖이 그의 모든 드라마[146]에 미치므로, 그는 결코 온전히 배우가 되지는 못한다.

그러면 아폴론적 극의 이상과 에우리피데스 작품은 어떤 관계인가? 옛 시절의 장엄한 낭송가인과 후세 낭송가인의 관계와도 같은데, 후세의 낭송가인은 플라톤의 "이온"에서 자신의 본질을 이렇게 묘사한다. "무언가 슬픈 것을 말할 때면 내 눈은 눈물로 가득하지요. 그러나 무언가 끔찍하고 섬뜩한 것을 말할 때면 떨린 나머지 머리카락은 곤두서고 심장은 두근두근 뛰지요."[147] 이 말에서 우리는 진정한 배우의 가상에 대한 서사시적 몰입도, 격정 없는 냉정함도 엿볼 수 없는 바, 진정한 배우는 최고로 활약할 때 전적으로 가상이며 가상에 대한 욕망이기 때문이다. 에우리피데

---

144 나우시카와 오딧세우스의 만남은 호메로스의 서사시 《오딧세이아》 6권에 그려져 있다. 해변에서 빨래하며 씻고 놀던 나우시카는, 배가 난파되어 가까스로 해변에 당도한 오딧세우스를 발견한다. 그녀는 그와의 결혼을 꿈꾸지만 오딧세우스는 고향 이타카로 귀환한다. 괴테는 이 주제로 비극을 쓸 계획이었으나 실행에 옮기지는 못하고 몇 행의 운문만 남겼다. 니체의 해석에 따르면 오딧세우스와 나우시카의 만남이 너무나 빛나는 가상이었기에 괴테는 나우시카의 자살을 차마 비극으로 만들지 못한 것이다.

145 "극화된 서사시의 시인은 (…) 영상들을 망연히 바라보는 관조이다"라는 문장은 얼핏 비문으로 보이지만 니체 특유의 철학으로 이해해야 한다. 뒤 문단의 "진정한 배우는 (…) 가상이며 가상에 대한 욕망이다"라는 문장도 마찬가지이다.

146 "드라마Action"와 관련해서는 8장(1,62) 주석 참고.

147 플라톤, 《이온》 535c5 이하.

96

KSA 83 - 84

스는 심장이 두근두근 뛰고 머리카락이 곤두선 배우이다. 그는 소크라테스적 사상가로서 안案을 구상하고, 정열적인 배우로서 그 안을 실행한다. 그러나 그는 구상에서도 실행에서도 순수한 예술가는 아니다. 그래서 에우리피데스의 극은 냉정하면서도 불같으며, 응고시킬 수도 태워버릴 수도 있다. 그로서는 서사시의 아폴론적 효력을 성취할 능력은 없었으나 다른 한편으로 디오니소스적 요소들에서 한껏 벗어날 수는 있었으므로, 이제 어떻게든 효력을 발휘하기 위해서는 유일한 두 예술충동인 아폴론적인 것과 디오니소스적인 것에 원천을 둘 수 없는 새로운 격동수단이 필요하다. 이 격동수단은 아폴론적 관조를 대체하는 냉정하고 역설적인 **사상**과, 디오니소스적 홀림을 대체하는 불같은 **격정**이다. 즉 가장 실재적으로 모조되기는 했으나, 예술의 에테르에 전혀 잠겨본 적 없는 사상과 격정인 것이다.

[85] 에우리피데스는 온전히 아폴론적인 것 위에 극을 건립하기는커녕 그의 비디오니소스적 경향마저 길을 잃어 자연주의적이고 비예술가적인 경향에 빠져들고 말았다. 이 점을 인식했다면, 이제 **미학적 소크라테스주의**의 본질에 접근해도 될 것이다. 범박하게 말하자면, 그것의 최상위법은 이렇다. "모든 것은 지성적이어야만 아름답다." 이는 "지자知者만이 유덕하다"라는 소크라테스 명제와 평행하는 명제이다. 이 규범을 손에 들고서 에우리피데스는 하나하나 모든 것을 측정했으며, 이 원칙에 따라 언어·성격·희곡구성·가무단 음악 등을 정정했다. 소포클레스 비극과 비교해 에우리피데스의 시적인 결핍과 퇴보로 자주 꼽히는 것은 무엇보다도 비평적 과정의 침투에 의한 생산, 무모한 지성에 의한 생산이다. 에우리피데스의 **프롤로그**[148]는 그 합리적인 방법의 생산성을 보여주는 사례이다. 에우리피

---

148 아리스토텔레스의 정의에 따르면, "프롤로그는 비극의 완결된 부분으로서 가무단의 등장가 이전에 나온다".(《시학》 1452b) 일반적으로 프롤로그에서는 극의 기본 전제들, 가령 신화, 등장인물, 사건의 때와 장소 등을 제시한다. 에우리피데스의 프롤로그는 이와 같은 필수적인 "제시Exposition" 차원을 넘어 자세한 설명을 내놓는다는 것이

데스 극의 프롤로그보다 우리의 무대기법에 반하는 것은 있을 수 없다. 작품 서두에 어떤 인물이 등장하여 자신은 누구인지, 줄거리 이전에 무슨 일이 있었는지, 지금까지 무슨 일이 벌어졌는지, 심지어 작품이 시작되면 무슨 일이 벌어질 것인지를 설명한다는 것은, 현대 극시인이 보기에는 용납하지 못할 만큼 고약하게도 긴장효과를 포기했다는 뜻이리라. 무슨 일이 벌어질지를 전부 알게 된다면, 어느 누가 그 일이 벌어지기를 실제로 기다리고 싶겠는가? — 여기에서 예언하는 꿈과 도래하는 현실 간에 흥미로운 관계가 성립할 리는 만무하기 때문이다. 에우리피데스는 전적으로 달리 성찰했다. 그가 보기에 비극의 효력은 결코 서사시적 긴장에서 유래하지도 않으며, 언제 무슨 일이 벌어질지 모른다는 흥미진진한 무지에서 유래하지도 않는다. 오히려 거대한 수사적·서정시적 장면들, 즉 주인공의 정열과 변증술이 불어나 크고 거센 물줄기를 이루는 장면들에서 유래한다. 모든 것은 행위가 아니라 파토스를 준비하기 위한 것이며, 파토스를 준비하지 않는 것들은 [86] 흠으로 간주되었다.¹⁴⁹ 그런데 청중이 보기에 맥락에 빠진 부분이 있거나 선행 이야기의 짜임새에 빈틈이 있으면, 그런 장면에 흠뻑 몰입하기란 대단히 어렵다. '이런저런 인물이 무엇을 의미하는가', '이런저런 경향과 의도의 충돌은 어떤 전제 때문인가' 하는 점을 계산해야 하는 한, 청중으로서는 주요 인물들이 겪거나 벌이는 일에 완전히 침잠하기도, 숨죽이는 고난과 공포를 공유하기도 불가능하다. 아이스킬로스·소포클레스 비극은 대단히 기발한 예술수단을 활용하여, 극의 이해에 필연적인 모든 실마리를 첫 장면들에서 마치 우연처럼 관객에게 제공했다.

니체의 판단이다. 에우리피데스의 프롤로그는 이미 고대부터 아리스토파네스의 《개구리》(1177행 이하)에서 쟁론된 바 있으며, 근대에도 논쟁 주제 중의 하나였다.

149 니체가 여기에서 '격정Affect'이나 '정열Leidenschaft' 등의 용어가 아니라 굳이 "파토스 Pathos"를 쓴 이유는, 비극 구성요소와 관련한 아리스토텔레스의 용어를 염두에 두었기 때문으로 보인다. 아울러 니체는, "파토스"에 비중을 두는 에우리피데스 비극은 아리스토텔레스의 "비극은 행위의 모방"(《시학》1449b)이라는 정의에도 어긋난다는 것을 강조하고 있다.

이 한 수에, **필연적인** 공식이라 할 만한 것에 가면을 씌우고 그것을 우연적인 것으로 드러나게 하는 고귀한 예술가다움이 있다. 그러나 에우리피데스가 보기에는, 관객은 첫 장면이 진행되는 동안 선행 이야기의 문제를 계산하느라 자못 산만하여 시적인 아름다움과 제시의 파토스를 놓치고 있었다. 그래서 그는 제시보다 프롤로그를 우선시하고[150] 이를 사람들이 신뢰할 만한 자에게 맡겼던 것이며, 빈번하게 한 신이 등장하여 비극의 경과를 관중에게 어느 정도 확증해주고 신화의 실재에 대한 갖은 의심을 제거해야만 했다. 이는 데카르트가 경험세계의 실재를 오직 신의 진실성과 거짓 불가능성에 호소함으로써만 입증할 수 있었던 것과 유사하다. 에우리피데스는 이와 같은 신적인 진실성을 극의 결말에서 다시 한번 활용하여, 관중에게 주인공의 미래를 보장해준다. 이것이 악명 높은 기계장치 신[151]의 임무이다. 극적·서정시적 현재, 진정한 "극"은 서사시적 예고와 전망 사이에 위치한다.

이처럼 시인으로서의 에우리피데스는 무엇보다도 자신의 의식적 인식에 대한 반향이다. 바로 이 때문에 그리스 예술사에서 그토록 존중받는 지위에 오르게 된다. [87] 그는 비평적·생산적 창작을 하면서 극을 위해 아낙사고라스의 글 첫 부분을 되살려야 한다는 기분이 자주 들었을 것이다. 그 글의 첫 구절은 이렇다. "태초에 모든 것이 한데 있었다. 그때 지성이 나와 질서를 창조하였다."[152] 그리고 만취한 자들 가운데 처음으로 말짱한 자가 등장하듯 철학자들 가운데 아낙사고라스가 "누스"[153]를 가지고 등장

---

150 "그는 제시Exposition보다 프롤로그를 우선시했다"라는 말은, 기존에는 "제시"와 "프롤로그"가 분리되지 않았던 데 반해 에우리피데스는 프롤로그를 탈바꿈시켜 그것에 새로운 기능을 부여했다는 뜻으로 보인다.

151 플롯 자체의 흐름으로는 분규가 해결될 수 없을 때 갑자기 "기계장치 신deus ex machina"이 개입하여 극의 결말을 완성시켰다. 에우리피데스는 한 걸음 더 나아가 기계장치 신이 극 이후 주인공의 미래까지 확증하게 했다.

152 아리스토텔레스, 《형이상학》 984b.(Diels/Kranz 59A58.)

153 그리스어를 음차한 "누스νοῦς"는 일반적으로 '정신' 혹은 '지성'으로 옮긴다. 니체는 '지성'으로 옮겼다.

하였으니, 에우리피데스 역시 자신과 다른 비극시인들의 관계를 그와 유사한 영상으로 파악하였을 것이다. 만유의 유일무이한 질서 부여자이자 주재자인 누스가 예술가의 창작에서 배제된 동안, 모든 것이 혼돈의 원형질 속에서 한데 있었던 것이다. 에우리피데스는 그렇게 판단할 수밖에 없었으며, "처음으로 말짱한 자"가 되어 "취한" 시인들을 심판해야만 했다. 소포클레스는 아이스킬로스를 두고 의식적이지 않은 채로 올바른 것을 행한다고 말했지만,[154] 에우리피데스가 염두에 둔 바는 전혀 그렇지 않았을 것이다. 오히려 에우리피데스는 아이스킬로스가 의식적이지 않은 채로 창작하기 **때문에** 올바르지 못한 것을 창작한다고 여겼을 것이다. 신성한 플라톤 역시 시인의 창조자적 능력을 두고 의식적인 통찰인 경우를 제외하고는 대개 반어적으로만 언급했다. 그리고 그 능력을 예언자나 해몽가의 소질과 다름없이 취급하여, 시인은 무의식적일 때에, 지성이 부재할 때에 비로소 시를 지을 수 있다고 했다. 에우리피데스 역시 플라톤과 마찬가지로 "비지성적" 시인의 대립항을 만천하에 드러내고자 하였으며, 그의 미학적 근본명제 "모든 것은 의식적이어야만 아름답다"는, 이미 말했다시피, 소크라테스의 "모든 것은 의식적이어야만 선하다"와 평행명제이다.[155] 따라서 에우리피데스는 미학적 소크라테스주의 시인이라고 볼 수 있다. 실은 소크라테스가, 옛 비극을 파악하지도 못했으며 그래서 존중하지 않았던 **두 번째 관객**이다. 에우리피데스는 그와 동맹하여 용감하게 새로운 예술창작의 전령이 되고자 하였다. 이로 말미암아 옛 비극이 파괴되었으니 미학적 소크라테스주의는 살인자의 원리인 것이다. 이것이 옛 예술의 디오니소스적인 것에 대한 투쟁이라는 [88] 점에서 우리는 소크라테스에게서 디오니소스의 적수, 즉 디오니소스에게 대항하는 새로운 오르

---

154 소포클레스의 이러한 발언은, 아테나이오스Athenaios가 견유학파 카마일레온Chamail-
eon의 아이스킬로스 전기에서 인용하여 전하는 내용이다.

155 앞서 이 장(1,85)에서 언급된 내용을 가리키지만, 인용문 표현이 동일하지는 않다.

페우스를 인식하는 바, 그는 아테네 법정의 마이나데스들에 의하여 찢길 운명임에도 불구하고 저 위협적인 신을 핍박하여 도피의 길로 몰았다. 그리하여 디오니소스는 에도네스인들의 왕 리쿠르고스에게서 도피했던 때처럼,[156] 바다의 심연 속으로, 온누리를 점차 휘덮는 비밀제의의 비의적 풍랑 속으로 들어가 스스로를 구하였던 것이다.

<h1 style="text-align:center">13</h1>

소크라테스가 경향상 에우리피데스와 밀접하다는 점을 동시대 고대인들은 놓치지 않았다. 이 예민한 감각을 보여주는 가장 적절한 표현은 아테네에서 떠돌았던, '에우리피데스가 시를 지을 때에 소크라테스가 줄곧 도와준다'는 풍문이다.[157] "좋았던 옛 시절"[158]의 추종자들은 현재의 민중을 현혹하는 자들을 꼽을 때 그 둘의 이름을 한꺼번에 거명했다. 그들의 영향 탓에, 몸이며 정신이며 거칠었던 옛 마라톤의 강인함이 의심스러운 계몽에 갈수록 희생되어 육체적·정신적 힘이 지속적으로 위축되고 있다는 것이었다. 아리스토파네스 희극은 두 사람에 관하여 그와 같이 격분과 멸시가 섞인 어조로 이야기하곤 했으며, 이는 근래 사람들을 경악에 빠트린다. 이들은 에우리피데스야 얼마든지 포기하겠지만, '아리스토파네스 희극에서 소크라테스가 최초이자 최상의 **소피스트**, 모든 소피스트적 운동의 거울이자 총화로 등장한다'는 점은 괴이하게 여긴다. 여기에서 위로를 얻으려면, 다름 아닌 아리스토파네스가 방자한 거짓말쟁이, 시 분야의 알키비아데스[159]라고 낙인 찍는 수밖에 없다. 그러나 나는 그와 같은 비난에 맞서

---

156 호메로스, 《일리아스》 6권 132~135행.
157 디오게네스 라에르티오스, 《유명 철학자들의 생애와 사상》 II, 5.
158 아리스토파네스, 《구름》 961행 이하, 1353행 이하.
159 젊은 알키비아데스와 소크라테스의 교제에 대해서는 플라톤의 대화편 《알키비아데

아리스토파네스의 심오한 본능을 옹호하기보다는, 고대인의 감각에 기반하여 소크라테스와 에우리피데스의 [89] 밀접한 연계를 입증하는 길을 가겠다. 이런 의미에서 소크라테스가 비극예술의 적수로서 비극 관람을 멀리하고 에우리피데스의 신작이 상연될 때에만 관객에 합류했다는 사실을 각별히 상기해보아야 한다. 그래도 가장 잘 알려져 있는 것은 두 이름을 나란히 거론한 델포이 신탁으로, 소크라테스를 모든 인간 중에서 가장 현명한 자라고 칭하고, 에우리피데스는 지혜의 경연에서 2등상을 받아야 한다고 판정을 내린 것이다.

이 등수에서 3등으로 호명된 소포클레스,[160] 그는 아이스킬로스와 자신을 견주면서, 자신이 무엇이 올바른지를 **알고** 있기 때문에 올바르게 행할 수 있다고 자부했다. 이 **앎**의 명도明度야말로 세 사람을 공히 당대의 세 "지자知者"로 돋보이게 했을 것이다.

그러나 앎과 통찰에 대하여 유례없이 높은 가치를 부여한 가장 날카로운 말은 소크라테스가 한 말이었다. 그는 자신만이 **아무것도 알지 못한다**고 고백하는 자임을 발견했던 것이다. 반면에 그가 아테네에서 비판의 편력을 하면서 가장 위대한 정치가·연설가·시인·예술가 등을 찾아갔을 때마다 마주쳤던 것은 앎의 자만이었다.[161] 충격적이게도 그는 유명인사들 모두가 그들 직업에 대해서조차 올바르고 확실한 통찰이 없으며 오직 본능으로만 그 일을 하고 있음을 알았다. "오직 본능으로만",[162] 이 표현으로 우리는 소크라테스적 경향의 심장과 중심을 건드리고 있는 셈이다. 이 표현을 가지고 소크라테스주의는 기존 예술은 물론 기존 윤리까지 심판한

　　스》에서 확인할 수 있다. 장성한 알키비아데스는 펠레폰네소스 전쟁 와중에 일신을 도모하기 위해 변절과 배신을 거듭했다.
160 아리스토파네스, 《구름》 144행. 방주傍註로 전승된 델포이 신탁의 내용은 이렇다. "소포클레스는 현명하다, 에우리피데스는 더 현명하다, 그러나 모든 사람들 중에서 소크라테스가 가장 현명하다."
161 플라톤, 《변명》 20d 이하.
162 플라톤, 《변명》 22c 이하.

다. 검증의 시선을 던지는 곳마다 그는 통찰의 결여와 망상의 기승을 보며, 그래서 현존하는 것이 내적으로 전도轉倒되어 있으며 흠이 있다는 결론을 내린다. 이 한 지점에 의거하여 소크라테스는 현존을 교정해야 한다고 믿는다. 이로써 일개 개인인 그가 경멸과 우월의 표정을 띠고서 전적으로 다른 부류의 문화·예술·도덕의 선구자가 되어 한 세계로 진입하고 있으니, [90] 훗날 우리가 황송하게도 그 세계의 끄트머리라도 붙들 수 있다면 이를 가장 큰 행운으로 꼽게 될 것이다.

소크라테스와 관련하여 매번 우리를 사로잡는 엄청난 의혹이 바로 이것이다. 그래서 우리는 가장 의문스러운 이 고대 현상現像의 의미와 의도를 알아야겠다는 자극을 계속 받는다. 경탄과 흠모를 받아 마땅한 그리스적 본질, 즉 호메로스와 핀다로스와 아이스킬로스, 페이디아스, 페리클레스, 피티아와 디오니소스, 가장 깊은 심연이자 가장 높은 고지를, 어찌 일개 개인이 감히 부정할 수 있단 말인가? 어느 신귀적인 힘이 그 주술의 음료를 무모하게도 땅바닥에 쏟아버릴 수 있단 말인가? 무슨 반신半神이기에 인류의 더없이 고귀한 자들이 정령들의 가무단이 되어 그에게, "아아 통탄스럽구나! 네가 그 세계를, 그 아름다운 세계를 위력적인 주먹으로 파괴했구나. 그 세계가 쓰러지도다, 그 세계가 파멸하도다!"[163] 하고 부르짖을 수밖에 없단 말인가?

소크라테스의 본질을 여는 열쇠는, "소크라테스의 신귀적인 것"[164]이라고 지칭된 기묘한 현상現像에서 얻을 수 있다. 그는 자신의 엄청난 지성이 흔들리는 특별한 상황마다, 별안간 드러나는 신적인 음성을 통해 탄탄한 발판을 확보했다. 그 음성은 다가올 때마다, **하지 말라고 경고한다.** 본능적인 지혜는, 이와 같이 전적으로 비정상적인 본성에게만 의식적 인식을 **가로막기** 위해서 수시로 나타난다. 모든 생산적 인간에게 본능은 다름 아

---

163 괴테,《파우스트》1부 1607~1612행.
164 플라톤,《에우티프론》3b,《변명》31c, 40a.

닌 창조적·긍정적 힘이요 의식은 비판과 만류의 역할을 하는 반면, 소크라테스에게서는 본능이 비판자요 의식은 창조자가 된다 — 결핍을 통해 탄생한 진정한 괴물인 것이다! 그런즉 우리는 여기에서 괴물과도 같이 모든 비의적 체질이 결핍되어 있는 자를 인지하므로, 소크라테스를 특이질의 **비신비가**라고 칭할 만하다. 마치 신비가에게서 본능적인 지혜가 과도하게 발육되듯이, 논리적 본성이 중복임신을 통해 과도하게 발육된 경우인 것이다. 다른 한편, 소크라테스에게서 나타난 논리적 충동은 [91] 방향을 돌려 자신을 향하지는 못한다. 이 걷잡을 수 없는 흐름에서 그가 보여주는 본성의 폭력은, 우리가 가장 거대한 본능적 힘들과 마주치는 경악의 순간에만 목도할 수 있는 종류의 것이다. 소크라테스적 삶의 방향이 가진 신적인 순진함과 확신을 플라톤의 저술에서 조금이라도 직감한 자라면, 소크라테스의 **배후**에서 이른바 논리적 소크라테스주의라는 무시무시한 충동의 수레바퀴가 어떻게 움직이는지를, 그리고 그림자를 투과하듯 소크라테스를 투과해야만 그 수레바퀴가 관조될 수 있다는 것을 직감하리라. 소크라테스 자신이 이 관계를 예감했다는 사실은, 그가 어디에서든, 심지어는 자신을 판결하는 재판관들 앞에서도 여전히 엄숙하고 심각하게 자신의 신적인 소명을 주장했다는 점에서 잘 드러난다. 그의 주장을 반증하기란 근본적으로 불가능하며, 그렇다고 해서 본능을 해체시키는 그의 영향을 그대로 두기도 불가능하다. 이 풀 길 없는 갈등으로 말미암아, 그가 그리스 국가의 민회에 소환되었을 때 유일하게 가능한 판결은 추방형이었다. 아테네인들이 그를 온통 수수께끼 같은 것, 표제를 붙일 수 없는 것, 해명할 수 없는 것으로 보고서 국경 밖으로 추방했다면, 후세는 그들을 두고 치욕스러운 일을 저질렀다고 비난할 권리가 없었으리라. 그러나 추방이 아니라 사형이 내려진 것은, 소크라테스가 아주 명료하게, 죽음에 대한 자연스러운 두려움도 없이 그 **형**刑을 관철시켰기 때문인 듯하다. 그는 평온하게 죽음 속으로 걸어간다, 플라톤의 묘사를 따르면 주객酒客들 가운데 최후까지 남아 있다가 새로운 날을 시작하기 위해 새벽 어스름을 맞으며 향연을 떠날 때처럼.[165] 그러는 동안, 그의 등 뒤에서는 잠에 취한 동료들이 평상이나 바닥에 잠든 채로 꿈속에서 참된 에로스의 소크라테스를 보고 있다. **죽음을 맞이하는 소크라테스**는 이제까지 전혀 찾아볼 수 없었던, 그리스 귀족 젊은이들의 새로운 이상이 되었다. 그중에서도 헬라스의 전형적 청년 플라톤은 열광하는 자신의 영혼을 열렬히 다 바쳐서 그 영상 앞에 엎드렸던 것이다.

14

[92] 이제 비극을 바라보는 소크라테스의 커다란 키클롭스 외눈, 즉 예술가적 신들림의 고아한 광기로 달아오른 바 전혀 없는 그 눈을 생각해보자. 어찌하여 그 눈은 디오니소스적 심연을 바라보며 호감을 느끼지 못했는지를 생각해보자. 플라톤이 일렀다시피 "숭고하고 경탄을 자아내는"[166] 비극예술에서 과연 그 눈은 무엇을 보았을까? 그 눈이 본 것은 정녕 비이성적인 것으로, 결과가 없는 듯한 원인과 원인이 없는 듯한 결과로 가득한 것이었으며, 그런 데다가 현란하고 다채로워 차분한 성정에는 거슬릴 법한 것, 민감하고 예민한 영혼에는 위험한 도화선이 될 법한 것이었다.

　우리 모두 알다시피, 소크라테스가 유일하게 이해했던 시 예술장르는 다름 아닌 **이솝 우화**였다.[167] 그때 그는 흡족한 미소를 지었을 것이다, 정직하고 선량한 겔레르트가 꿀벌과 암탉의 우화에서 시를 칭송하며 노래하던 때처럼.

165　플라톤,《향연》223b 이하 참고.
166　플라톤,《고르기아스》502b. 이 표현은 4장(1,42)에서 언급된 바 있다.
167　플라톤,《파이돈》60e 이하.

나를 보면, 시가 무엇에 유익한지 알겠지.
지성을 적게 소유한 자에게
영상으로 진리를 말해주는 것.[168]

그러나 소크라테스는 비극예술이 결코 "진리를 말한다"고 보지 않았다. 그뿐만 아니라 비극예술은 "지성을 적게 소유한 자"를 위한 것이므로 철학자를 위한 것은 아니었다. 이 두 가지가 비극예술을 멀리해야 하는 이중의 근거였다. 그는 플라톤과 마찬가지로 그것을 아첨하는 예술, 즐거움만 재현할 뿐 유익함은 재현하지 못하는 예술로 꼽았으며,[169] 제자들에게 그런 비철학적인 유혹거리를 금하고 철저히 멀리하도록 당부했다. 그 성과가 대단했던 까닭에 비극시인이었던 청년 플라톤은 소크라테스에게 배우기 위해 가장 먼저 자신의 시들을 태워버렸던 것이다. 그런데 억누를 길 없는 성향들이 소크라테스의 금언에 맞서 대항했던 곳에서는, 그 성향들의 힘과 [93] 소크라테스라는 인물의 엄청난 위압감으로 말미암아 마침내 시 자체를 전례없는 새로운 지위로 몰아붙였다.

그런 사례들 중 하나가 방금 언급한 플라톤이다. 순진한 냉소로 비극과 예술 전반을 심판함에 있어 스승에 못지않았던 그는, 순전히 예술가적 필연성에 기반하여 새로운 예술형태를 창안할 수밖에 없었으니, 그것은 공교롭게도 자신이 내쳤던 기존 예술형태들과 내적인 동족성이 있는 것이었다. 적어도 플라톤이 옛 예술에 가했던 주된 비난 — 옛 예술은 가상의 모방이라는 둥, 그러므로 경험적 세계보다도 더 낮은 천구에 속한다는 둥[170] — 은 새로운 예술작품에는 해당되지 않아야 했다. 그래서 플라톤은 현실을 넘어서려고 하며, 이 가짜 현실의 밑바탕에 놓인 이데아를 제

---

168 18세기 시인 겔레르트Christian Fürchtegott Gellert의 교훈시.
169 플라톤,《고르기아스》502b~c.
170 플라톤,《국가》596a~603b 참고.

시하려고 애쓴다. 그러나 결국 사상가 플라톤이 우회하여 당도한 곳은 다름 아닌 시인 플라톤이 늘 고향으로 삼았던 곳이요, 소포클레스와 옛 예술 전체가 저 비난에 맞서 엄중한 항거의 기점으로 삼았던 곳이다. 비극이 이전의 모든 예술장르를 제 안에 흡수했다고 한다면, 의미가 약간 다르긴 하지만, 플라톤의 대화편 역시 그랬다고 할 수 있다. 기존의 모든 양식과 형태가 혼합되어 태어난 그의 대화편은 서사시와 서정시와 극 사이, 산문과 시 사이에서 부유하며 언어형식의 통일이라는 엄격한 옛 법칙까지 깨트렸다. 그 길에서 더욱 나간 이들이 **견유파** 작가들이다. 그들은 대단히 잡다한 문체로 산문형식과 운문형식 사이에서 갈팡질팡하면서, 스스로의 삶으로 보여주곤 했던 "미쳐버린 소크라테스"[171]에 해당하는 문학적 영상까지 성취했다. 플라톤의 대화편은, 난파당한 옛 시가 자식들을 모두 데리고 올라탄 조각배와도 같다. 그들은 비좁은 공간에 부대껴서 소크라테스라는 한 명의 조타수에게 삼가 조아리면서 [94] 신세계로 진입하여, 그곳에서 그 항해의 환영과 같은 영상을 하염없이 바라볼 수 있었다. 실제로 플라톤은 후세 전체에 새로운 예술형태의 전범, **소설**의 전범을 제시했다. 이는 무한히 강화된 이솝 우화라고 칭할 수 있다. 지난 수백 년 간 유지된 철학과 신학의 위계처럼, 시는 변증술 철학 아래에서 시녀로 살아간다. 이것이 시의 새로운 지위이다. 플라톤이 신귀적인 소크라테스의 압력하에 그렇게 전락시켰던 것이다.

여기에서 **철학적 사고**가 예술을 뒤덮으며 무성하게 자라나고, 예술은 어쩔 수 없이 변증술의 줄기에 바짝 매달리게 된다. **아폴론적 경향**은 논리적 도식 안에서 번데기가 되고 말았다. 우리는 에우리피데스에게서 이와 같은 면모뿐만 아니라, **디오니소스적인 것**이 자연주의적 격정으로 번역되

---

171 디오게네스 라에르티오스의 기록에 의하면, 플라톤은 "견유파 디오게네스는 어떤 사람인가" 하는 질문을 받자 "한 명의 소크라테스가 미쳐버렸다"라고 답했다고 한다. 디오게네스 라에르티오스, 《유명 철학자들의 생애와 사상》 IV, 54 참고.

었다는 사실도 인지했다. 플라톤의 극에서 변증술적 주인공인 소크라테스는 에우리피데스 극에서 동족의 본성을 가진 주인공을 상기시킨다. 그 주인공은 이유와 반대이유를 들어 자신의 행위를 방어해야만 하므로, 그만큼 우리에게 비극적 연민을 불러일으키지 못할 공산이 크다. 결론이 내려질 때마다 자축하며, 오로지 싸늘한 밝음과 의식 속에서만 숨 쉬는 변증술의 본질에 **낙관주의적** 요소가 있음을 도대체 누가 오인할 수 있겠는가. 일단 이 요소가 비극에 침입하면 점차 비극의 디오니소스적 영역을 뒤덮으며 번성하게 되고, 필연적으로 비극의 자멸을 촉진한다 — 비극은 끝내 죽음의 도약을 통해 시민극[172]이 되고 만다. "유덕함은 앎이다, 단지 무지하기에 죄를 지을 따름이다, 유덕한 자가 행복한 자다"라는, 소크라테스 명제들의 귀결을 생각해보라. 이 낙관주의의 세 가지 기본형식 속에 비극의 죽음이 있다. 이제 유덕한 주인공은 변증가여야 하며, 유덕과 앎, 신앙과 도덕 간에는 필연적이고 가시적인 유대가 있어야 한다. 이제 [95] 아이스킬로스의 초월적 정의에 의한 해결은 상투적 기계장치 신이 등장하는, "시적 정의"[173]라는 피상적이고도 파렴치한 원리로 전락하고 만다.

이와 같은 새로운 소크라테스적·낙관주의적 무대세계에 맞서, **가무단**은 어떻게 나타날 것이며 비극의 음악적·디오니소스적 밑바탕 전반은 또 어떻게 나타날 것인가? 무언가 우연적인 것으로서, 비극의 근원에 대한 없어도 될 잔념殘念으로서 나타난다. 그러나 우리는 가무단을 비극 및 비극적인 것 일반의 **원인**으로 이해하지 않으면 안 된다는 것을 앞서 확인했던 바이다. 가무단과 관련하여 소포클레스에게서 관찰되는 당혹스러운 면

---

172 18세기에 등장한 문학장르. 비극적 충돌이 시민계층에서 전개되는 것이 특징이다. 주로 시민과 귀족의 충돌, 혹은 규범들이나 가치들 간의 충돌을 주제로 한다. 고트홀트 레싱의 《에밀리아 갈롯티》, 실러의 《간계와 사랑》이 대표적이다.

173 "시적 정의"는 17세기 말 셰익스피어 비평작업에서 태동한 개념으로, 권선징악이라는 도덕적 승리가 이루어진다는 관점에서 작품을 분석하는 경향을 말한다. 22장 (1,143)에서 재차 언급된다.

모는, 비극의 디오니소스적 토대가 이미 무너지기 시작했다는 중요한 징표가 된다. 그는 비극 효력의 주요 몫을 더 이상 가무단에 맡기지 않고, 가무단과 배우들이 거의 동등하게 보일 정도로 과감하게 가무단의 영역을 제한했다. 이는 흡사 가무단이 오케스트라에서 나와 무대 위로 올라간 것과도 같다. 가무단과 관련한 이와 같은 이해에 아리스토텔레스가 동조하기는 하지만,[174] 이와 더불어 가무단의 본질이 완전히 파괴된 것은 당연하다. 아무튼 소포클레스가 직접 실천했을 뿐더러, 전승에 따르면 저술을 통해서도 권장한 가무단의 위치변경은 가무단 **파멸**의 첫걸음이었다.[175] 이 파멸의 형세는 에우리피데스·아가톤·신희극을 거치면서 경악할 만큼 급속히 전개된다. 낙관주의적 변증술이 삼단논법의 채찍을 휘두르면서 비극에서 **음악**을 몰아낸다. 즉 비극의 본질을 파괴한다. 그것만이 유일하게 디오니소스적 상태의 표출이자 영상화, 음악의 가시적 상징화, 디오니소스적 도취의 꿈세계로 해석될 수 있는 것인데도 말이다.

따라서 반反디오니소스적 경향이 소크라테스 이전에 이미 효력을 떨치기 시작했으며 단지 소크라테스에게 이르러 전대미문의 위대한 표현을 얻은 것이라고 본다면, '과연 소크라테스와 같은 현상現像은 무엇을 알리는 징조인가'라는 물음 앞에서 겁을 먹고 물러설 필요가 없다. 하지만 [96] 플라톤의 대화편들을 보자면, 그 현상을 해체 일변도의 부정적 권력으로 파악할 수는 없다. 소크라테스적 충동의 첫 효력으로 디오니소스적 비극이 해체되었다고 하더라도, 소크라테스가 삶에서 겪은 심오한 경험은 우리로 하여금 질문을 던지게 한다. 과연 소크라테스주의와 예술의 관계는 **필연적으로** 대척적이어야만 하는가? "예술가적 소크라테스"의 탄생은 정

---

174 아리스토텔레스, 《시학》 1456a. "가무단은 한 명의 배우로 간주해야 하며, 전체의 일부가 되어 [극의 진행에] 동참해야 한다. 그러나 에우리피데스처럼 하지 말고 소포클레스처럼 해야 한다".

175 《시학》에 따르면, 아이스킬로스는 배우의 수를 한 명에서 두 명으로 늘렸으며, 소포클레스는 세 명으로 늘리고 무대배경을 도입했다.(1449a 참고)

말 자기 모순적인가?

저 폭군과도 같은 논리가는 예술을 마주할 때, 무언가 허전하고 빈 느낌, 책망에 가까운 느낌, 의무에 소홀하지 않았나 하는 느낌을 수시로 받았다. 옥중에서 벗들에게 이야기했다시피, 그에게는 똑같은 꿈현상이 자주 찾아왔다. 한결같이 "소크라테스여, 음악을 하라!"[176]라고 말하는 꿈이었다. 그는 죽기 전 마지막 며칠까지도 철학 함이 최고의 뮤즈예술이라는 생각으로 위로를 삼았으며, 어느 신성이 자신에게 "통속적이고 대중적인 음악"을 상기시켜줄 리는 만무하다고 믿었다. 그러나 마침내 옥중에서 그는 양심의 부담을 완전히 덜기 위해 자신이 무시했던 음악을 하기로 작정한다. 그리고 바로 그 심정으로 아폴론에게 바치는 서시序詩를 쓰고 몇 편의 이솝 우화를 운문으로 옮겨본다. 그에게 이 습작을 강요했던 것은 신귀의 경고하는 음성과 유사한 어떤 것, 즉 그의 아폴론적 통찰이었으니, 자신이 야만족의 왕처럼 고귀한 신상神像을 이해하지 못하고 있으며, 그 몰이해로 인하여 자칫 어느 한 신성에게 죄를 범할 위험에 처했다고 보는 통찰이었다. 소크라테스의 꿈현상에 나타난 저 말이야말로, 그가 논리적 본성의 한계에 의혹을 품었다는 유일한 징표이다. 그래서 그는 이렇게 자문해야만 했다. 혹시 내가 이해하지 못한 것이라고 하여 그게 곧 비지성적인 것이라고 할 수는 없지 않을까? 혹시 논리가는 추방되어 들어갈 수 없는 지혜의 나라가 있는 것은 아닐까? 혹시 예술은 학문의 필연적 상관물이자 보완물이지는 않을까?

---

176 플라톤, 《파이돈》 60e 이하.

15

[97] 무언가를 예감하는 마지막 질문들에 이어 이제 언급해야 할 것이 있다. 소크라테스의 영향이 이 순간뿐만 아니라 미래를 향해서도, 석양 아래 점점 길어지는 그림자처럼 후세로 확산되고 있으며, 가장 넓고 깊은 의미, 형이상학적 의미에서의 **예술**을 매번 새롭게 창조하도록 강제하고 있으며, 자신의 무한성을 걸고 그 예술의 무한성까지도 보증하고 있다는 점이다.

이와 같은 인식이 있기 전에는, 다시 말해 모든 예술이 그리스인들, 즉 호메로스부터 소크라테스까지의 그리스인들에게 내밀하게 완전히 종속되어 있다는 사실이 입증되어 납득되기 전에는, 우리에게 그리스인들이란 아테네인들에게 소크라테스가 의미하는 것과 같은 존재일 수밖에 없었다. 교양수준을 불문하고 거의 모든 시대가 한 번쯤은 그리스인들에게서 벗어나고자 애썼으나 심각한 좌절을 맛보았다. 그리스인들 앞에만 서면, 자신들이 이룬 모든 업적, 겉보기엔 완전히 독창적인 것, 진정 경이로운 것이 갑자기 빛깔과 생명을 잃은 듯 위축되어 실패한 모작, 즉 희화로 전락하기 때문이다. 그리하여 전 시대에 걸쳐 제 것이 아닌 다른 모든 것을 대담하게도 "야만적"이라고 부른 저 오만한 그리스 소민족에 대하여 새록새록 심중의 분노를 터뜨리기 마련이다. 사람들은 자문한다. 내놓은 것이라곤 한낱 하루살이 같은 역사적 광휘, 한낱 가소로울 정도로 편협한 제도들, 한낱 덕목이 의심스러운 풍습밖에 없었으며 심지어는 추한 악덕들이 특색이었음에도 불구하고, 무리 중에서 천재가 갖는 위엄과 특별지위를 여타 민족을 제치고 당당히 차지하는 그들은 누구인가? 안타깝지만 몹시 불운하게도, 사람들은 그와 같은 존재를 간단히 제거할 수 있는 독배를 찾아내지 못했다. 시기·비방·분노가 뿜어낸 그 어떤 독으로도 그들의 자족적 장엄을 파멸시키기에는 미진했기 때문이다. 그리하여 사람들은 그리스인들 앞에서 수치와 두려움을 느낀다. 진리를 그 무엇보다 존중하는 자라면 또 모르겠다. [98] 그리고 '그리스인들은 전차를 모는 자로서 우리 문화와 여타 문화의 고삐를 쥐고 있다. 그러나 매번 전차와 말이 너무 볼품없어서 그 영도자의 영예에 어울리지 않는다. 하기야 그들은 전차를 절벽 아래로 떨어뜨리고 자신들은 아킬레우스처럼 도약하여[177] 절벽을 뛰어넘는 것을 재미로 삼는다'는 것까지도 진리로 고백할 용기가 있는 자라면 또 모르겠다.

그러한 영도자 지위의 위엄을 소크라테스에게도 표하려면, 그 이전에는 전혀 들어보지 못했던 현존형태의 전형, **이론적 인간**의 전형을 그에게서 인식하는 것으로 충분하다. 그 전형의 의미와 목표를 통찰하는 것이 우리의 다음 과제이다. 이론적 인간 역시 예술가와 마찬가지로 눈앞에 놓인 것에 한없이 만족하며, 그럼으로써 비관주의의 실천적 윤리, 암흑 속에서만 빛나는 비관주의의 링케우스 눈[178]으로부터 스스로를 보호한다. 말하자면 예술가는 진리의 너울을 벗겨낼 때마다 여전히 너울로 남아 있는 것에 홀려 시선을 고정한다면, 이론적 인간은 벗겨낸 너울을 만끽하고 흡족해하며, 욕망의 최고 목표를 스스로의 힘으로 매번 벗겨내는 과정 자체에 둔다. 만약 학문에서 벌거벗은 [진리라는] **단 한 명의** 여신만이 중요할 뿐 여타의 것들은 중요하지 않다면, 어떤 학문도 존재하지 않을 것이다. 나아가 그 제자들은 지구 반대편으로 일직선의 구멍을 파는 기분이 들 것이다. 그들은 모두 알고 있다. 자신이 평생에 걸쳐 최선을 다해 노력해도 그 엄청난 깊이의 극히 일부분밖에 파고들지 못할 것임을, 그 일부분마저 자신의 눈앞에서 다음 사람의 노동에 의해 다시 메워지고 말 것임을, 그리고 그 다다음 사람은 새로운 장소에서 독자적으로 시추작업을 하는 편이 나아 보일 것임을 말이다. 그런데 어떤 사람이 그와 같은 직행로를 통해서는 반대편 목적지에 도달할 수 없음을 입증하여 납득시킨다면, 보석을 캔다

177 호메로스, 《일리아스》 21권 303~305행.
178 그리스 신화의 인물 링케우스는 땅속까지 뚫어볼 수 있었다. 괴테의 《파우스트》 (11288행 이하)에서는 망루지기로 등장한다.

거나 자연법칙을 발견하는 것으로 만족할 수 있는 자가 아닌 바에야 누가 앞사람이 파놓은 구덩이에서 계속 작업하고 싶겠는가. [99] 그래서 가장 정직한 이론적 인간이었던 레싱은, 자신에게는 진리 자체보다는 진리를 찾는 과정이 더 중요하다는 과감한 발언을 했다. 의아하게도 이 발언은 학문적인 사람들에게는 공분을 샀으나, 실은 학문의 근본비밀을 드러낸 것이었다. 지나치게 솔직하거나 아니면 지나치게 오만하다 해야 할 이러한 희귀한 인식 곁에는, 소크라테스라는 인물을 통해 처음으로 세상에 드러난 심오한 **환상의 관념**, 즉 '사유는 인과성을 실마리로 해서 존재의 가장 깊은 심연까지 이를 것이다, 사유는 존재를 인식할 수 있음은 물론 **교정까지** 할 수 있다'라는 요지부동의 신앙이 있음은 당연하다. 이 숭고한 형이상학적 환상은 하나의 본능으로서 학문에 부가된 것이며, 번번이 학문을 한계까지 끌고 가 학문이 **예술**로 전복될 수밖에 없게 만든다. 따라서 **예술이야말로 이 역학장치에서 진정으로 의도하고 있는 것이다.**

이와 같은 사상의 횃불을 들고 바라보면, 소크라테스는 학문의 본능에 이끌려 살아갈 뿐만 아니라, 한발 더 나아가 죽음마저 감당할 수 있었던 첫 번째 인물임이 드러난다. 그렇기 때문에 **죽음을 맞이하는 소크라테스**의 영상은 앎과 근거를 통해 죽음의 공포에서 벗어난 인간의 영상으로서 학문의 정문 위에 새겨져 누구에게나 학문의 사명을 상기시키는 문장紋章이니, 그 사명이란 바로 현존을 파악 가능한 것으로, 그리하여 정당화된 것으로 드러내는 것이다. 이때 근거만으로 부족하다면 결국에는 **신화까지도** 사용할 수밖에 없음은 당연하거니와, 이 신화를 가리켜 나는 방금 학문의 필연적 귀결이라고, 아니 의도라고까지 지칭했다.

다음과 같은 흐름을 들여다보라. 학문이라는 비의의 사제 소크라테스 이후에 마치 물결치듯 한 철학학파가 밀려나면 다른 학파가 밀려왔다. 그리고 누구도 예기치 못했던 지식욕의 보편성이 지식인 세계 전반으로 확대되었으며, 학문은 뛰어난 자질들이 마땅히 짊어져야 할 과제가 되어 [100] 공해公海로 나아갔으니, 그 이후로는 그곳에서 학문을 완전히 몰아내기란 불가능했다. 그 지식욕의 보편성 덕분에 처음으로 공동의 사상그물이 전 지구를 뒤덮었으며, 태양계 전체의 법칙성을 내다보기까지 한 것이다. 이상의 모든 것과, 현재 까마득히 높아진 지식의 피라미드를 실감하는 자라면, 소크라테스에게서 소위 세계사의 전환점과 소용돌이를 보지·못할 리 없다. 이 세계경향을 위해 소모된, 아예 계산조차 불가능한 힘의 총량이 행여 인식에 봉사하지 않고 개별자와 민족의 실천적·이기적 목표를 위해 소모되기라도 했다면, 추측건대 전반적인 학살전쟁과 계속되는 민족이동의 과정에서 삶에 대한 본능적 욕망이 대단히 약화되었을 것이다. 그리하여 자살이 일상화되고, 개개인은 피지 섬의 주민들처럼 아들이 부모를, 벗이 벗을 교살하는 것을 마지막 남은 의무감으로 느꼈을 것이다. 이는 동정심에서 민족학살이라는 잔혹한 윤리까지도 양산할 수 있는 실천적 비관주의이다. 어떤 형태의 예술이든 그렇겠지만, 특히 종교와 학문으로서의 예술이 저 독기의 치료제와 예방제 역할을 하지 못하는 세계에서는 예나 지금이나 어디에서든 실천적 비관주의가 있다.

이 실천적 비관주의에 견주어보면 소크라테스는 이론적 낙관주의자의 원형으로서, 이미 언급했다시피, 사물의 본성의 근거를 파헤칠 수 있다는 신앙으로 앎과 인식에다 만병통치의 약효를 부여하고 오류를 악 자체로 파악한다. 소크라테스적 인간은, 근거 속으로 파고들어 참된 인식을 가상과 오류에서 분리시키는 것이 가장 고귀한 소명, 인간의 유일한 참된 소명이라고까지 여긴다. 이는 소크라테스를 기점으로 개념·판단·추론의 역학장치가 여타 능력보다 우월한 지고의 활동이자 가장 경이로운 [101] 자연의 선물로 평가되었던 것과도 같다. 가장 숭고한 윤리적 행위들, 연민·희생·영웅심의 발동, 그리고 아폴론적 그리스인이 '소프로시네'라고 부른 도달하기 어려운 상태, 바다와도 같은 영혼의 고요함조차도, 현재에 이르기까지 소크라테스 및 그와 동조하는 후계자들에 의하여 앎의 변증술로부터 연역되었으며, 그에 따라 교수 가능한 것으로 운위되었던 것이다. 소크라테스적 인식욕망을 몸소 경험하고 또 그 욕망이 점차 반경을 넓히며 현상계 전체를 포괄하려 드는 것을 직감하는 자라면, 그 순간부터 현존을 더없이 격심하게 쑤셔대는 가시, 즉 정복을 마무리하고 빈틈없이 튼튼한 그물을 짜고 싶은 욕구를 느낄 것이다. 이런 사람이라면, 플라톤의 소크라테스가 전혀 새로운 형태의 "그리스적 명랑성"과 현존의 지복을 가르치는 스승으로 비칠 것이다. 이 명랑성과 지복은 행위로 분출되고자 할 것이니, 마침내 천재의 출산을 목적으로 귀족 청년들에게 산파술적·교육적 영향력을 발휘할 때에 그 분출이 확인될 것이다.

이제 학문은 강력한 환상이 가하는 박차로 인해 멈추지 못하고 한계를 향해 치닫지만, 한계에 부딪히면 논리의 본질에 숨어 있는 학문의 낙관주의는 물거품이 되고 만다. 학문의 원주는 무한히 많은 점들로 이루어져 있어서 과연 그 원을 완전히 측정할 수 있을지 전혀 예상할 수 없는데도, 고귀하고 천부적인 인간이 생애의 중반에 채 이르기도 전에 불가피하게 원주의 한계점에 봉착하여 그곳에서 해명될 수 없는 것을 응시하기 때문이다. 그 한계에서 논리가 제 주변을 빙글빙글 돌며 급기야 제 꼬리를 무는 것을 그는 참혹하게 목도한다 — 여기에서 새로운 형태의 인식, **비극적 인식**이 홀연히 피어난다. 이 인식을 단지 감당하기 위해서만이라도 보호책과 치료제로서 예술이 필요하다.

그리스인들을 접하면서 생기와 기력을 되찾은 눈으로, 홍수처럼 우리를 덮치고 있는 세계의 지고한 친구들을 바라보자. [102] 그러면 우리는 소크라테스에게서 본보기로 나타난, 만족을 모르는 낙관주의적 인식의 탐욕이 비극적 체념과 예술에 대한 갈망으로 전복되는 것을 포착하게 된다. 물론 이 탐욕은 낮은 단계에서는 예술에 적대감을 드러내고 특히 디오니소스적·비극적 예술을 내적으로 혐오하기 마련이다. 그 실례로 소크라테스주의가 아이스킬로스 비극과 벌인 투쟁을 앞서 서술한 바 있다.

여기에서 이제 두근거리는 심정으로 현재와 미래의 현관을 두드리자. 저 "전복"은 매번 천재의 새로운 구성으로, 특히 **음악 하는 소크라테스**의 새로운 구성으로 이어질 것인가? 현존 위에 드리워진 예술의 그물은, 종교의 이름을 걸고 있든 학문의 이름을 걸고 있든, 더욱 튼튼하고 촘촘하게 짜일 것인가, 아니면 지금 "현재"라고 불리는 불안한 야만적 충동과 소용돌이 아래 갈기갈기 찢길 운명인가? — 우리는 관전자로서 이 어마어마한 투쟁과 경과의 증인으로 허락받았으니, 염려스럽긴 하겠지만 절망하지는 말고 잠시 옆에서 지켜보자. 아! 이 투쟁을 관전하는 자 역시 투쟁하지 않을 수 없나니, 이것이 이 투쟁의 주술이로구나!

16

이상으로 상술한 역사학적 사례에서는 비극이 오직 음악의 정신으로부터만 탄생할 수 있는 만큼 그 정신이 사라지면 비극도 파멸함을 밝히고자 하였다. 이 주장의 파격을 완화시키는 한편으로 이 인식의 근원을 밝히려면, 이제 자유로운 시선으로 이 시대의 유비적 현상들을 대면해야 한다. 그리고 앞서 말했다시피, 우리 현 세계의 지고한 천구들 속에서 벌어지고 있는 [103] '만족을 모르는 낙관주의적 인식'과 '비극적 예술에 대한 갈망'의 투쟁 한복판으로 들어서야 한다. 시대를 불문하고 예술, 그중에서도 특히 비극에 맞서는 여타 적대적 충동들에 대해서는 여기에서 논하지 않겠다. 그 충동들은 현재에도 승승장구의 기세로 영역을 넓혀서, 가령 극장예술의 경우 소극笑劇[179]과 발레만이 그나마 널리 퍼져 있지만, 모두에게 향기롭지는 않을 꽃을 피우고 있다. 대신 나는 비극적 세계관에 맞서는 **가장 존귀한 적수**에 관해서만 말하겠다. 비조 소크라테스를 앞세운 학문, 그 본질 가장 깊은 곳까지 낙관주의적인 학문에 관해서만 말하겠다는 것이다. 이어서 내가 보기에 **비극의 재탄생**을 — 그리고 독일적 본질을 위한 다른 복된 희

---

179 소극은 거친 농담과 신랄한 조롱으로 웃음을 선사했던 일종의 희극이다. 19세기에 성행했다.

망들을 — 보장하는 듯한 세력들의 이름도 명시하겠다.

　이 투쟁 한복판으로 뛰어들기 전에, 지금까지 정복했던 인식의 갑주로 무장하자. 예술들을 단 하나의 원리에서, 즉 모든 예술작품에 필연적이라고 생각되는 생명의 샘에서 도출하려고 안달하는 모든 이들과는 달리, 나는 그리스인들의 두 예술가적 신성, 아폴론과 디오니소스에 시선을 고정하고, 그들을 가장 깊은 본질과 가장 높은 목표에서 상이한 **두** 예술세계를 대표하는 생생하고 관조적인 대표자들로 인식한다. 아폴론은 개별화 원리 — 이 원리를 통해서만 가상 속에서의 구원이 참되게 이루어질 수 있다 — 를 변용시키는 천재로서 내 앞에 서 있다. 반면에 디오니소스의 비의적 환호 아래에서는 개별화의 속박이 갈래갈래 찢기며, 존재의 어머니들에게 이르는, 사물들의 가장 내밀한 핵에 이르는 길이 열린다. 아폴론적 예술인 조형예술과 디오니소스적 예술인 음악 간에 벌어진 이 엄청난 대립은 위대한 사상가들 중에서 단 한 명에게만 계시되었으니, 그는 헬라스의 신상징술神象徵術의 인도도 없이, 음악은 [104] 여타 예술마냥 현상의 모사가 아니라 의지 자체의 직접적 모사이며, 그러므로 음악은 **세계의 모든 형이하에 대하여 형이상을**, 모든 현상에 대하여 사물 자체를 재현하기 때문에 여타 예술과는 다른 성격과 근원을 갖는다고 보았다. (쇼펜하우어, 의지와 표상으로서의 세계 I, 310면.)[180] 이는 모든 미학에서 가장 중요한 인식이며, 더 심각하게는 미학은 아예 여기에서부터 출발한다고 할 수 있다. 리하르트 바그너가 "베토벤"에서 음악은 조형예술과 전혀 다른 미적 원리에 따라 측정되어야 한다고 밝힌 것은, 바로 이 인식의 영원한 진리를 확증하는 데 자신의 인장을 찍은 셈이다. 다시 말해, 조형가적 세계에서나 타당한 아름다움의 개념을 기준으로 삼아, 조형예술 작품에 요구되는 것과 유사한 효력, 즉 **아름다운 형태에 대한 호감**의 격동을 음악에 요구하는 것

180　쇼펜하우어,《의지와 표상으로서의 세계》I, 3권 §52. 다음 문단에서 관련 대목이 길게 인용된다.

은, 오도된 변종 예술에 이끌려 길을 잃은 미학의 구태에 불과하다는 것이다. 이 엄청난 대립을 인식하고 나서 나는 그리스 비극의 본질에, 나아가 헬라스적 천재의 가장 심오한 계시에 접근해야 한다는 중압감을 느꼈다. 그제서야 비로소 통상적인 미학의 관용어법을 뛰어넘어, 비극의 원초문제를 내 영혼 앞에 생동감 있게 살려내는 주술을 부릴 수 있다고 여겼기 때문이다. 그리하여 이토록 낯설고도 독특한 시선으로 헬라스적인 것을 보는 일이 내게 허락되고 보니, 그토록 거드름을 피우는 고전·헬라스 학문이 여태껏 주로 그림자와 외면적인 것들만 가지고 놀았던 것 아닌가 싶었다.

비극의 원초문제를 다루자면 아마도 이런 질문을 던져야 할 것이다. 아폴론적인 것과 디오니소스적인 것이라는 자체적으로 분리된 예술권력들이 동시에 활약한다면, 어떤 미적 효력이 발생할 것인가? 혹은 간단히 말해 음악은 영상 및 개념과 어떤 관계를 맺고 있는가?─리하르트 바그너는 바로 이 점과 관련하여 그 어떤 서술도 쇼펜하우어의 [105] 서술만큼 명료하고 투명할 수는 없다고 찬탄했다. 쇼펜하우어가 아주 상세하게 표현한 관련 대목 전체를 여기에 그대로 옮긴다. 의지와 표상으로서의 세계 I, 309면.[181] "이 모든 것으로 미루어볼 때 우리는 '현상하는 세계, 혹은 자연'과 '음악'을 동일한 것에 대한 상이한 두 표현으로 볼 수 있다. 따라서 그 동일한 것이야말로 양자의 유비에서 유일한 매개이니, 이 유비를 이해하기 위해서는 그 매개를 인식해야 한다. 그에 따라 음악을 세계의 표현으로 보면, 음악은 극도로 보편성이 높은 언어이다. 이 언어가 개념의 보편성에 대하여 갖는 관계는, 개념의 보편성이 개개 사물들에 대하여 갖는 관계와 거의 같다. 그러나 음악의 보편성은 추상의 공허한 보편성이 결코 아니라 전적으로 다른 부류로서, 통용되는 명료한 특정과 결부되어 있다. 이

---

181 쇼펜하우어, 《의지와 표상으로서의 세계》 I, 3권 §52.

점에서 음악은 기하학적 도형이나 수와도 같은데, 그것은 경험의 대상이 될 수 있는 모든 것의 보편적 형식으로서 모든 것에 선험적으로 적용 가능하되 추상적이지는 않으며, 오히려 관조적으로 특정되어 통용된다. 의지의 모든 노력·격동·표출, 인간 내면에서 일어나는 모든 사건은 — 이러한 것들에 이성은 '감정'이라는 폭넓은 부정적 개념을 덧씌워버리지만 — 무한히 많은 잠재적 선율을 통해 전부 표현될 수 있다. 그러나 언제나 순수형식의 보편성으로, 질료 없이, 언제나 그 자체로, 현상에 의거하지 않고 표현될 수 있으므로, 그와 같은 것들의 가장 내밀한 영혼이 몸이 없이 표현된다고 할 수 있을 것이다. 음악이 모든 사물의 참된 본질에 대하여 갖는 이러한 내적 관계를 통해 설명할 수 있는 것이 또 있다. 한 음악이 어느 장면, 행위, 사건, 배경 등에 잘 어울릴 경우 그 음악은 그것들의 가장 정확하고 명료한 주석으로서, 그것들의 가장 비밀한 의미를 풀어주는 듯하다는 점이다. 마찬가지로 한 교향곡이 주는 인상에 완전히 몰입된 자의 경우, 흡사 삶과 세계에서 벌어질 수 있는 온갖 사건들이 주마등처럼 스쳐 지나가는 듯하다는 점 역시 그렇다. 그런데도 나중에 더듬어보면, '음의 유희'와 '눈앞에 떠다니던 사물들'의 유사성을 밝혀내지 못한다. [106] 그 이유는 이미 언급했듯이, 음악은 현상의 모사가 아니라, 더 정확하게 말하자면 적합하게 대상화된 의지의 모사가 아니라 의지 자체의 직접적인 모사이며, 그러므로 세계의 모든 형이하에 대하여 형이상을, 모든 현상에 대하여 사물 자체를 재현한다는 점에서 여타 예술과 다르기 때문이다. 따라서 세계를 육화된 음악, 육화된 의지라 부를 만하다. 그러므로 이로부터, 음악이 실제 삶과 세계의 모든 회화, 모든 장면을 곧장 더욱 승화된 의미로 출현시키는 이유가 설명될 수 있다. 음악의 선율이 주어진 현상의 내밀한 정신에 유비적일수록 더욱 그렇다. 시를 노래로, 혹은 관조적 재현을 무언극으로, 혹은 양자를 오페라로 만들어 음악에 종속시킬 수 있는 이유도 여기에 있다. 이렇듯 음악이라는 보편적 언어에 종속된 인간 삶의 개별 영상들은, 결코 통용되는 필연성을 가지고 음악과 결합되거나 일치하지는 않는다. 오히려 그 영상들은 임의의 한 예가 보편적 개념과 관계 맺는 방식으로만 음악과 관계를 맺는다. 그것들은 현실로 특정된 상태에서, 음악이 순수형식의 보편성으로 표출하는 바를 재현한다. 어떻게 보면 선율들은 보편적 개념처럼 현실의 추상물이기 때문이다. 현실이라는 개개 사물들의 세계는 개념의 보편성뿐만 아니라 선율의 보편성에도 관조적인 것, 특수하고 개별적인 것, 개개의 경우를 제공한다. 그러나 이 두 보편성은 어떤 면에서는 상호 대립한다. 개념들은 무엇보다도, 마치 사물들에서 벗겨낸 겉껍질처럼, 관조로부터 추상된 형식을 포함하고 있으므로 원래부터가 전적으로 추상물인 반면에, 음악은 모든 형상화에 선행하는, 사물들의 가장 내밀한 핵 혹은 심장을 내놓는다. 이 관계를 스콜라 철학의 언어로 표현하자면, '개념들은 사물 이후의 보편이지만, 음악은 사물 이전의 보편을 내놓으며, 현실은 사물 속의 보편'이라고 할 수 있겠다.[182] [107] 그러나 애초에 작곡과 관조적 재현 간에 관계가 성립할 수 있는 까닭은, 이미 말했다시피, 양자가 세계의 내밀한 본질이라는 동일한 대상에 대한 두 가지 상이한 표현에 지나지 않기 때문이다. 이제 개개의 경우에서 실제로 그와 같은 관계가 성립할 때, 즉 작곡가가 사건의 핵에 해당하는 의지의 움직임을 음악의 보편적 언어로 발설할 수 있을 때, 가곡의 선율, 오페라의 음악이 풍부한 표현을 얻는다. 그러나 작곡가가 발견한 양자 사이의 유비는, 이성을 의식하지 못할 때 세계의 본질에 대한 직접적 인식으로부터 나오는 것이지, 의식적 의도를 가지고 개념으로 매개한 모방을 통해 이루어지는 것이 아니다. 그렇지 않다면, 음악은 내밀한 본질, 의지 자체를 발설하지 못하고, 순전히 모방에 불과한 모든 음악이 그렇듯이 의지의 현상만을 불충분하게 모방할 따름이다." —

---

182 세 가지 표현, "사물 이후의 보편universalia post rem, 사물 이전의 보편universalia ante rem, 사물 속의 보편universalia in re"은 중세 스콜라 철학의 보편논쟁의 결실이다. 이 논쟁에서 유명론·실재론·절충론이 유래했으며, 세 가지 표현은 각각의 입장을 대변한다.

그러므로 우리는 쇼펜하우어의 가르침에 따라 음악을 직접적으로 의지의 언어로 이해한다. 그리고 우리는 '우리에게 말을 거는, 비록 보이지는 않으나 아주 생생하게 움직이는 정령들의 세계'를 형상화하여 유비적인 예를 통해 육화하려고 환영이 깨어나는 것을 느낀다. 다른 한편, 영상과 개념은 자신과 진정으로 일치하는 음악의 영향력 아래 승화된 의미에 도달한다. 그러므로 디오니소스적 예술은 아폴론적 예술능력에 두 가지 효력을 떨치기 마련이다. 음악은 먼저 디오니소스적 보편성을 **비유적으로 관조**하라고 자극하며, 다음으로 비유적인 영상을 **극도로 의미심장**하게 출현시킨다. 딱히 깊은 관찰이 아니어도 접근할 수 있는, 그 자체로 쉽사리 이해되는 이런 사실을 바탕으로, 나는 음악이 가장 의미심장한 표본인 신화를 낳을 수 있으며, 그중에서도 **비극적** 신화, 즉 디오니소스적 인식에 관해 비유로 설하는 신화를 낳을 수 있다는 결론에 이르렀다. 나는 앞서 서정시인의 현상現狀을 다루면서,[183] 음악은 서정시인 속에서 아폴론적 영상으로

[108] 자신의 본질을 고지하고자 분투한다고 서술했다. 이제 최고도로 강화된 음악이라면 최고도로 강화된 영상화에 이르는 법을 모색할 수밖에 없음을 고려하면, 그 음악이 진정한 디오니소스적 지혜를 위해 상징적 표현을 발견할 수 있다고 간주해야 한다. 그리고 비극에서 또는 **비극적인 것**의 개념에서가 아니라면 달리 어디에서 그와 같은 표현을 모색하겠는가?

상투적이게도 예술이 가상과 아름다움이라는 유일무이한 범주로 파악되는 한, 속임수를 쓰지 않고는 예술의 본질에서 비극적인 것을 도출하기란 전혀 불가능하다. 오히려 우리는 음악의 정신을 통해 비로소 개별자 파멸에 대한 환희를 이해한다. 왜냐하면 그와 같은 파멸의 개개 사례로부터 명확해지는 것은 오직 디오니소스적 예술의 영원한 현상現狀밖에 없기 때문이다. 이 디오니소스적 예술은 개별화 원리의 배후에 있는 전능한 의

---

183 5장 참고.

지를 표현하며, 모든 현상現像 너머에 있으면서 모든 파멸에도 굴하지 않는 영원한 삶을 표현한다. 비극적인 것에 대한 형이상학적 환희는, 본능적으로 무의식적인 디오니소스적 지혜가 영상의 언어로 옮겨지는 것이라 할 수 있다. 따라서 의지의 가장 높은 현상現像인 영웅조차도 우리의 욕망을 위해 부정된다. 그 역시도 결국 현상에 불과하며, 그가 파멸하더라도 의지의 영원한 삶은 흔들리지 않기 때문이다. "우리는 영원한 삶을 믿는다", 비극은 이렇게 외치지만, 음악은 영원한 삶의 직접적 이데아이다. 조각가의 예술은 전혀 다른 목표를 가지고 있는 바, 그 예술에서는 아폴론이 현상現像의 영원을 장려하게 비추어 개별자의 고난을 극복하며, 아름다움이 삶에 들러붙은 고난을 상대로 승리하며, 어떤 의미에서는 허위에 의하여 고통이 자연의 면모에서 사라진다고 할 수 있다. 그러나 디오니소스적 예술과 그 비극적 상징술 속에서는 자연 그대로가 거짓 없는 진실한 목소리로 설한다. "너희는 나일지니! 현상의 부단한 변천 아래에서도 영원토록 창조적인, 현존하도록 영원토록 강요하는, 현상의 변천에 대하여 영원토록 자족하는, 원초의 어머니일지니!"

17

[109] 또한 디오니소스적 예술은 현존에 대한 영원한 욕망과 관련하여 우리에게 확신시키고자 하는 바가 있으니, 우리가 그 욕망을 현상들 속에서가 아니라 현상들의 배후에서 찾아야 한다는 것이다. 따라서 생성되는 모든 것이 고통스럽게 몰락하기 마련임을 인식해야 하며 어쩔 수 없이 개별 실존의 참혹함을 들여다보게 되겠지만, 그렇다고 해서 얼어붙을 필요는 없다는 것이다. 그 이유는 형이상학적 위로가 획획 출몰하는 형상들 가운데에서 우리를 홀연히 거두어가기 때문이다. 우리는 실제로 어느 찰나 원초본질 자체가 되며, 원초본질의 거침없는 현존욕과 현존욕망을 느낀다.

앞다투어 삶 속으로 뛰어드는 무수한 현존형태들의 과잉과 세계의지의 넘쳐흐르는 다산성 앞에서, 이제 우리는 투쟁, 단말마, 현상들의 파멸이 필연적이라고 여긴다. 그와 같은 단말마의 가시에 격심하게 찔리는 때는, 현존에 대한 무량한 원초욕망과 하나가 되고 디오니소스적 홀림 속에서 원초욕망의 불괴不壞와 영원을 예감하는 바로 그 순간이다. 우리는 공포와 연민에도 불구하고 복된 자들, 살아 있는 자들이지만, 더 이상 개별자들이 아니라 '단 하나의 살아 있는 것'의 생식욕망과 융합된 자들이다.

그리스 비극의 생성사가 명확하게 특정하여 말해주다시피, 그리스인들의 비극 예술작품은 실제로 음악의 정신으로부터 탄생했다. 이 사상을 통해서 우리는 처음으로 가무단의 근원적 의미, 대단히 경이로운 의미에 부응하게 되었다고 믿는다. 그러나 그와 동시에 인정해야 하는 것은, 그리스 철학자들은 말할 것도 없거니와 그리스 시인들에게도 앞서 밝힌 비극적 신화의 의의가 개념적 명료함 속에서 투명하게 드러나는 일은 전혀 없었다는 점이다. 그 시인들의 주인공들은 행위할 때보다는 말할 때 더 표면적이라고 하겠다. 신화는 발화된 언어 속에서는 결코 적합한 대상화를 발견하지 못한다. 시인 자신이 언어와 개념으로 [110] 포착할 수 있는 지혜보다 무대 구성과 관조적 영상들이 계시하는 지혜가 더 심오하다. 동일한 사례가 셰익스피어에게서도 관찰된다. 유사한 의미에서, 가령 그의 햄릿은 행위할 때보다는 이야기할 때 더 표면적이므로, 이전에 언급했던 햄릿론[184]은 전체에 대한 심화된 관조와 조감으로부터 도출될 수 있는 것이지 언어로부터 도출될 수 있는 것이 아니다. 하지만 [음악·무대 등이 실전失傳되고] 단지 언어극으로만 우리에게 전승된 그리스 비극과 관련하여 이미 시사했다시피, 신화와 언어의 불일치 때문에 오도된 우리는 자칫 그리스 비극을 실제보다 더 표면적이고 시시하다고 간주하고는, 고대인들이 증

---

184 7장 참고.

언하고 있는 것보다 훨씬 표면적인 효력만 있다고 전제하기 십상이다. 언어의 시인은 신화의 가장 높은 정신성과 이상성에 도달하는 데 실패하였으나, 창조자적 음악가로서의 언어의 시인은 매 순간 성공할 수 있었다는 점을 우리는 얼마나 쉽사리 망각하는가! 그러므로 참된 비극이 가진 비길 데 없는 위로를 어느 정도 얻기 위해서는, 거의 학자적인 방식으로 음악적 효력의 우세를 복원해야 한다. 물론 이와 같은 우세조차도, 우리 스스로가 그리스인이 되어야만 있는 그대로 느낄 터이다. 하지만 우리는 그리스 음악이 온전히 전개되는 가운데 부르는 음악적 천재의 노래조차도 — 우리에게 익숙하고 친숙하며 [그리스 음악보다] 한없이 더 다채로운 음악에 비하면 — 수줍어 힘차게 부르지 못하는 소년의 노래에 불과하다고 여길 뿐이다. 이집트 사제들이 그리스인들은 영원한 어린아이들[185]이라고 말했던 것처럼, 그들은 비극적 예술에서도, 자신들의 손에서 어떤 숭고한 장난감이 생성되고 파괴되는지를 알지 못하는 어린아이[186]에 불과하다고 보는 것이다.

영상적·신화적 계시를 향한 음악의 정신의 분투는 서정시의 시작부터 아티카 비극에 이르기까지 고조되었지만, 풍만한 전개를 쟁취한 지 얼마 지나지 않아 갑자기 꺾여버렸고, 이내 헬라스 예술의 표면에서 자취를 감추었다고 할 수 있다. 반면에 [111] 저 분투로부터 탄생한 디오니소스적 세계관은 비의 속에서 살아남아, 더없이 경이로운 변신과 변종을 거듭하면서도 심각한 본성들[187]을 곁으로 끌어들이기를 멈추지 않는다. 그러니

---

185 플라톤의 대화편 《티마이오스》 22b에서는 이집트 사제와 솔론의 만남이 그려진다. 이 만남에서 이집트 사제는 솔론에게, "당신네 헬라스인들은 언제나 어린아이이지 연로한 헬라스인이라곤 없군요"라고 말한다. 니체는 인용문의 맥락을 뒤집어 정반대 의미로 인용하는 경우가 잦으므로, 더러는 원래 인용문의 맥락과 상관없이 독해해야 한다.

186 헤라클레이토스 단편 "인생은 어린아이가 수를 놓으며 노는 [장기판], 그것은 어린아이의 왕국"(Diels/Kranz 22B52) 참고.

187 "심각한 본성들"은 비극의 재탄생을 염원하고 구현하는 이들, 비극적 세계관을 지닌 이들을 가리킨다고 할 수 있다. 다만 이 장에서는 그 "심각한 본성들"의 비극적 세계

어쩌면 디오니소스적 세계관이 그 비의적 심층으로부터 다시 한번 예술이 되어 솟아오르지는 않을까?

　여기에서 우리를 사로잡는 물음은, 비극을 저지하고 좌절시켰던 권력이 과연 비극과 비극적 세계관의 예술가적 재각성을 영영 가로막을 정도로 강한가 하는 것이다. 앎과 학문의 낙관주의를 향한 변증술적 충동으로 인하여 옛 비극이 탈선하고 말았다면, 이 사실로부터 추론할 수 있는 것은 **이론적 세계관**과 **비극적 세계관**의 영원한 투쟁일 것이다. 따라서 학문의 정신이 한계에 다다르고 또 한계가 입증됨으로써 보편적 타당성에 대한 요구가 파멸한 뒤에야 비로소 비극의 재탄생을 희망할 수 있을 것이며, 그런 문화형태에는 앞서 논의한 의미의 **음악 하는 소크라테스**를 상징으로 내세워야 할 것이다. 나는 이 대립을 설정하고서야 자연의 규명 가능성과 앎의 보편적 치유력에 대한 신앙, 즉 소크라테스라는 인물에게서 처음으로 백일하에 드러난 신앙이 학문의 정신에 있음을 알아보았다.

　쉴 새 없이 전진하는 학문의 정신에 뒤따른 결과들을 상기해보면, 그 정신을 통해서 **신화**가 파멸되었던 과정과, 신화의 파멸을 통해서 시가 자연적이고 이상적인 제 토양에서 쫓겨나 바야흐로 고향을 잃어버렸던 과정이 즉시 떠오를 것이다. 음악에는 신화를 다시 낳을 수 있는 힘이 있다는 우리의 공언이 옳다면, 우리가 학문의 정신을 찾아보아야 할 곳 역시 그것이 '신화를 창조하는 음악의 힘'과 대적하고 있는 길목일 것이다. 이런 사태는 **신新아티카 디티람보스**[188]가 전개되면서 벌어졌다. 그것의 음악은

관이 이론적 세계관에 의해 좌절되었다가 학문의 정신이 한계에 다다랐던 어느 한 시기에 "신아티카 디티람보스"로 재탄생하였으나, 그 디티람보스 음악 역시 적대적인 학문의 정신에 의해 또다시 좌절된 형태로 전개된 음악, 즉 변질된 음악에 불과했음을 서술한다. 이는 15장(1,102)과 다음 문단에서 언급되는 "음악 하는 소크라테스"의 새로운 구성이라고 하겠다.

188 디티람보스는 원래 디오니소스를 기리는 제의예술로, 그리스 비극은 이 디티람보스에 근원을 둔 것이다(2장 1,33 주석 참고). 그러나 기원전 5세기 말에 음악적으로 새로운 형태의 디티람보스가 출현했다. 후대의 아테나이오스의 《식탁의 철학자들》에 따르면, "디티람보스 시인들은 폭풍을 음악적으로 재현했다"고 한다.

더 이상 내밀한 [112] 본질, 의지 자체를 발설하지 못했으며, 오직 현상만을 불충분하게, 개념들로 매개된 모방을 빌어 재현했다. 참된 음악적 본성들은 소크라테스의 예술살해 경향에 대해 품었던 바로 그 혐오감을 품고서, 그와 같이 내적으로 변질된 음악을 외면했다. 아리스토파네스가 예리하고 정확한 본능으로 소크라테스 자체와 에우리피데스 비극, 그리고 신디티람보스 작가들의 음악을 똑같은 증오심으로 취합하고, 이 세 가지 현상現狀 모두에서 퇴화된 문명의 표지를 포착한 것은 옳았다고 할 수 있다. 신디티람보스는 불경스럽게도 음악을 전투, 해상 폭풍우 등의 현상을 흉내 내는 모작으로 전락시켰으며, 그리하여 신화를 창조하는 음악의 힘은 송두리째 강탈되고 말았다. 그 이유는, 음악이 우리에게 고작 '삶과 자연에서 벌어지는 사건'과 '음악의 어떤 리듬상의 음형이나 특색 있는 소리' 간의 외면적인 유비를 모색하라고 강요함으로써 여흥만을 돋우려 애쓰고 우리의 지성 또한 그 유비를 인식하는 것으로 만족할 경우, 신화적인 것을 수용할 수 없는 분위기에 매몰되기 때문이다. 또 하나의 이유를 들자면, 신화는 '무한을 응시하는 보편성과 진리'의 유일무이한 표본으로서 관조적으로 감지되고자 하기 때문이다. 참된 디오니소스적 음악은 바로 그와 같은 거울, 즉 세계의지의 보편적 거울로서 우리 앞에 등장한다. 이 거울에 비쳐서 관조되는 사건은 우리의 감정[189]을 위하여 순식간에 확장되어, 영원한 진리의 모상이 된다. 이와 반대로, 신디티람보스의 음화音畵는 바로 그 관조적 사건에서 모든 신화적 성격을 벗겨버린다. 그리하여 음악은 현상의 비루한 모상이 되어버리기 때문에 현상 자체보다도 한없이 초라하다. 우리는 음악이 바로 그 초라함으로 말미암아 현상 자체마저 끄집어내린다고 느끼며, 그 결과 음악으로 흉내 낸 전투라고 해봐야 고작 행진소음, 신호음 등으로 [113] 국한되어 이런 표면적인 것들에만 우리의 환영이 머무

---

189 앞서 16장의 쇼펜하우어 인용문에서 언급된 "감정"(1,105) 참고.

르게 된다. 그러므로 어느 모로 보나 음화는 신화를 창조하는 참된 음악의 힘과 정반대이다. 음화는 현상을 실제보다 더욱 초라하게 만들지만, 디오니소스적 음악은 개별 현상을 세계영상으로 확장시키고 풍요롭게 만들기 때문이다. 비디오니소스적 정신은 막대한 승리를 거두었으니, 신디티람보스의 전개 속에서 음악을 스스로에게 낯선 것으로 만들고 현상의 노예로 전락시켰던 것이다. 고도의 의미에서 철저히 비음악적인 본성이라 불러야 마땅한 에우리피데스는, 그렇기 때문에 신디티람보스 음악의 정열적인 추종자이며, 강도가 선심 쓰듯 그 음악의 온갖 효과책과 수법을 활용하는 자이다.

소포클레스 이래로 비극에서 **성격 재현**과 심리학적 기교가 압도적 비중을 차지하는 것을 보면, 신화에 반反하는 비디오니소스적 정신의 힘이 또 다른 방향으로 활약 중인 것을 알게 된다. 성격은 더 이상 영원한 유형으로 확장되어서는 안 되며, 오히려 인위적 덧칠과 농담濃淡, 극히 섬세한 온갖 선의 특정을 거쳐서 개별적으로 작용해야 하기 때문에, 관객은 더 이상 신화를 전혀 감지하지 못하고 강력한 자연의 진리[190]와 예술가의 모방력만을 감지한다. 여기에서 우리는 '보편에 대한 현상의 승리'와 '마치 해부학용 현미표본과도 같은 개체적인 것에 대한 욕망'을 인지하며, 세계규칙을 비추는 예술가적 거울상보다 학문적 인식을 더 높이 평가하는 이론적 세계의 공기를 이미 호흡하고 있는 것이다. 성격과 관련한 양상은 급격히 변해간다. 소포클레스만 하더라도 아직은 성격을 온전히 그리고 있으며 성격을 능숙하게 전개하기 위해 신화에 멍에를 씌워 부리는 반면에, 에

---

190 "자연의 진리Naturwahrheit"는 니체 당시에 조형예술을 논할 때 자주 쓰였던 용어로서,《비극의 탄생》에서 부정적으로 언급되는 "자연주의"(1,55; 1,85; 1,94)와 같은 의미에 속한다. 오늘날 의미로는 '사실 충실성', '사실주의' 등으로 이해할 수 있다. 니체는 이와 대비적인 의미로 8장에서 "진정한 자연의 진리"(1,58)를 언급한 바 있으며, 22장 괴테의 인용문에 언급되는 "자연의 진리"(1,142)는 언어만 동일할 뿐 실제로는 "자연주의"와 무관한 의미이다.

우리피데스에 이르러서는 이미 거친 정열들로 표현될 수 있는 커다란 개별 특성들만을 그리는 데 그친다. 아티카 신희극에서는 [114] 경박한 노인들, 사기 치는 뚜쟁이들, 교활한 노예들 등, **단 하나의** 표정을 띤 가면들만 지칠 줄 모르고 반복해서 등장한다. 신화를 조형하는 음악의 정신은 어디로 가버렸는가? 이제 남은 것은 흥분을 일으키는 음악이거나 [현상을] 상기시키는 음악, 즉 무디고 쇠약한 신경을 위한 흥분제나 음화뿐이다. 전자의 경우라면 따라붙는 가사는 하등 중요하지 않으므로, 에우리피데스의 주인공이나 가무단이 처음 노래를 시작하는 순간 엉망이 되어버리는 것이다. 하물며 그의 뻔뻔한 후계자들이야 어떠했겠는가?

그러나 새로운 비디오니소스적 정신이 가장 뚜렷하게 드러나는 곳은, 새로운 극의 **결말부**이다. 옛 비극에서는 형이상학적 위로가 마무리 부분에서 직감될 수 있었으니, 이 위로가 없이는 비극을 향한 욕망이 전혀 해명될 수 없었다. 아마도 다른 세계로부터 오는 화해의 울림이 [형이상학적 위로로] 가장 순수하게 울린 것은 콜로노스의 오이디푸스일 것이다. 그러나 이제는 음악의 천재가 비극에서 도피해버렸으니, 엄밀한 의미에서 비극은 죽은 셈이다. 과연 어디에서 형이상학적 위로를 길어 올릴 수 있겠는가? 그리하여 사람들은 비극적 불협화음의 현세적 해결을 모색했다. 주인공은 운명에 의해 충분히 역경을 겪은 뒤, 성대한 결혼과 신들의 예우로 응분의 보상을 받았다. 주인공은 호되게 혹사를 당하고 만신창이가 된 뒤에야 겨우 자유를 하사받은 검투사가 되고 말았다. 기계장치 신이 형이상학적 위로를 대신했다. 쇄도하는 비디오니소스적 정신으로 말미암아 비극적 세계관이 모든 곳에서 완전히 파괴되었다는 말은 아니다. 적어도 우리가 아는 바로는, 예술에서 쫓겨난 비극적 세계관이 비밀제의로 변종되어 저승이라고 할 만한 곳으로 피신할 수밖에 없었다. 그러나 헬라스적 본질의 표면을 이루는 대부분의 영역에서는 "그리스적 명랑성"의 형태로 알려진 정신의 기운이 맹위를 떨치며 무엇이든 갉아먹었으니, 그것은 다름 아닌 앞서 노년의 비생산적인 현존욕망이라고 [115] 언급했던 명랑성[191]이다. 그것은 옛 그리스인들의 장려한 "소박성"과는 정반대이다. 이 소박성은, 이미 그 특성을 살펴보았다시피,[192] 아폴론적 문화가 어두운 심연에서 자라나 만개한 것으로, 헬라스적 의지가 아름다움의 거울상을 통해서 고난 및 고난의 지혜에 대하여 거둔 승리로 파악되어야 한다. 또 다른 형태의 "그리스적 명랑성", 즉 알렉산드리아적 명랑성 중에서 가장 고귀한 형태는 **이론적 인간**의 명랑성이다. 그것은 내가 방금 전까지 비디오니소스적 정신으로부터 도출했던 다음과 같은 특징적 표지들을 똑같이 보여준다. 즉 이론적 인간의 명랑성은 디오니소스적 지혜 및 예술과 투쟁을 벌이고 신화를 해체하고자 애쓰며, 형이상학적 위로를 대신하여 현세적 협화음, 다름 아닌 기계장치 신, 기계와 거푸집의 신, 즉 고도의 이기주의를 위해 인식되고 활용되는 자연의 정령들[193]의 힘들을 내세우며, 나아가 앎을 통한 세계의 교정과 학문을 통해 인도되는 삶을 믿으며, 실제로 개개인을 해결 가능한 과제들로 둘러싸인 극히 협소한 원 안에 유배시킬 힘을 갖고 있다. 그리하여 개개인은 그 원 안에서 삶을 향하여 명랑하게 말하는 것이다. "나는 너를 원한다, 너는 인식될 만한 가치가 있으므로."

18

영원한 현상現狀이 있다. 이는 탐욕적인 의지가 사물들 위에 허상을 펼쳐, 자신의 피조물들을 삶에 붙들어두고 또한 살아가라고 강제할 약제藥劑를 매번 찾아낸다는 것이다. [첫째] 어떤 자는 '인식을 향한 소크라테스적 욕망'과 '인식을 통해서 현존의 영원한 상처를 치유할 수 있다는 환상'에 결

---

191 11장 참고.
192 3장 참고.
193 "자연의 정령들Naturgeister"에 대한 니체의 심도 있는 서술을 보려면《인간적인, 너무 나 인간적인》I, 111(KSA 2,115)을 참고하라.

박되며, [둘째] 어떤 자는 눈앞에서 너풀거리는 예술의 유혹적 아름다움의 너울에 휘감기며, [셋째] 또 어떤 자는 현상들의 소용돌이 아래에서 영원한 삶이 파괴되지 않고 계속 흐르고 있다는 형이상학적 위로에 휘감긴다. 이것들에 비해 더 비속한데도 더 강력하기까지 한 허상들을 의지는 매 순간 준비해놓고 있지만, [116] 굳이 언급하지는 않겠다. 허상의 이 세 단계는 오직 고귀한 조건들을 갖춘 본성들에게만 가능한 것이니, 그들만이 현존의 짐과 무거움에 대해 깊은 반감을 느끼지만 엄선된 자극제[194]로 기만당해 그 반감이 가려질 수 있는 자들이다. 우리가 문화라 부르는 모든 것은 그와 같은 자극제들로 이루어져 있다. 각각의 배합률에 따라 **소크라테스 위주의 문화**, **예술가 위주의 문화**, 혹은 **비극 위주의 문화**를 갖고 있다. 역사적 선례를 들어도 좋다면, 알렉산드리아적 문화, 헬라스적 문화, 혹은 불교적 문화가 있다.

우리의 현대세계는 온통 알렉산드리아적 문화의 그물에 사로잡혀 있으며, 고도의 인식능력을 갖추고 학문에 봉사하는 **이론적 인간**을 이상으로 삼고 있다. 이 이론적 인간의 원형이자 비조는 소크라테스이다. 우리의 모든 교육수단은 근원적으로는 그 이상을 염두에 두고 있으니, 여타 실존은 그 곁에 올라서려고 무던히 애써야 한다. 그래야 지표가 되는 실존은 아니더라도 그나마 용납 가능한 실존이 되는 것이다. 오랜 세월 지식인이 오직 학자의 형태만을 띠게 된 것은 거의 경악스럽기까지 하다. 우리의 시적 예술들조차도 분명 학자적 흉내로부터 발전된 것이며, 압운押韻의 주요 효과를 보더라도, 우리의 시적 형태라는 것이 본래 자생적이지 않은, 골수까지 학자적인 언어를 가지고 인위적으로 실험한 끝에 나왔다는 것을 알 수 있다. 당연히 이해되는 현대적 문화인文化人 **파우스트**, 갈급하게 온갖 학과를 휩쓸고 다니며 앎을 향한 충동에서 마술과 악마에게 심복하는 파우스

---

194 "자극제Reizmittel"는 의약학 용어이며, 이 문단 두 번째 문장에서 언급한 "약제Mittel"와 연계된 것이다.

트가 진정한 그리스인에게는 얼마나 불가해한 인물로 비치겠는가. 파우스트와 소크라테스를 나란히 비교해보라. 그러면 우리는 현대적 인간이 소크라테스적 인식욕망의 한계를 예감하기 시작하고 앎의 황량한 대해大海에서 해안을 염원한다는 것을 알 수 있다. 언젠가 괴테가 나폴레옹과 관련하여 에커만에게, "그러니까 벗이여, 행위의 생산성이라는 것도 있다네"[195] 하고 말했을 때, 그가 우아할 정도로 소박하게 상기시킨 바는, [117] 현대적 인간에게 비이론적 인간이란 무언가 믿기지 않고 놀라움을 일으키는 것이므로, 괴테 정도는 되는 지혜가 있어야 비로소 그토록 생소한 실존형태를 파악할 수 있다는 것, 아니 용납할 수 있다는 것이었다.

그러니 소크라테스적 문화의 품 안에 감춰져 있는 바를 그만 감추시라! 한계를 모르는 환상에 빠진 낙관주의! 이 낙관주의의 결실들이 농익고, 그런 부류의 문화로 가장 비천한 계층에 이르기까지 절여진 공동체가 점차 비등하여 끓어넘치고 열망으로 부글거린들 경악할 것도 없으리! '만인의 지상행복에 대한 신앙', '그런 보편적 지식문명의 가능성에 대한 신앙'이 점차 그런 알렉산드리아적 지상행복을 요구하는 협박으로 둔갑하고 에우리피데스식 기계장치 신의 강신降神으로 둔갑한들 놀랄 것도 없으리! 사람들이 알아야 할 것이 있다. 알렉산드리아적 문화가 지속적으로 존립하려면 노예계급이 필요하지만, 현존을 낙관주의적으로 바라보는 그 문화는 노예계급의 필연성[196]을 부정하다가 "인간의 존엄"이니 "노동의 존엄"이니 하는 미사여구와 공치사의 효과가 소진될 즈음 서서히 소름 끼치는 파멸을 향해 나아간다는 것이다. 자신의 실존 자체를 불의로 보도록 학

---

195 요한 페터 에커만Johann Peter Eckermann, 《괴테와의 대화》 1828년 3월 11일 자 대화 참고.

196 여기에서 언급되는 "노예계급의 필연성"과 관련하여 니체가 현실의 노예제도를 찬동한 것으로 오해하는 경우가 왕왕 있다. 하지만 니체는 알렉산드리아적 문화를 지탱하는 노예계급을 말하고 있는 바, 이 노예계급은 바로 학자들을 가리킨다. 학자들의 연구Arbeit는 노예계급의 노동Arbeit과 같은 것이지만, 그들은 스스로의 작업을 "인간의 존엄"이니 "노동의 존엄"이니 하는 미사여구로 치장하고 있을 뿐이다.

습받았던 야만적 노예계급이, 마침내 자신뿐만 아니라 모든 번식종[197]을 위해서 복수하려는 시절만큼 공포스러운 것은 없다. 누가 그와 같은 위협적 폭풍우에 맞서서, 확고한 용기를 가지고, 우리의 창백하고 지친 종교들을 향해 감히 호소하겠는가? 종교들이 그 근본까지 학자들의 종교로 변질된 결과 모든 종교의 필연적 전제인 신화가 이미 도처에서 마비되고 말았으며 낙관주의적 정신이 종교영역에서도 통치하고 있으니, 우리 공동체 파멸의 싹이라 이를 만하다.

　이론적 문화의 품 안에서 선잠을 자는 재앙이 서서히 현대적 인간에게 무서움을 [118] 불러일으키기 시작할 때, 그리고 불안에 휩싸인 현대적 인간이 자신의 경험의 보고寶庫에서 위험을 물리칠 수단을 강구하지만 사실은 스스로도 믿지 못할 때, 다시 말해 자신의 결말을 예감하기 시작할 때, 위대한 보편적 본성들은 믿을 수 없을 정도로 침착하게 학문 자체를 장비로 쓸 줄 알았으니, 이는 인식의 뭇 한계와 제약을 제시함으로써 보편적 타당성과 보편적 목적에 대한 학문의 요구를 결정적으로 부정하기 위해서였다. 이것이 입증됨으로써, 주제넘게도 '인과성의 도움으로 사물들의 가장 내밀한 본질을 규명할 수 있다'고 보는 환상의 관념이 처음으로 그 정체가 드러나고 말았다. **칸트와 쇼펜하우어**가 엄청난 대담성과 지혜로 거둔 승리야말로 가장 결정적이었다. 그것은 논리의 본질에 감춰진 낙관주의, 우리 문화의 밑바탕이기도 한 낙관주의에 대한 승리였다. 낙관주의는 영원한 진리들aeternae veritates에 의혹을 품지 않고 오히려 그것들로 세계의 모든 수수께끼를 인식하고 규명할 수 있다고 믿었으며, 또한 공간·

---

197 "Generation"을 "번식종"으로 옮겼다. 현대의 독일어사전에서는 '(인간)세대'를 일차적인 뜻으로 정의하고 있지만, 본래 이 낱말은 외래어로서 니체 당시에는 주로 진화론의 맥락에서 '번식', '생식' 등의 생물학 용어로 쓰였다. 니체가 《비극의 탄생》에서 자주 쓴 "퇴화Degeneration"라는 용어를 미루어 보아도 이를 알 수 있다. 다음 문단의 "eine heranwachsende Generation"은 "자라나는 한 세대"로 옮겼는데, 이런 경우에도 역시 '번식' 등의 생물학적 의미를 함께 새길 필요가 있다.

시간·인과성을 가장 보편타당한 절대법칙들로 취급했지만, 칸트는 공간·시간·인과성의 진정한 목적을 폭로했다. 그 목적이란 한낱 현상을, 마야의 작품을 유일하고 지고한 실재로 승화시켜 사물들의 가장 내밀하고 참된 본질을 대체하는 것이었으며, 그럼으로써 그 본질에 관한 실질적 인식을 불가능하게 만드는 것, 즉 쇼펜하우어의 표현을 빌자면 꿈꾸는 자를 더욱 깊이 잠들게 하는 것이었다(의지와 표상으로서의 세계 I, 498면).[198] 이와 같은 인식과 함께 내가 과감하게 비극적 문화라고 칭하는 문화가 유입된다. 그리고 그 문화의 가장 중요한 표지는 지고의 목표인 학문을 대체하고 지혜가 들어서는 것이라고 하겠으니, 이는 학문의 유혹적인 오락거리에 기만당하지 않고 부동의 시선으로 세계의 전체영상을 응시하며, 공감과 애정으로 영원한 고난을 자신의 고난으로 이해하고자 애쓰는 지혜이다. 자라나는 한 세대가 [119] 이와 같이 무엇에도 놀라지 않는 눈빛으로 무시무시한 것을 향해 그토록 영웅적인 진군을 하고 있다고 생각해보라. 그들 용 정벌자들의 용맹한 발걸음과 대범함을 생각해보라. 그들은 오롯이 "의연하게 살기 위하여"[199] 낙관주의의 온갖 쇠약한 교리를 등질 정도로 긍지가 넘치는 자들이다. 그와 같은 문화의 비극적 인간은 스스로에게 심각함과 참혹함을 교육할 것이기에 새로운 예술, 형이상학적 위로의 예술, 비극을 자신의 헬레나로서 열망하고 파우스트처럼 외치는 것이 필연적이지 않을까?

> 그러니 나 역시 비할 데 없는 그리움의 위력을 빌어,
> 그 유일무이한 형상을 삶 속으로 데려와야 하지 않겠는가?[200]

198 쇼펜하우어, 《의지와 표상으로서의 세계》I, 부록. "칸트 철학 비판" 참고.
199 괴테, 〈총고해〉 35행.
200 "자라나는 한 세대가 이와 같이 무엇에도 놀라지 않는 눈빛으로"에서부터 이 시구까지의 대목은 〈자기비판의 시도〉 7절(1,21)에서 인용되고 있다. 시구는 괴테, 《파우스트》 7438~7439행. 여기에서 "그 유일무이한 형상"은 헬레나를 가리킨다.

소크라테스적 문화는 뒤흔들린다. 한편으로는 자신의 결말을 서서히 예감함으로써 일어나는 두려움 때문이며, 다른 한편으로 이제는 스스로도 자기 근본의 영원한 타당성을 예전처럼 순진하게 신뢰하거나 확신하지 못하기 때문이다. 그리하여 떨리는 두 손으로 자신의 무류성無謬性이라는 왕홀을 간신히 붙드는 순간이 오면 슬픈 연극이 시작되나니, 마치 메피스토펠레스가 유혹적인 라미아들에게 그리했듯이,[201] 이 문화의 사유의 춤사위는 그리움에 사무쳐 매번 새로운 형상들을 껴안으려고 덤벼들다가도 아연 소름이 돋아 다시 뿌리친다. 이는 모두가 현대문화의 원초고통이라고 이야기하고 있는 "파탄"의 표지이다. 이론적 인간은 자신의 결말에 대해 경악을 금치 못하고 갈급한 상태에서 현존의 공포스러운 얼음물에 과감히 자신을 맡기지도 못한 채 강가에서 불안하게 오락가락하고 있다. 이제 그는 무엇 하나 온전히 가지려 들지 않으니, 그러자면 사물들의 태생적인 잔인함까지 함께 가져야 하기 때문이다. 그만큼 낙관주의적 관찰이 그를 나약하게 키운 것이다. 게다가 학문의 원리 위에 세워진 문화가 **비논리적**으로 변하기 시작할 때, 즉 그것의 결말 앞에서 회피하기 시작할 때, 이론적 인간은 그 문화가 몰락할 수밖에 없음을 느낀다. 우리의 예술이 계시하고 있는 보편적 위기란 무엇인가? 사람들이 모든 위대한 생산적 시기들과 [120] 본성들을 흉내 내며 거기에 의존한 것도 헛되이, 사람들이 현대적 인간을 위로하기 위해 그의 주위에 전 "세계문학"[202]을 수집하여 아담이 동물들에게 이름을 부여하듯이[203] 전 시대의 예술양식들과 예술가들에게 이름을 부여하도록 그 한가운데에 그를 내세운 것도 헛되이, 현대적 인간은 영원히 배고픈 자, 욕망도 없고 힘도 없는 "비평가", 근본적으로 사서요 교열자이며 책먼지와 활자오식 때문에 비참하게도 눈이 멀어버린 알

---

201 괴테, 《파우스트》 7694~7810행.
202 괴테가 형성한 개념. 에커만의 《괴테와의 대화》 1827년 1월 31일 자 대화 참고.
203 구약성서, 〈창세기〉 2,20.

렉산드리아적 인간에서 여전히 헤어나지 못하고 있다는 것이다.

19

소크라테스적 문화의 가장 내밀한 내용을 예리하게 집어낸다면, 그것을 **오페라의 문화**라고 명명할 수 있겠다. 놀랍게도 소크라테스적 문화는 바로 오페라 분야에서 특유의 순진함으로 자신의 의지와 인식을 발설했기 때문이다. 이는 오페라의 태동과 발전과정을 아폴론적인 것과 디오니소스적인 것의 영원한 진리들에 견주어보면 알 수 있다. 나는 먼저 낭창朗唱과 서창敍唱[204]의 기원을 상기시키고자 한다. 전적으로 외면적일 뿐이며 경건함에 어울리지 않는 이와 같은 오페라 음악이 한 시대의 열광적인 총애를 받으며 모든 참된 음악의 재탄생이라도 되는 양 수용되고 포용될 수 있었다는 게 믿어지는가? 그것도 형언할 수 없이 숭고하고 신성한 팔레스트리나 음악[205]이 발생했던 바로 그 시대에? 다른 한편, 오페라에 대한 욕망을 그토록 맹렬히 확산시킨 책임을 어찌 피렌체 유파流派들의 사치스러운 유흥벽과 극가수들의 허영에만 물을 수 있겠는가? 그리스도교 중세 전체가

---

204 "낭창stilo rappresentativo"은 16세기 말 오페라 초창기에 고안된 양식으로 용어 자체의 뜻은 "재현양식"이다. 낭창은 대사보다 훨씬 풍부한 표현으로 노래하듯 읊는 것으로 아리아와 구분이 모호할 정도로 노래에 가깝지만, 노래만큼 선율적이지는 않다. 몬테베르디의 〈오르페우스〉, 〈아리아드네〉 등의 작품에서 그 예를 확인할 수 있다. 그에 비해 우리에게 잘 알려져 있는 "서창recitativo"은 연극대사처럼 늘어놓는 사설辭說에 가까우며, 아리아 등의 선율이 있는 음악과 뚜렷이 구별된다. 둘 다 건반악기의 반주가 따른다. 오페라 초창기에 고안되었던 낭창은 서창으로 흡수·발전되었으므로 서창은 낭창에서 유래했다고 할 수 있다. 그래서 니체는 서창과 낭창을 굳이 구분하지 않는다. 니체는 이 장에서 낭창 및 서창에서 번갈아드는 (아폴론적이지 못한) 언어적·서사시적 요소와 (디오니소스적이지 못한) 음악적·서정시적 요소의 "접착", "양식혼합"을 집어내어 오페라의 본질을 규명하고자 한다.
205 팔레스트리나Giovanni Pierluigi da Palestrina(1525?~1594)는 이탈리아 르네상스 시대의 종교음악 작곡가이다.

팔레스트리나 화성의 궁륭건축을 지어 올렸던 바로 그 시대, 바로 그 민족에게서 반쪽짜리 음악의 화법話法에 대한 정열이 깨어난 이유는 과연 무엇일까? 그것을 나는 서창의 본질에서 함께 작동하고 있는 **탈예술가적 경향**으로밖에는 설명할 수 없다.

[121] 청중은 노래에 묻히는 말을 분명하게 알아듣고 싶어 하며, 가수는 거기에 영합하려고 노래보다는 차라리 말에 가깝게 부르며 그 반쪽짜리 노래로 파토스적 언어표현을 심화한다. 그는 그렇게 파토스의 심화를 통해 말을 이해하기 쉽게 만들어, 남은 절반의 음악을 극복한다. 그가 마주한 진짜 위험은, 뜻하지 않게 음악에 비중이 실릴 경우 이야기의 파토스와 말의 명료함이 삽시간에 무너질 수 있다는 것이다. 그러면서도 다른 한편으로 그는 늘 음악적으로 분출하고픈 충동과 자신의 목소리를 독주자마냥 드러내고픈 충동을 느낀다. 이때 "시인"이 가수에게 다가와 서정시적 감탄사, 낱말과 문장의 반복 등을 적절히 구사할 여건을 충분히 다져줌으로써 도움을 준다. 이제 가수는 그런 대목에서 말에 얽매이지 않고 순전히 음악적인 요소들 속에서 안주할 수 있다. 격정적이고 절박한 이야기는 반쪽짜리 노래가 되고 감탄사는 온전한 노래가 되어, 두 가지가 번갈아드는 것이 낭창의 본질이다. 때로는 개념과 관념에, 때로는 청중의 음악적 기반에 영향을 끼치려고 하면서 조급하게 왔다 갔다 하는 이와 같은 노력은 전적으로 비자연적인 것이며, 디오니소스적인 것의 예술충동에도 아폴론적인 것의 예술충동에도 한결같이 내적으로 모순된 것이므로, 결국 서창은 모든 예술가적 본능 바깥에 위치한 근원에서 유래했다는 결론을 내릴 수 있다. 이 서술에 따르자면, 서창은 서사시적 낭송과 서정시적 낭송의 혼합으로 정의될 수 있겠으나, 이 혼합은 내적으로 견고한 혼합 — 그토록 전적으로 괴리된 것들의 경우 도달할 수 없는 혼합 — 이 결코 아니라 오히려 가장 외면적이며 모자이크 같은 접착이니, 이런 것은 자연이나 경험의 영역에서 전례가 전혀 없는 것이다. **그러나 이것이 서창을 고안한 자들의 견해는 아니었다.** 오히려 그들 스스로와 그들의 시대는 낭창을 통하

여 고대음악의 비밀이 풀렸다고 여겼다. 즉 [122] 오르페우스, 암피온,[206] 더 나아가 그리스 비극의 엄청난 효력을 설명할 수 있는 비밀이 말이다. 그 새로운 양식은 가장 강력한 효력이 있는 음악, 즉 옛 그리스 음악의 재각성으로 여겨졌다. 더 나아가 사람들은 통속적이고 일반화된 이해에 따라 호메로스 세계를 **원초세계**로 보고서, 다시 인류의 낙원과도 같은 태초로 빠져드는 꿈에 의탁할 수 있었다. 그 원초세계에서는 음악 역시 넘볼 수 없는 순수함·권력·무구함을 지닌 것이어야 했으며, 따라서 시인들은 목가극을 통해 그 원초세계에 대해 그토록 감동적으로 이야기할 수 있었던 것이다. 우리는 지금 진정 현대적인 예술장르, 오페라의 가장 내적인 생성을 들여다보고 있다. 여기에서 한 예술을 굴종시키고 있는 것은 한 강력한 갈망이라 하겠으니, 이는 비미적인 부류의 갈망으로서 목가牧歌에 대한 동경이거나, 예술가적인 선한 인간이 태고에도 실존했다는 신앙이다. 서창은 그 원초인간의 언어가 재발견된 것으로 여겨졌으며, 오페라는 선한 목가적·영웅적 존재의 땅이 재발견된 것으로 여겨졌다. 그와 동시에 그 존재는 모든 행위에서 자연적 예술충동을 따르고 있으므로, 할 말이 있을 때마다 조금이라도 노래를 하며, 아주 미미한 감정이라도 일어나면 즉시 충만한 목소리로 노래한다. 당시의 인문주의자들이 낙원의 예술가라는 새로 만들어진 그와 같은 영상을 가지고 옛 교회의 타락하고 상실된 인간 관념에 대항하여 투쟁했다는 둥, 따라서 오페라는 그 반대교의로서 선한 인간에 관한 교의로 이해되어야 한다는 둥, 그 반대교의와 함께 비관주의 ─ 그 시대에 심각한 감각을 가진 이들이 모든 상황이 잔인할 정도로 불확실했을 때 가장 강하게 끌렸던 비관주의 ─ 에 대한 위로수단이 발견되었다는 둥, 이런저런 이야기야 아무래도 상관없다. 다만 이와 같은 새로운 예술형태의 진정한 주술과 태동은, 전적으로 비미적인 갈망을 충족시키고,

---

206 암피온은 신화 속 인물로, 특히 리라를 잘 연주하여 연주를 통해 돌을 움직일 수 있었다고 한다.

인간 그 자체를 낙관주의적으로 장려하게 만들고, 원초인간을 본성상 선하고 예술가적인 인간으로 보는 데에서 비롯했음을 인식하는 것으로 충분하다. 이와 같은 오페라의 원리가 서서히 위협적이고 섬뜩한 [123] 요구로 변했으니, 이제는 현대의 사회주의 운동에 직면하여 더 이상 이를 흘려들을 수 없게 되었다. "선한 원초인간"이 자신의 권리를 원하다니, 이 얼마나 낙원과도 같은 전망이냐!

오페라가 우리의 알렉산드리아적 문화와 동일한 원리들 위에 건립되었다고 보는 내 견해에 대한 아주 분명한 확증을 하나 더 제시하겠다. 오페라는 이론적 인간, 비평적 속인俗人의 탄생이지, 예술가의 탄생은 아니다. 이는 모든 예술의 역사에서 가장 생소한 사실들 중 하나이다. 우선 말을 이해해야 한다는 것은 진정 비음악적인 청중의 요구였으니, 그들은 주인이 하인위에 군림하듯 가사가 대위법 위에 군림하는 성악기법이 발견될 경우에만 음예술의 재탄생을 기대할 수 있다고 한다. 그 이유인즉, 육체보다 영혼이 고귀한 만큼이나 반주되는 조성調性보다 말이 고귀하기 때문이라고 한다. 이와 같이 조잡한 속인적·비음악적 견해와 더불어 오페라 초창기부터 음악과 영상과 언어의 결합이 다루어졌으며, 이런 미학의 의미에서 피렌체 유파들의 상류층 속인들이 시인들과 가수들을 후원하여 첫 실험들이 이루어졌던 것이다. 예술에 무능한 인간이 스스로 비예술가적 인간이 됨으로써 일종의 예술을 낳는다. 그는 음악의 디오니소스적 심층을 짐작도 할 수 없기 때문에, 알아듣기 쉬운 낭창의 정열적 언어수사言語修辭와 음수사音修辭, 성악기교의 쾌감에서 음악을 향유하는 기쁨을 찾는다. 그는 그 어떤 환시도 관觀할 수 없기 때문에, 설비담당자와 장식예술가를 수하에 두고 부린다. 그는 예술가의 참된 본질을 파악할 수 없기 때문에, 정열적으로 노래하고 시구를 읊는 "예술가적 원초인간"을 자신의 취향에 맞춰 주술을 걸어 눈앞에 불러낸다. 그는 꿈에 젖어, 정열만 가지고도 노래와 시문을 낳을 수 있는 시대로 들어선다. 마치 [124] 격정이 예술가적인 그 무엇을 창조할 수 있다는 듯이 말이다. 오페라의 전제는 예술가적 과정에 대한 그릇된 신앙, 특히 감수성이 있는 인간이라면 실제로 누구나 예술가라는 목가적 신앙이다. 이 신앙의 의미에서 오페라는 속인층이 예술에 내놓은 표현이며, 그들은 이론적 인간의 명랑한 낙관주의로 자신의 법을 명하는 자들이다.

이제까지 서술한, 오페라가 기원할 때 유효했던 두 가지 관념[207]을 하나의 개념으로 합치려면 **오페라의 목가적 경향**을 언급하는 수밖에 없을 텐데, 그러자면 실러의 표현방식과 설명을 활용해야 할 것이다. 실러는 이르기를, 자연과 이상이 각각 상실된 것과 도달할 수 없는 것으로 제시될 경우 그것들은 비애의 대상이 되지만, 현실적인 것으로 표상될 경우에는 환희의 대상이 된다고 한다. 전자의 경우에는 좁은 의미의 비가가 나오며, 후자의 경우에는 가장 넓은 의미의 목가가 나온다. 여기에서 바로 오페라의 태동 시 유효했던 두 가지 관념과 관련한 공통점을 주목할 필요가 있으니, 그것은 이상도 도달하지 못할 것이 아니며 자연도 상실된 것이 아니라고 느끼는 것이다. 이런 감수성은 인간에게 원초시대가 있었다고 말한다. 그때는 인간이 자연의 심장부에 있었으며, 더 나아가 바로 그 자연성 덕분에 낙원다운 선함과 예술가성 속에서 인류의 이상에 도달했다고 말한다. 우리 모두는 그 완전한 원초인간으로부터 유래했으며, 더 나아가 원초인간의 충실한 초상은 바로 우리 자신이라는 것이다. 다만 우리가 그 원초인간임을 재인식하기 위해서는 과도한 학식, 지나치게 풍요로운 문화를 자발적으로 벗어버려야 한다는 것이다. 르네상스의 교양인은 그리스 비극을 오페라로 흉내 냄으로써 그와 같은 자연과 이상의 화음, 목가적 현실로 되돌아갔으며, 단테가 베르길리우스를 이용하듯이 비극을 이용하여 스스

---

[207] "오페라가 기원할 때 유효했던 두 가지 관념"이란 이 장의 두 번째 문단과 세 번째 문단의 내용을 각각 가리킨다고 할 수 있다. 그 하나는 태초의 선한 원초인간에 대한 목가적 신앙으로서 "자연"과 관련된 것이며, 다른 하나는 (비디오니소스적·비아폴론적인) 정열적 수사를 통해 소위 "예술가적 원초인간"을 복원하려는 비예술가적 인간의 실험(오페라)으로서 "이상"과 관련된 것이다.

로를 낙원의 문전으로 인도했다. [125] 바로 거기에서부터 그는 독자적인 행보를 펼쳐, 지고한 그리스적 예술형태의 흉내에서 출발해서 "만물의 회복"[208]에 이르기까지, 인간의 근원적 예술세계의 모방에 이르기까지 나아 갔다. 이론적 문화의 품속에서 일어나는 이 무모한 노력은 정말 얼마나 선량한 것이더냐!―이를 설명할 수 있는 유일한 실마리는, "인간 그 자체"가 영원히 유덕한 오페라 주인공이며 영원히 피리를 불거나 노래하는 목동이라는 신앙, 만약 어느 한 시절 실제로 자기 자신을 상실했다면 언젠가는 더더욱 자기 자신을 재발견해야 한다는 신앙, 이와 같은 위로를 주는 신앙이다. 이는 달콤한 유혹의 향기가 피어오르듯이 소크라테스적 세계관의 심층에서부터 솟아오른 낙관주의의 결실이 아니고 무엇이랴.

　　그러므로 오페라의 면모를 살펴보면, 영원한 상실로 인한 비가적 고통이 없고 오히려 영원한 재발견의 명랑성이 있으며, 적어도 사람들이 언제든 현실적이라고 상상할 수 있는 목가적 현실에 대한 안락한 욕망이 있다. 하지만 그렇게 오인된 현실이 허황하고 유치한 장난에 지나지 않음을 사람들이 예감할 날이 언젠가는 올 것이다. 그리고 그것을 참된 자연의 공포스러운 심각함에 비추어 측정하고 또 인류 태초의 진정한 원초무대와 비교해볼 자라면 누구나 그것을 역겨워하며 소리칠 것이다. 환영은 집어치워라! 그럼에도 불구하고 오페라를 농지거리 같은 존재라며 고함을 질러 허깨비처럼 내쫓을 수 있다고 믿는다면 스스로를 기만하는 일이리라. 오페라를 파멸시키고자 하는 자는 반드시 알렉산드리아적 명랑성과 일전을 치러야 한다. 왜냐하면 그 명랑성은 순진하게도 오페라 속에서 자신이 가장 아끼는 표상을 발설하고 있으며, 나아가 그것의 진정한 예술형태

---

208 "만물의 회복Wiederbringung aller Dinge"의 전거는 확인되지 않는다. 23장에서 "모든 독일적인 것들의 회복"(1,149)이라는 구절로 "회복"이 재차 언급된다. 니체가 《비극의 탄생》 출간 이전에 플라톤의 대화편을 탐독했음을 감안하면, 이는 《필레보스》 42d 에서 언급된 "자신들의 본성으로의 회복εἰς δέ γε τὴν αὑτῶν φύσιν καθισταται, ταύτην αὖ τὴν κατάστασιν"과 관련된 것으로 보인다.

가 바로 오페라이기 때문이다. 그러나 미적인 분야에 근원을 두지 않고 오히려 반半도덕적 천구에서 나와 몰래 예술가적 영역으로 잠입한 예술형태, 자신의 기원이 잡종임을 가끔씩밖에는 속이지 못했던 예술형태의 영향력을 가지고, 과연 예술 자체를 위해 무엇을 기대할 수 있단 말인가? [126] 이 기생적인 오페라라는 생물이 참된 예술의 체액으로부터 자양분을 얻지 못한다면 어디에서 얻으려 할까? 오페라의 목가적인 유혹 아래, 오페라의 알렉산드리아적 아첨예술 아래, 진정 심각하다고 해야 할 예술의 지고한 과제 — 밤의 끔찍함을 들여다본 눈을 구원하고 가상이라는 치유의 몰약을 통해 주관을 의지의 움직임의 발작에서 구해야 하는 과제 — 가 공허하고 방만한 여흥의 경향으로 변질될 것으로 예상되지 않는가? 내가 낭창의 본질을 들어 설명했던 바로 그 양식혼합으로 말미암아, 디오니소스적인 것과 아폴론적인 것의 영원한 진리들은 어떻게 되겠는가? 그 양식혼합에서는 음악이 하인으로, 가사가 주인으로 간주되고 있으며, 음악은 육체에, 가사는 영혼에 비견되고 있는데? 거기에서는 일찍이 신新아티카 디티람보스에서 그랬던 것처럼 고작해야 음화로 옮겨 적는 것을 최고의 목표로 삼고 있는데? 거기에서는 음악의 진가, 즉 디오니소스적 세계거울이 되는 일이 음악에서 완연히 생소한 것이 되어, 남은 가능성이라곤 현상現像의 노예가 되어 현상의 형태물을 모방하고 선과 비율의 유희 속에서 외면적 여흥을 돋우는 일밖에 없는데? 엄밀히 고찰하자면, 오페라가 음악에 미친 이와 같은 숙명적인 여파는 현대 음악의 발전 전반과 전적으로 궤를 같이한다. 오페라로 대표되는 문화의 본질 속에 그리고 오페라의 태동 속에 매복하고 있는 낙관주의는 무서울 정도로 급속하게 디오니소스적 세계특정209을 음악으로부터 강탈하고서 형태유희적이고 오락적인 성격을

---

209 니체는 16장에서 음악과 영상의 관계와 관련하여 쇼펜하우어 글을 길게 인용하고 있는데, 거기에서 언급된 "명료한 특정deutliche Bestimmtheit"(1,105)의 의미에서 이 "디오니소스적 세계특정"을 쓴 것으로 보인다. 이때의 "특정"이라 함은 음악의 보편성이 공허한 보편성에 머물지 않고 관조적으로 특정된다는 말이다. 11장의 "기만적인 특

음악에 새겨 넣는 데 성공했다. 이 변화에 비견될 수 있는 것은 아이스킬로스적 인간이 알렉산드리아적 명랑성의 인간으로 변신한 정도만이 유일할 것이다.

위와 같이 예증을 통해 시사했다시피, 극히 현저하지만 여태껏 해명되지 않았던 그리스적 인간의 변형과 퇴화를 디오니소스적 정신의 은몰隱沒과 연계시킨 것이 [127] 옳을진대 — 이와 **정반대의 과정, 우리의 현 세계에서 디오니소스적 정신이 서서히 깨어나는 과정**을 보증하는 아주 확실한 전조前兆들이 있다면, 우리 안에서 어떤 희망들이 소생할 것인가! 옴팔레가 제아무리 부려먹더라도 헤라클레스의 신성한 힘[210]이 영원히 소진될 수는 없다. 독일정신의 디오니소스적 근본에서 한 권력이 솟아올랐으니, 그것은 소크라테스적 문화의 원초조건들과는 아무런 공통점도 없는 것이며, 그런 조건들을 실마리로 해서는 해명될 수도 없고 납득될 수도 없는 것이다. 오히려 그 권력은 소크라테스적 문화에는 끔찍하고도 해명 불가능한 것, 위협적이고도 적대적인 것으로 감지되나니, 그것은 다름 아닌 **독일음악**, 특히 바흐에서 베토벤으로, 베토벤에서 바그너로 달려가는 태양의 광막한 운행인 것이다. 오늘날 인식에 욕정을 품은 소크라테스주의가, 아무리 여건이 좋다 한들, 고갈될 수 없는 심층에서 솟아오른 그 신귀에게 저지를 수 있는 일이 무엇이겠는가? 오페라 선율이라는 촘촘히 짜인 아라베스크 작품으로도, 그에 더하여 푸가와 변증술적 대위법이라는 셈판의 도움을 받아도, 거의 세 곱절 강력한 빛[211]으로도 그 신귀를 굴종시켜서 강제로 입을 열게 할 만한 주문을 찾아내지는 못할 것이다. 지금 우리의 미학자들이 영원한 아름다움이나 숭고한 것과는 무관한 움직임으로, 자기들

정"(1,80) 참고.
210 헤라클레스 신화에 따르면, 헤라클레스는 자신의 잘못으로 인한 광기를 치유하기 위해 일정 기간 리디아의 여왕 옴팔레에게 갖은 노역으로 봉사해야 했다.
211 괴테,《파우스트》 1319행에서 가장 강력하고 성스러운 주술의 일종으로, "세 곱절로 이글거리는 빛das dreimal glühende Licht"이 언급된다.

나름의 "아름다움"이라는 투망을 던져서, 자기들 눈앞에서 불가사의한 생명으로 약동하는 음악의 천재를 잡으려고 하다니 이 무슨 연극이란 말이냐! 이와 같은 음악후견인들이 지칠 줄 모르고 '아름다움이여! 아름다움이여!' 외칠 때, 과연 그들이 아름다운 것의 품 안에서 풍족하게 자라난 자연의 총아처럼 보이는지, 그게 아니라면 자신들의 조잡함을 위장할 형태와 빈곤한 감수성의 맨정신을 옹호할 미학적 변명거리를 찾고 있는 것은 아닌지, 가까이 다가가서 직접 살펴보시라. 여기에서 내가 염두에 둔 것은 오토 얀²¹² 같은 자들이다. 그러나 독일음악 앞에서는 [128] 그 거짓말쟁이 위선자도 조심할 것이다. 에페소스의 위대한 헤라클레이토스가 가르쳤듯 만물은 불의 정신에서 나오고 불의 정신으로 향하는 이중의 궤도로 움직이고 있거니와,²¹³ 독일음악이야말로 우리의 모든 문화 가운데에서 유일하게 순수하고 순정한, 만물을 정련하는 바로 그 불의 정신이기 때문이다. 우리가 지금 문화, 교양, 문명이라 부르는 모든 것은, 이렇듯 속일 수 없는 판관 디오니소스 앞에 언젠가는 반드시 출두하게 될 것이다.

다음으로 상기해볼 것은 이것이다. 동일한 원천에서 흘러나온 **독일철학**의 정신은 칸트와 쇼펜하우어를 통해 학문적 소크라테스주의의 한계를 입증하고, 자체적으로 만족하는 현존욕망을 파멸시킬 수 있었다. 그리고 윤리적 물음과 예술에 대하여 무한히 심오하고 심각한 관찰이 시작되었

---

212 오토 얀Otto Jahn은 고전문헌학자, 고고학자, 음악사가로서 니체가 수학했던 본 대학의 교수였다. 그의 《모차르트 전기》는 엄밀한 문헌학적 방법론에 입각한 거의 최초의 음악가 전기로 꼽힌다. 그는 바그너 음악을 비판하기도 했다. 니체 입학 당시 오토 얀과 프리드리히 리츨Friedrich Ritschl은 본 대학 고전문헌학 교수였으나, 교수초빙을 둘러싼 두 사람 간의 갈등(이른바 "본 문헌학논쟁")이 정치적 문제로 비화되어 리츨이 본 대학을 사임하고 라이프치히 대학으로 옮겼다. 이때 니체를 포함하여 많은 학생이 스승 리츨을 따라 대학을 옮겼다. 훗날 니체의 《비극의 탄생》이 출간되자마자 빌라모비츠묄렌도르프Ulrich von Willamowitz-Moellendorff로부터 혹독한 공격을 받았는데, 빌라모비츠묄렌도르프가 얀의 특출한 제자였던 사정을 간과해서는 안 된다. 오토 얀은 1869년 작고했으며, 《비극의 탄생》은 1872년 출간되었다.
213 헤라클레이토스 단편, "만물은 불에 값하며 불은 만물에 값한다, 마치 물건들이 금에 값하고 금이 물건들에 값하듯이"(Diels/Kranz 22B90) 참고.

143

으니, 우리는 독일철학을 개념적으로 파악된 **디오니소스적 지혜**라고 서슴없이 일컬을 수 있다. 독일음악과 독일철학 간에 이루어진 이와 같은 합일의 비의는 새로운 현존형태를 가리키고 있으니, 우리는 헬라스적 유비들에 의거하여 예감함으로써만 그 내용을 알아나갈 수 있다. 상이한 두 현존형태의 경계선에 선 우리에게 헬라스적 모범이야말로 헤아릴 수 없는 가치를 지니는 이유는, 귀감이 되는 고전적 형태를 향한 그 모든 역정과 투쟁 역시 그 모범에 각인되어 있기 때문이며, 현재 우리가 **역순**으로 헬라스적 본질의 위대한 주요 시대들을 유비적으로 체험하고 있기 때문이다. 말하자면 지금의 알렉산드리아적 시대에서 출발하여 거꾸로 비극의 시기로 거슬러가고 있다고나 할까. 아울러 독일정신에게 비극적 시대의 탄생이란 다만 자기 자신으로의 회귀, 복된 자기 재발견을 뜻할지도 모른다는 자각이 우리 안에서 깨어나고 있다. 이렇게 되기까지 그동안 '외부에서 침입한 무시무시한 권력들'이 '구제불능의 야만적 형태 속에서 허송세월하는 독일정신'을 강제로 자신들의 형태 아래 긴 세월 예속시키고 있었던 것이다. 이제 드디어 독일정신은 자기 본질의 원천으로 귀향하고, [129] 로만계 문명의 보호와 속박²¹⁴을 벗어던지고 여타 민족들 앞을 대담하고 자유롭게 활보할 수 있을 것이다. 단, 독일정신이 그리스 민족으로부터 꿋꿋이 배울 수만 있다면 말이다. 그 민족으로부터 배울 수 있다는 것 자체가 높은 영예요 희귀한 일이다. 그러므로 우리가 **비극의 재탄생**을 체험하고 있는 지금, 그 재탄생이 어디에서 오는지를 알지도 못하고 어디로 향하는지를 밝히지도 못할 위기에 처한 지금 이 시절보다 그 높고도 높은 스승이 필요한 때가 언제이겠는가?

---

214 바그너는 〈베토벤〉(1870)에서 "오늘날 문명을 지배하는 민족"인 프랑스에 대해 독일음악을 대립적으로 내세웠다. 나아가 바그너 음악극은 무엇보다 이탈리아에서 기원한 오페라 문화와 대립되는 것이었다. 이와 같은 점들을 염두에 두고 니체는 "로만계 문명의 보호와 속박"을 언급한 것으로 보이며, 이를 위해 19장 전반부(1,120~126)에서 오페라 문화의 본질을 파헤쳤다.

20

부패하지 않은 판관의 눈으로 한번 저울질해보자. 이제까지 독일정신이 그리스인들로부터 배우고자 가장 힘썼던 것이 어느 세대, 어느 인물들을 통해서였는가? 만약 괴테, 실러, 빙켈만이 벌인 가장 고귀한 교양투쟁만이 유일하게 칭송받아 마땅하다고 확신한다면, 아무래도 부인해야 할 것이 있다. 당시 그 투쟁이 영향력을 떨친 이래로, 동일한 경로를 통해 교양과 그리스인들에게 다다르려는 노력이 이상하게도 계속 약화되었다는 사실이다. 독일정신에 완전히 절망하지 않으려면 여기에서 무슨 결론을 내려야 할까? 그 투사들마저 어느 주요점에서는 헬라스적 본질의 핵심으로 진입하지 못했으며, 독일문화와 그리스문화 간에 지속적인 사랑의 결속을 수립하지 못했다는 결론을 내려야 하지는 않을까? 아마도 심각한 본성들일수록 그와 같은 결함을 무의식적으로 인식했던 까닭에, 선구자들이 걸은 교양의 길을 따를 경우 과연 저들보다 더 멀리 나아갈 수 있을지, 목표에 도달이나 할 수 있을지, 낙심과 회의에 빠졌을 것이다. 이 때문에 우리는 그 시대 이후로, 교양에서 그리스인들이 차지하는 가치에 대한 판단이 대단히 우려스러운 방식으로 변질되는 모습을 목도하고 있다. [그리스인들에 대한] 연민 어린 우월의 표현이 온갖 다양한 정신의 진영과 망령의 진영에서 [130] 들려오는가 하면, 다른 한편으로는 "그리스적 조화"니 "그리스적 아름다움"이니 "그리스적 명랑성"이니 하는 전혀 효력이 없는 미사여구로 시시덕거리고 있다. 독일적 교양의 회복을 위해 그리스의 하상河床에서 지치지 않고 무언가 길어올리는 것을 명예로 삼을 만한 집단, 즉 고등학술기관의 교사집단에서조차 고작해야 성급하고도 안이하게 그리스인들을 대충 취급하는 법만 배운 나머지, 급기야 헬라스적 이상에 회의를 품고 단념해버리거나 모든 고대연구의 참된 목적을 아예 전도시키는 일마저도 드물지 않다. 개중 고대문헌의 유능한 교열자나 언어의 극미한 자연사적 관찰자가 되느라 기력이 다하지 않은 자라면 아마도 그리스의 고대를 여타 민족의 고대와 마찬가지로 "역사학적으로" 습득하고자 애쓰겠지만, 그래 봤자 현 시대의 학술적 역사서술의 우월감에 젖은 태도와 방법에서 벗어나지 못할 것이다. 그에 따라 고등교육기관의 진정한 교육능력이 현재 어느 시대보다 저급하고 허약해졌다면, 그리고 일간 신문지의 노예인 "저널리스트"가 교양의 전 부문에서 고등교사에 승리를 거두었다면, 고등교사에게 남은 일은 뻔하다 ─ 저널리스트의 어투로 말하자면, 언론계의 "가벼운 세련미"를 갖추고, 한 마리 명랑한 지적인 나비로 변신하여 나풀거리는 수밖에 없다. 이 시대의 그 따위 지식인들이, '이제까지 파악되지 못한 헬라스적 천재의 가장 깊은 근본'에 비추어서 유비적으로 파악될 법한 현상現狀, 즉 디오니소스적 정신의 재각성과 비극의 재탄생을 바라보노라면 얼마나 부끄러운 혼란에 빠질 수밖에 없겠는가? 일찍이 우리가 현재 목도하는 것만큼 소위 교양과 진정한 예술이 서로 낯설어하고 반감을 품고서 대립했던 예술시기는 없었다. 그토록 허약한 교양이 참된 예술을 증오하는 이유를 우리는 알고 있다. [131] 참된 예술로 인하여 자신이 몰락할까 봐 두렵기 때문이다. 그러나 어느 한 종류의 문화 전체, 이를테면 소크라테스적·알렉산드리아적 문화 전체가 현재의 교양처럼 연약하고 가냘픈 정점에 도달할 정도라면, 이제 그 수명이 다했다는 이야기가 아니겠는가! 실러와 괴테 같은 영웅들이 헬라스적 주술의 산으로 들어가는 주술의 문을 부수어 여는 데 실패했다면, 그토록 용맹분투했는데도 불구하고 괴테의 이피게네이아215가 야만의 타우리스 섬에서 바다 건너 고향을 향해 그리운 시선을 보내는 일 이상을 하지 못했다면, 그 영웅들의 아류들에게 남은 희망이란 무엇이겠는가? 이제까지의 문화가 온갖 노력을 기울였음에도 불구하고 닿지 못했던 전혀 다른 방향에서, 홀연히 그들

---

215 괴테의 《타우리스의 이피게네이아》는 에우리피데스의 동명 비극을 토대로 한 작품이다. 아가멤논 왕은 트로이아 원정을 위해 딸 이피게네이아를 희생으로 바쳤으나 디아나 여신에 의해 구조되어 타우리스에 여사제로 머물게 된다. 괴테의 작품은 타우리스의 이피게네이아가 고국 그리스를 그리워하는 장면으로 시작된다.

을 향해 저절로 문이 열리는 수밖에 없으리라 — 다시 깨어난 비극음악의 비의적 울림 아래.

어느 누구도 헬라스적 고대의 재탄생이 임박했다는 우리의 신앙을 저해하지 말았으면 한다. 이 신앙이 있어야만 음악이라는 불의 주술을 통해 독일정신이 혁신되고 정련되기를 희망할 수 있기 때문이다. 이 신앙이 아니라면, 현 문화의 황폐와 피로 속에서 위로를 베풀고 미래에 대한 기대를 일깨울 수 있는 것으로 달리 무엇을 거론할 수 있겠는가? 굳건히 뻗어내린 단 하나의 뿌리라도 찾아본들, 비옥하고 건강한 한 떼기 토양이라도 찾아본들 아무 소용 없고, 사방으로 먼지, 모래, 마비, 고사枯死뿐이다. 여기에서 절망한 고립자가 자신의 상징으로 택할 수 있는 것으로는 뒤러가 그린 기사와 죽음과 악마²¹⁶보다 나은 게 없을 것이다. 무장한 기사가 청동과도 같이 단엄한 시선으로, 소름 끼치는 위험을 지나면서도 동요하지 않고, 아무런 희망도 없이, 오직 말과 개와 함께 자신의 참혹한 길을 갈 줄밖에 모른다. 우리의 쇼펜하우어가 그와 같은 뒤러의 기사였다. 어떤 희망도 없었지만, 그는 진리를 원했다.²¹⁷ 그와 비견할 만한 자는 없다.

그러나 방금 아주 암담하게 묘사한, 마멸된 우리 문화의 황무지가 디오니소스적 주술과 접촉한다면, [132] 그것은 어떻게 급변할 것인가! 일진광풍이 엄습하여 온갖 노쇠한 것, 썩은 것, 부서진 것, 쇠약한 것을 붉은 회오리 먼지구름 속으로 휘몰고는 독수리처럼 낚아채 허공으로 날아갈 것이다. 우리의 시선은 당황하며 사라져버린 것을 찾을 것이다. 시야에 보이는 것은, 마치 무대 아래²¹⁸에서 솟아 나와 황금빛에 드러난 것처럼, 진정

---

216 알브레히트 뒤러Albrecht Dürer(1471~1528)의 동판화 작품, 〈기사와 죽음과 악마 Ritter, Tod und Teufel〉(1513)를 말한다. 도판 4 참고. 니체는 1875년 이 동판화 진품을 선물받고 다음과 같은 편지를 남겼다. "제가 조형적 재현을 좋아하는 편은 아닌데 이 〈기사와 죽음과 악마〉라는 그림은 마음에 듭니다. 왜 그런지는 모르겠지만요. 비극의 탄생에서 저는 쇼펜하우어와 이 기사를 비교했습니다. 그 덕분에 이 그림을 얻은 것입니다."(KSB 5,36)
217 쇼펜하우어,《의지와 표상으로서의 세계》 제2판 서문 참고.

으로 충만하고 창창한 것이요 풍만하고 생동한 것이요 그립고 무한한 것이기 때문이다. 비극은 이와 같이 흘러넘치는 생과 고뇌와 욕망 한복판에 숭고하게 홀린 채 앉아서 아득히 들려오는 우울한 노래를 경청하나니, 그 노래가 이야기하는 것은 존재의 어머니들이요, 그들의 이름은 환상, 의지, 비탄이다. — 자, 나의 벗들이여, 나와 함께 디오니소스적 생을, 그리고 비극의 재탄생을 믿으라. 소크라테스적 인간의 시대는 끝났으니, 닝쿨화환을 두르고 티르소스 지팡이를 손에 들라.[219] 호랑이와 표범이 살랑거리며 너희 무릎 앞에 엎드릴 때면 놀라지 마시라. 이제 과감하게 비극적 인간이 되기만 하라, 그러면 너희는 구원을 받으리라. 인도에서 그리스까지 디오니소스적 제전의 행렬을 따라야 할지니! 격전을 치르기 위해 무장하라, 너희 신의 기적을 믿으라!

21

이제 권고의 어조를 그치고 관전자에 어울리는 분위기로 돌아가 재차 말하자면, 비극이 이와 같이 기적처럼 홀연히 깨어나는 일이 한 민족의 삶, 그 가장 내밀한 근본에 무엇을 의미하는지는 오직 그리스인들에게서만 배울 수 있다. 그들은 비극적 비의의 민족이요 페르시아를 물리쳤던 민족인 바, 그런 전쟁을 치른 민족은 반드시 회복의 음료로서 다시 비극이 필요하다. 몇 세대를 거치는 동안 디오니소스적 신귀의 극심한 경련으로 가장 내밀한 곳까지 격동된 그 민족에게서 가장 단순한 정치적 감정, 극히 자연스러운 고국본능, [133] 근원적이고 남성적인 전쟁욕망 또한 그토록 강렬하게 방출될 줄 누가 짐작이나 했겠는가? 디오니소스적 격동은 그것

---

218 "무대 아래Versenkung"는 무대 용어로서 무대 바닥에 나 있는 개폐문開閉門을 말한다.
219 닝쿨화환과 티르소스는 마이나데스들의 지물持物이다.

이 만연한 중요한 시기마다 직감될 수 있겠지만, 개별자의 족쇄에서 벗어나는 디오니소스적 구원이 가장 잘 느껴지는 때는 정치적 본능이 손상되어 정치적 무관심이 적대감에 이를 정도로 강화될 때임이 분명하다. 다른 한편으로는, 국가의 조형자 아폴론이 개별화 원리의 천재라는 것도, 국가와 고국의식은 개별적 인성의 긍정 없이는 존재할 수 없다는 것도 분명하다. 황홀경²²⁰에서 출발하는 민족에게 남은 것은 인도 불교로 가는 길밖에 없으니, 이는 무無로 향하려는 동경을 견디기 위하여 공간·시간·개별자 너머로 솟아오르는 희귀한 망아지경이 필요한 길이다. 그리고 이 망아지경에는 다시 하나의 철학이 필요하며, 이 철학은 중간상태에 대한 형언할 수 없는 반감을 표상으로 극복하는 법을 가르칠 수 있어야 한다. 마찬가지로 정치적 충동을 무조건적으로 중시하는 민족은 필연적으로 극단적 세속화의 궤도로 진입하기 마련이니, 그런 세속화의 가장 위대하면서도 가장 경악스러운 표출은 로마제국이다.

그리스인들은 인도와 로마 사이에서 유혹적인 선택의 기로에 내몰렸으나, 고전적 순수성 덕분에 제3의 형태를 추가로 고안할 수 있었다. 비록 그들 스스로는 얼마 누리지 못했으나, 바로 이 때문에 그것은 불멸한다. 신들의 총애를 받는 자들의 단명은 만물에 해당되는 것이지만, 그 이후 그들이 신들과 함께 영생한다는 것도 분명하다. 가장 고귀한 것이 가죽처럼 질긴 내구성을 갖기를 바라서는 안 된다. 가령 로마의 국민적 충동이 가진 끈질긴 지속성은 아마도 완전성을 나타내는 술어에 반드시 포함될 필요는 없을 것이다. 과연 어떤 치료제가 있었기에 위대했던 시대의 그리스인들은, 디오니소스적 충동과 정치적 충동이 비정상적으로 강했음에도 불구하고 망아지경의 엄습으로 고갈되거나 세계권력·세계명예를 탐하는 열망으로 [134] 고갈되지도 않고, 오히려 고조시키는 동시에 명상적인 기

---

220 "황홀경Orgiasmus"에 대해서는 2장(1,33)의 "황홀경" 주석 참고. 비의적 의미와 성적 의미가 결합되어 있다. 앞 문장의 "방출Erguss" 역시 비의적·성적 의미로 읽어야 한다.

분을 자아내는 귀한 포도주의 배합처럼 장려한 배합을 성취할 수 있었을까? 이를 알고자 한다면, 그 민족의 삶 전체를 격동시키고 정화시키고 분출시키는 비극의 어마어마한 위력을 유념해야 할 것이다. 우리가 비극의 지고한 가치를 예감하게 될 때는, 바로 비극이 그리스인들에게 그랬듯이 우리에게도 모든 예방적인 치유력의 정수로서 다가올 때, 민족의 가장 강렬한 속성들과 가장 숙명적인 속성들 사이에서 섭리하는 중간자로서 다가올 때이다.

비극은 지고한 음악 황홀경을 자체 안에 흡수함으로써 음악을 진정 완성으로 이끈다. 이는 그리스인들도 우리도 마찬가지이다. 그런 다음 비극은 그에 더해 비극적 신화와 비극적 주인공을 제시하며, 비극적 주인공은 위력적인 티탄[아틀라스]처럼 디오니소스적 세계 전체를 등에 짊어짐으로써 우리를 그 부담에서 해방시킨다. 다른 한편으로 비극은 비극적 신화와 비극적 주인공이라는 인물을 통하여 여기 이 현존을 향한 탐욕스러운 격류로부터 우리를 구원할 수 있으며, 다른 존재상태와 더 높은 욕망을 일깨워 상기시키는 것이니, 이때 투쟁하는 주인공은 승리함으로써가 아니라 몰락함으로써 더 높은 욕망을 예비한다. 비극은 '비극의 음악의 보편적 타당성'과 '디오니소스적 감수성의 청중' 사이에 하나의 숭고한 비유, 즉 신화를 제시하며, 이 신화에 힘입어 가상을 불러일으켜 마치 음악이 신화의 조형적 세계를 소생시키는 최고의 재현수단에 불과한 것처럼 보이게 만든다. 이제 비극은 이와 같은 고귀한 기만에 의지하여 자신의 지체를 놀려 디티람보스 춤을 추며, 주저 없이 자유의 황홀감에 자신을 내맡기나니, 이러한 기만이 없다면 비극은 음악 그 자체로서 과감하게 자유에 탐닉하지는 못할 것이다. 신화는 우리를 음악으로부터 보호하는 한편, 음악에는 처음으로 최고의 자유를 준다. 그 대가로 음악이 비극적 신화에 선사하는 형이상학적 의의는 대단히 설득력 있고 절실한 것으로, 음악의 유일무이한 도움 없이 말이나 영상만으로는 결코 성취할 수 없는 것이다. 바로 이것으로 인해, [135] 비극적 관객은 지고한 욕망 — 몰락과 부정의 길을 거쳐 이르게 되는 — 에 대한 확실한 예감에 사로잡힌다. 그리하여 비극적 관객은 마치 사물의 가장 내밀한 심연이 자신에게 지득知得하도록 전하는 바를 듣고 있는 것처럼 생각하게 된다.

내가 위의 마지막 문장들로 이와 같이 난해한 표상을 표현하긴 했지만 그것이 단지 방편적인 것, 소수만 즉각 이해할 수 있는 것에 불과하다면, 이 지점에서 나의 벗들에게, 우리의 공통경험 중의 한 사례에 바탕해서 보편적 명제를 인식할 채비를 하라고 다시 한번 신신당부한다. 내가 말한 사례는 무대 사건의 영상이나 등장인물의 말과 격정을 이용하여 음악감지에 접근하려는 자들과 관련된 것이 아니다. 왜냐하면 그런 자들은 하나같이 음악이 모국어가 아닌 자들이며, 그런 것들을 도움으로 삼아도 음악수용[221]의 지성소至聖所에 가닿기는커녕 전실前室을 넘어서지도 못하기 때문이다. 그중 게르비누스[222] 같은 자들은 그 여정에서 아예 전실에 이르지도 못했다. 내가 염두에 둔 자들은 그런 자들이 아니라, 직접적으로 음악과 동족인 자들, 이를테면 음악이 모태인 자들, 매양 음악과의 무의식적 혈통[223]을 통해서만 사물들과 관계를 맺는 자들이다. 나는 이와 같은 진정한 음악가들에게 묻겠다. 과연 "트리스탄과 이졸데"의 제3막을 들음에 있어 그 어떤 말이나 영상의 보조도 없이 순전히 무시무시한 교향곡 악장으

---

221 "음악수용Musikperception"이라는 용어는, 앞서 언급된 무대 사건의 영상이나 등장인물의 말과 격정을 이용한 "음악감지Musikempfindung"와 대비되는 의미에서 쓴 것으로 보인다. 즉 "음악과 동족인 자들"이 말이나 영상의 보조 없이 오직 "음악과의 무의식적 혈통"을 통해서 사물들과 관계를 맺을 경우에 한하여 "음악수용"이나 "수용하다"라는 용어가 허락된다고 할 수 있다. "수용하다percipiren"는 21장(1,135; 1,136)과 24장(1,151; 1,152; 1,154)에서 이와 같은 의미로 쓰였다.

222 게르비누스Georg Gottfried Gervinus(1805~1871)는 문학사학자로서 역사적 맥락에서 문학을 바라보는 관점을 취했다. 22장(1,143)에서 재차 언급된다.

223 일반적으로 '관계'를 뜻하는 "Relation"을 "혈통"으로 옮겼다. 니체가 이 글을 쓸 당시에는 "Relation"의 사용이 일반화되지 않았으므로 특정한 의도에서 이 낱말을 쓴 것으로 보이기 때문이다. 실제로 여기에서 쓰인 "Relation"은 범상한 의미의 관계가 아니라 혈연과도 같이 계보적으로 연결된 관계를 가리킨다. 〈자기비판의 시도〉에 언급된 "예술들의 혈연들Blutsverwandte in artibus"(1,14)이라는 용례에 비추어볼 때, 이 "Relation"과 의미상 가장 가까운 낱말은 '동족', '혈연', '혈통' 등이라고 할 수 있다.

로만 수용할 능력이 있는 사람, 그러면서도 경련 속에서 영혼의 모든 날개를 늘어뜨리고 숨을 거두지 않을 사람을 생각할 수 있겠는가? 말하자면 여기[제3막]에서처럼 세계의지의 심실心室에 귀를 대고 있는 사람, 현존을 향해 질주하는 갈망이 때로는 천둥소리 같은 강물처럼 때로는 고요한 물안개의 냇물처럼 여기[세계의지의 심실]에서부터 세계의 모든 혈관으로 쏟아져 들어오고 있음을 느끼는 사람이라면, 그는 급격히 무너지지 않겠는가? 그는 인간 개별자의 비참한 유리막 속에서, "세계의 밤, 그 광막한 공간"²²⁴에서 나오는 무수한 욕망·비탄의 소리의 반향을 [136] 지득하면서도, 형이상학적 목동의 윤무²²⁵에도 불구하고 자신의 원초고향으로 도피하지 않을 만한 사람인가? 하지만 개별실존을 부정하지 않고서도 그와 같은 작품이 전체로서 수용될 수 있고, 창조자를 분쇄하지 않고서도 그와 같은 창조가 이루어질 수 있었다면 — 이 모순의 해결책을 우리는 어디에서 얻을 것인가?

여기에서 최고조에 이른 우리의 음악적 격동과 저 [제3막의] 음악 사이로 비극적 신화와 비극적 주인공이 개입하지만, 그것들은 근본적으로는 음악만이 직접 설할 수 있는 가장 보편적인 사실들의 비유에 불과하다. 그렇다고 우리가 순전히 디오니소스적이기만 한 존재가 되어 감지한다면, 비유로서의 신화는 그 어떤 효력도 비중도 갖지 못할 것이며, 따라서 우리는 단 한 순간도 멈추지 않고 사물 이전의 보편universalia ante rem의 반향에만 귀를 기울일 것이다. 하지만 여기에서 파열 직전의 개별자를 회복시키기 위해 희열의 기만이라는 치유의 몰약을 들고 **아폴론적** 힘이 등장한다. 그리하여 홀연히 우리는 트리스탄만을 보고 있다고 믿는 것이니, 그는 미

---

224 바그너의 음악극 〈트리스탄과 이졸데〉 제3막 중의 가사. 이하 인용되는 구절들 역시 제3막 중의 가사이다.
225 〈트리스탄과 이졸데〉에서 제3막 전주곡이 마무리되고 "목동의 윤무"가 단선율의 피리 소리(호른)에 실려 들려온다. 이 피리 소리는 트리스탄에게 죽음의 전주곡과도 같다.

동도 없이 암울하게, "예전의 피리 소리, 어찌 이 소리가 나를 깨우는가?" 자문하고 있다. 그리고 일찍이 존재의 중심에서 텅 빈 한숨처럼 울렸던 그 무엇인가가 이제 우리에게 단지, "바다는 적막하고 아무것도 없다"라고 만 한다. 그리하여 경련 속에서 모든 감정이 팽팽해지면서 숨이 멎어 소 멸할 것이라는 환상에 빠졌던 순간, 이 실존과 우리를 이어주는 것이 얼마 남지 않았던 순간, 우리가 듣고 보게 되는 것은 죽음에 이르는 상처를 입 었으나 아직 죽지 못한 주인공이요, 그의 절망적인 외침, "그리워하는데! 그리워하는데! 죽어가면서도 나는 그리워하는데, 그리움으로 인하여 죽지 는 못하리!"일 따름이다. 그리고 그와 같이 과도하고 과다한, 집어삼키는 고통 이후에 호른의 환호가 흡사 최고조의 고통처럼 우리의 심장을 갈기 갈기 찢어놓았다면, 이제는 우리와 그 "환호 자체" 사이에 들어선 쿠르베 날이 환희하며 이졸데가 탄 배를 쳐다본다. 연민이 그토록 강력하게 우리 에게 침입할지라도 어떤 의미에서는 [137] 연민이 세계의 원초고통에서 우 리를 구하는 것이라 하겠으니, 이는 신화의 비유영상이 지고한 세계이데 아의 직접적 관조에서 우리를 구하는 것과도 같으며, 사상과 말이 무의식 적 의지의 제지 불가능한 방출에서 우리를 구하는 것과도 같다.²²⁶ 그 장려 한 아폴론적 기만으로 말미암아, 음의 나라가 마치 조형적 세계처럼 우리 자신에게 다가오는 듯하며, 또한 그 가운데 오직 트리스탄과 이졸데의 운 명만이 가장 섬세하고 표현력 높은 질료로 형태를 얻어 조형가적으로 표

---

226 〈트리스탄과 이졸데〉에서 제3막 전주곡이 마무리되고, 독검의 상처를 입은 트리스탄 이 "목동의 윤무"의 피리 소리를 들으며 깨어난다. 이 소리는 아버지와 어머니가 죽음 을 맞았을 때 들었던 "예전의 피리 소리"로, 그는 불현듯 자신의 죽음을 예감한다. 그 는 이졸데가 가지고 오는 약이 아니면 치유될 수 없다. 목동이 바다로 나아가 이졸데 를 실은 배가 오는지 살피지만, "바다는 적막하고 아무것도 없다". 트리스탄은 죽음 에 이르는 상처를 입었으나 그리움에 힘입어 생을 버티고 있다. 그리고 파멸 직전에 목동이 환호의 피리 소리로 배가 도착했다는 소식을 전한다. 이 환호의 선율은 목동 의 윤무, 죽음의 선율을 변주한 것으로 "흡사 최고조의 고통"과도 같다. 이 환호와 고 통 사이로, 마침내 신화적 비유영상, 장려한 아폴론적 기만으로서 이졸데와 트리스탄 의 만남이 펼쳐진다. 그리고 이후 니체는 이들의 만남 뒤 "사랑의 죽음"과 관련해서는 22장(1,141)에서 비극적 신화의 진정한 의미, "형이상학적인 백조의 노래"로 다룬다.

현되는 듯하다.

이처럼 아폴론적인 것이 디오니소스적 보편성에서 우리를 끌어내고, 개별자들 쪽으로 우리를 홀린다. 아폴론적인 것이 우리 연민의 격동을 개별자들에다 묶어놓고, 그들을 통해 위대하고 숭고한 형태들을 갈망하는 미감을 충족시킨다. 그리고 삶의 영상들을 스쳐 지나가게 함으로써 그 영상들 속에 담겨 있는 삶의 핵을 사상적으로 파악하도록 우리를 자극한다. 아폴론적인 것이 엄청난 규모의 영상, 개념, 윤리적 가르침, 공감에 의한 격동을 통해 인간을 황홀경의 자기파멸에서 잡아채며, 그를 기만하여 디오니소스적 사건의 보편성을 가려버리고, 마침내 트리스탄과 이졸데 같은 개체적 세계영상을 보고 있다는 환상, 그 영상을 — **음악을 통해** — 더욱 뛰어나게 더욱 내적으로 **보고 있다**는 환상으로 이끈다. 아폴론의 치유적 주술이 우리를 기만하여, 디오니소스적인 것이 실제로 아폴론적인 것을 섬기면서 그 효력을 강화시킨다고, 더 나아가 음악이 본질적으로 아폴론적 내용을 위한 재현예술이라고 보게 만든다면, 그 주술이 무엇인들 하지 못하겠는가?

완성된 극과 그것의 음악 간에 섭리하는 예정조화 덕분에, 극은 평소 언어극에서는 접근할 수 없는 최고 수준의 현시顯示에 도달한다. 독자적으로 흐르는 선율선들 속에서는 살아 움직이는 모든 무대 형상들이 우리 눈앞에서 너울거리는 선으로 뚜렷이 단순화되듯이, 흐르는 사건에 극히 섬세하게 공명하는 조성변화 속에서는 그 선들도 함께 동조해서 울린다. [138] 조성변화 덕분에 사물 간의 혈통이 감각적으로 지각될 수 있는 방식, 전혀 추상적이지 않은 방식으로 우리에게 직접 지득된다. 우리가 성격의 본질과 선율선의 본질이 사물들의 혈통 속에서 비로소 순수하게 드러나는 것을 인식하는 것 역시 이 조성변화 덕분이다. 그리고 이처럼 음악이 평소보다 더 잘, 더 내적으로 보도록 강제하고 무대의 사건을 한 가닥 가는 실처럼 우리 눈앞에서 펼칠 때, 내밀한 곳을 들여다보는 우리의 영화靈化된 눈에는 무대의 세계가 내밀한 곳에서부터 비치는 만큼이나 무한히 확장되어 보인다. 그런데 언어의 시인은 대단히 불완전한 역학장치를 가지고, 간접적인 방식으로, 말과 개념에 의거하여 현시적인 무대세계의 내적인 확장과 내밀한 비침에 도달하려고만 하니 어찌 그것과 유비적인 것을 내놓을 수 있겠는가? 사실 음악적 비극 역시 말을 덧붙이긴 하지만, 그러면서도 말의 밑바탕과 탄생처를 함께 제시할 수 있으며, 내밀한 곳에서 연원하는 말의 생성을 명료하게 드러낼 수 있다.

하지만 이상 서술한 [무대의] 사건에 관하여 분명히 말해둘 것이 있다. 그 사건은 하나의 장려한 가상, 즉 앞서 언급한 아폴론적 기만에 불과하며, 이 기만의 효력 덕분에 우리는 디오니소스적 질주와 과도함으로부터 벗어난다는 것이다. 근본적으로 음악과 극의 관계는 [일반적인 생각과는] 정반대이다. 음악이 세계의 진정한 이데아이며, 극은 그 이데아의 잔영, 별개의 그림자 영상에 불과하다. '선율선'과 '살아 움직이는 형상' 간의, '조성'과 '그 형상의 성격적 혈통들' 간의 동일성은, 우리가 음악적 비극을 관조할 때 짐작할 법한 의미와는 반대의 의미에서 참이다. 우리가 형상을 더없이 가시적으로 움직이게 하고 그것에 생명을 불어넣고 내부에서부터 비춘들 그것은 어디까지나 현상現像에 그칠 뿐이며, 그 현상에서 참된 실재로, 세계의 심장으로 건너는 다리는 없다. 그러나 음악은 세계의 심장으로부터 설한다. 그런 현상들이 동일한 음악 곁을 수없이 스쳐갈 수는 있겠지만, [139] 결코 음악의 본질을 다 길어 올리지는 못하고 어디까지나 외면적인 모상들에 그칠 것이다. 물론 영혼과 몸의 대립이라는 대중적이며 전적으로 그릇된 대립을 가지고는 음악과 극의 난해한 관계가 해명될 리 만무하며, 도리어 모든 것이 헝클어질 수 있다. 무슨 이유인지는 모르겠으나 그런 조잡한 비철학적 대립이 바로 우리 시대 미학자들 가운데에서 유행하는 신앙고백 조항이 되어버린 듯하지만, 그들은 현상과 사물 자체의 대립에 대해서는 전혀 배우지 못했거나, 역시 무슨 이유인지는 모르겠으나, 전혀 배울 마음이 없었다.

아폴론적인 것이 비극에서 기만을 통해 음악의 디오니소스적 원초요소에 대하여 완전히 승리를 거두었다는 점과, 극을 최고도로 명료하게 드러내기 위한 의도로 음악을 이용했다는 점이 이상의 분석으로 분명해졌다 하더라도, 아주 중요한 제약을 빠뜨려서는 안 될 것이다. 가장 본질적인 점에서는 그 아폴론적 기만이 격파되고 파멸했다는 것이다. 극은 이와 같이 모든 운동과 형상들이 내적으로 명료하게 비치는 가운데, 음악의 도움으로, 마치 위아래로 질러가면서 베틀에서 직물이 직조되는 것처럼 우리 눈앞에서 펼쳐진다 — 전체로서의 극은 **아폴론적 예술의 모든 효력 너머**에 있는 효력에 도달한다. 비극의 총체효력에서 디오니소스적인 것이 다시 우위를 차지하며, 비극은 아폴론적 예술의 나라에서는 결코 없을 울림으로 끝맺는다. 그리하여 아폴론적 기만은 그 정체가 탄로나는 것이니, 그것은 진정한 디오니소스적 효력을 가린 너울, 비극이 진행되는 동안 걷히지 않은 너울이었던 것이다. 그러나 디오니소스적 효력은 대단히 강력하여 종국에는 아폴론적 극 자체를 어느 한 천구로 몰아붙일 수 있거니와, 그 천구에서는 아폴론적 극이 디오니소스적 지혜로 설하기 시작하며 자기 자신과 아폴론적 가시성을 부정한다. 이렇듯 비극에서의 아폴론적인 것과 디오니소스적인 것의 난해한 관계는 참으로 [140] 두 신성의 형제동맹으로 상징될 수 있겠으니, 디오니소스가 아폴론의 언어를 설하고 종국적으로 아폴론이 디오니소스의 언어를 설함으로써 비극과 예술 전반의 지고한 목표가 달성되는 것이다.

22

주의 깊은 벗이라면 자신의 경험을 살려 참된 음악적 비극의 효력을 순일무잡하게 떠올려보길 바란다. 내가 그 효력의 현상現狀을 두 방향으로 서술하였으므로,[227] 이제는 자신의 고유한 경험을 해명할 수 있을 것이다. 이를테면 자신의 눈앞에서 움직이는 신화와 관련하여 일종의 전지성全知性

에 이를 정도로 자신이 강화되었던 느낌이 상기될 것이다. 마치 자신의 시력이 표면에 압력을 가함에 그치지 않고 내밀한 곳까지 뚫어버린 듯한, 마치 의지의 들끓음, 모티브의 전쟁, 불어나는 정열의 대하大河를 음악의 도움으로 거의 감각적으로 보는 듯한, 마치 살아 움직이는 선들과 상像들을 대거 목도함과 동시에 무의식적 움직임들의 아주 미묘한 비밀 속까지 침잠하는 듯한 느낌 말이다. 하지만 그의 충동들이 그렇게 가시성과 변용을 향해 최고조로 강화되고 그와 같은 아폴론적 예술의 효력이 연이어 펼쳐질지라도, 무의지적 관조에 행복하게 안주하지는 **못할 것**임을 분명하게 느낀다. 이러한 안주는 조각가 내지 서사시인, 즉 진정으로 아폴론적인 예술가들이 그들의 예술작품을 통해서 그에게 내놓는 것이기 때문이며, 이것이야말로 무의지적 관조 속에서 이룩된 개별화 세계의 정당화, 아폴론적 예술의 정점이자 정수를 뜻하기 때문이다. 그래서 그는 변용된 무대세계를 관觀하지만²²⁸ 그것을 부정한다. 그는 서사시적 명료함과 아름다움 속에서 비극적 주인공을 보지만 그 주인공의 파멸을 기뻐한다. 그는 무대의 사건을 가장 내밀한 곳까지 파악하고서 자신은 파악 불가한 곳으로 스스럼없이 피신한다. 그는 주인공의 행위가 ⁽¹⁴¹⁾ 정당화되었다고 느끼면서도, 행위가 그 장본인을 파멸시킬 때 자신은 더욱 고양된다. 그는 주인공이 직면할 고난에 소름이 끼치면서도, 그 고난에도 불구하고 더 높은, 훨씬 압도적인 욕망을 예감한다. 그는 평소보다 더 잘, 더 깊이 관하면서도 차라

---

227 앞의 21장에서 음악적 비극의 효력에 관해 서술한 내용을 말한다. 하나(1,133~134)는 "지고한 음악 황홀경"을 자체 안에 흡수한 그리스 비극의 사례를 통한 서술이며, 다른 하나(1,135~137)는 〈트리스탄과 이졸데〉 제3막의 사례를 통한 서술이다.

228 앞서 8장과 19장 등에서 "무대라는 환시세계"(1,59) 내지 "환시"(1,123)를 "관하다"라는 의미에서 "관하다"가 언급된 바 있다. 이는 현대적 개념과는 다른 그리스적 관객 내지 오케스트라 가무단의 본질을 드러내는 술어이다. 나아가 여기 22장(1,140; 1,141) 및 24장(1,150; 1,151; 1,153)에서도 같은 맥락에서 "비극적 신화" 내지 "변용된 무대세계"를 "관하다"라는 의미로 썼다. "현시Schaubarkeit"(1,137)도 이 맥락에 속하는 낱말이다. 따라서 《비극의 탄생》에서 "관하다schauen"라는 낱말은 주로 "환시", "변용", "무대세계"와 관련된 것이며, "관조하다anschauen"는 개개 사물들의 현상現像과 관련된 것이라고 할 수 있다.

리 눈이 멀기를 바란다. 이 기묘한 자기분열, 이 아폴론적 정점의 꺾임이 **디오니소스적** 주술에서 비롯한 것이라고 보지 않는다면, 달리 어찌 설명할 것인가. 아폴론적 움직임을 최고조의 가상으로 끌어올리면서도, 그와 같은 아폴론적 힘의 과잉이 자신을 섬기도록 강제할 수 있는 것이 바로 그 디오니소스적 주술이다. 따라서 **비극적 신화**는 아폴론적 예술수단을 통해 디오니소스적 지혜를 영상화한 것에 불과하다고 보아야 한다. 그것은 현상계를 한계까지 끌고 간다. 그리고 현상계는 한계에 이르러 자기 자신을 부정하고, 참되고 유일한 실재의 품을 피신처로 삼아 그곳으로 되돌아가고자 한다. 그리하여 마침내 현상계는 이졸데의 목소리로 형이상학적인 백조의 노래를 부르기 시작하리라.

> 열락悅樂의 바다
> 그 일렁이는 파도 속으로,
> 연무煙霧의 물결
> 그 울리는 소리 속으로,
> 세계의 숨결이
> 불고 있는 만물 속으로 ─
> 잠기는구나 ─ 가라앉는구나 ─
> 무의식적으로 ─ 지고한 쾌락이어라!229

---

229 〈트리스탄과 이졸데〉 제3막에서 이졸데가 부르는 "사랑의 죽음"의 마지막 가사이다. 독일어 'Lust'에는 '욕망'과 '쾌락'의 뜻이 모두 있다. 이 역서에서는 거의 대부분 '욕망'으로 옮겼으나 여기에서는 '쾌락'으로 옮겼다. '쾌락'으로 옮기면 개별자 및 현상계의 파멸을 이해하는 데 도움이 되며 '욕망'으로 옮기면 디오니소스적 의지에 비중을 두게 되므로, 각 번역어가 일장일단이 있다. 이 가사는 1857년 완성된 대본 Dichtung에 따른 것이며, 1860년에 간행된 악보에서는 "열락의 바다"와 "연무의 물결"이 생략되었다. 대본은 Richard Wagner, 《저술 및 대본 선집 *Gesammelte Schriften und Dichtungen*》(Fritzsch, 1871~1873), 7권 112면 참고. 악보는 Richard Wagner, 《트리스탄과 이졸데 *Tristan und Isolde*》(Breitkopf & Härtel, 1860), 436~439면 참고.

참된 미적 청중의 경험들에 의거하여 비극적 예술가 자신을 우리 눈 앞에 떠올려보자. 그는 개별화의 풍만한 신성과도 같이 자신의 형상들을 창조하므로, 이 의미에서 그의 작품은 "자연의 모방"으로 파악될 여지가 거의 없다. 그러나 다음 순간 그의 무시무시한 디오니소스적 충동이 이 현상계 전체를 먹어치우고서, 현상계 배후에서, 현상계 파멸을 통해서, 원초 일자의 품에서 맛보는 지고한 예술가적 원초환희를 예감하게 만드는 것이다. 물론 우리의 미학자들은 이와 같은 원초고향으로의 귀환에 관하여, 비극에서 두 예술신성이 맺은 형제동맹에 관하여, 청중의 아폴론적이자 디오니소스적인 격동에 관하여 [142] 전혀 언급할 줄 모르면서도, '주인공 과 운명의 전쟁'이니, '윤리적 세계질서의 승리'니, 혹은 '비극을 통해 이루어지는 격정들의 분출'이니 운운하며 그런 것들을 줄기차게 비극적인 것의 특징으로 꼽았다. 그 고루함을 보고 있자니, 그들은 미적으로 격동될 수 있는 인간들이 전혀 아닌 듯하며, 비극을 알아봄에 있어 단지 도덕적 존재에 불과하지 않나 하는 생각이 든다. 청중의 예술가적 상태와 미적 활 동을 설명하려면 비극적 효력을 끌어들여야 하는데도 불구하고, 아리스 토텔레스 이래 어느 누구도 그 효력을 해명하지 못했다. 때로는 연민과 공 포가 심각한 사건들로 말미암아 증폭되어 결국 분출을 통해 경감된다고 하는가 하면,[230] 때로는 선하고 고귀한 원칙들이 승리하고 주인공이 윤리 적 세계관을 위해 희생될 때 우리는 고양되고 신들린 느낌을 받는다고 말 하기도 한다. 그리고 대다수 사람들에게는 바로 이런 식의 효력만이 비극 의 유일한 효력이라는 것이 분명하며, 이로부터 명확히 드러나는 것은, 비 극을 해석하는 미학자들을 위시한 그 모든 이들이 비극을 최고의 **예술**로 전혀 경험해보지 못했다는 점이다. 저 병리적 분출, 아리스토텔레스의 카

---

230 아리스토텔레스,《시학》1449b, "비극은 (⋯) 극적인 것들을 모방하되, 보고를 통해 서가 아니라 연민과 공포를 통해 그러한 격정παθος들의 카타르시스를 성취하면서 모 방한다".

타르시스 — 이것을 의학적 현상現狀으로 꼽아야 할지 아니면 도덕적 현상現狀으로 꼽아야 할지[231] 문헌학자들은 전혀 알지 못했다 — 는 괴테의 기이한 예감을 상기시킨다. 그는 말한다. "비극적 상황을 제대로 다루려면 나 역시 진한 병리적pathologisch 관심에 빠져들지 않을 수 없었으므로, 나는 비극적 상황을 찾기보다는 오히려 회피했습니다. 고대인들에게는 최고의 파국das höchste Pathetische조차도 단지 미적 유희에 불과했다는 점이 아마도 그들의 장점 중 하나가 아니었을까요? 우리의 경우에는 그만한 작품을 [미적 유희로서 내놓지는 못하며] 자연의 진리가 협력해주어야 비로소 내놓을 수 있기 때문입니다."[232] 이처럼 심오한 괴테의 질문에 대하여 우리는 장려한 경험들 덕분에 이제 그렇다고 답할 수 있다. 그 이유는 우리는 무엇보다 음악적 비극을 바탕으로, 실제로 최고의 파국조차도 미적 유희에 불과할 수 있음을 경이롭게 체험했기 때문이다. 따라서 우리는 이제서야 비로소 [143] 비극적인 것의 원초현상이 어느 정도 성공적으로 묘파되었다고 볼 수 있다. 아직도 비미적 천구에서 유래한 대리효력밖에 설명하지 못하는 자, 그리고 자신이 병리적·도덕적 과정을 넘어서지 못했다고 느끼는 자라면, 자신의 미적 본성에 대해 절망할지도 모르겠다. 그런 자에게는 순진무구하게 게르비누스 식으로 셰익스피어를 해석해보기를, 그리고 일종의 보상으로 "시적 정의"를 근면하게 탐색해보기를 권하는 바이다.[233]

231 일종의 병리적 분출인 "카타르시스"를 야콥 베르나이스Jacob Bernays(1824~1881)는 "의학적 현상"으로 해석했다. 이는 카타르시스를 "도덕적 현상"으로 이해했던 레싱(1729~1781)의 견해와 대립하는 관점이었다.(Schmidt 377면) 니체는 여기에서 한 걸음 더 나아가 괴테의 예감을 빌어 "최고의 파국", 즉 "격정들의 카타르시스"조차도 미적 유희에 불과하다고 본다. 이는 아리스토텔레스의 관점 자체를 넘어선 것이다.(이 문맥에서 "격정", "병리적", "파국" 등의 어휘는 그리스어 '파토스πάθος'를 어원으로 한다.)

232 1797년 12월 19일 괴테가 실러에게 보낸 편지.

233 게르비누스에 대해서는 21장(1,135) 주석 참고. 그의 저서 중에는 《셰익스피어》(Leipzig, 1849~1850)가 있다. "시적 정의"에 대해서는 14장(1,95) 주석 참고.

이렇듯 비극의 재탄생과 함께 **미적 청중**도 재탄생한 것이다. 그러나 그동안 극장에서는 이 미적 청중을 대신하여 희한한 반대급부가 줄곧 자리를 차지하고 있었으니, 그들은 반은 도덕적이고 반은 학자적인 요구들을 내놓는 "비평가"였다. 그동안 비평가의 천구에서는 모든 것이 인위적이었으며 오로지 생명의 가상으로만 덧칠되었다. 실제로 재현예술가[234]는, 비평한답시고 거드름을 피우는 청중을 데리고 더 이상 무엇을 해야 할지 알 수 없었으며, 그리하여 자신에게 영감을 주는 극작가나 오페라 작곡가와 함께 그 까다롭고 삭막하며 향유할 줄 모르는 존재들 안에 남아 있을 마지막 생명의 잔재를 근심스럽게 찾아 헤맸다. 그러나 이제까지 관객은 "비평가들"로 구성되어 있었으며, 대학생, 청소년, 심지어는 가장 천진한 여성조차도 교육과 저널을 통해 이미 자신도 모르는 사이에 예술작품을 천편일률적으로 수용할 준비가 되어 있었다. 그나마 예술가들 중에서 비교적 고귀한 본성들은 그런 관객들을 보고 차라리 도덕적·종교적 힘들의 격동에 의지했다. 그리고 참으로 예술의 강력한 주술이 진정한 청중을 홀려야 할 지점에서 "윤리적 세계질서"의 호소가 보좌신부 역할로 등장하였다. 다른 한편 극작가는 현재 정치적·사회적 정황의 경향을 더 거창하게, 적어도 더 선동적으로 대놓고 선보였으며, 그리하여 청중은 비평에 의해 고갈된 자신을 망각하고서, 애국이나 전쟁의 순간, 의회 연단 앞, 범죄와 악행 판결 등을 지켜볼 때와 유사한 격정에 빠져들 수 있었다. 여기저기에서 [144] 예술의 진정한 의도를 낯설게 만드는 그와 같은 것들은 곧바로 그 경향의 숭배로 귀결될 수밖에 없었다. 하지만 예전부터 모든 작위적 예술에서 그러했듯이 그런 경향들은 급격히 와해되어 퇴락하고 말았다. 예컨대 연극을 도덕적 국민교양을 위한 행사로 사용하는 경향은 실러 당시만해도 진지하게 고려되었으나[235] 지금은 이미 한물간 교양의 미심쩍

234　"재현예술가"는 연극배우 내지 오페라 가수를 말한다.
235　실러, 〈도덕적 장치로서의 연극무대Die Schaubühne als eine moralische Anstalt betrachtet〉

은 골동으로 간주되고 있다. 연극과 연주회에서는 비평가, 학교에서는 저널리스트가, 사회에서는 언론이 지배하는 동안, 예술은 가장 저급한 부류의 얘깃거리로 변질되었으며, 미학적 비평은 공허하고 산만하고 이기적인, 게다가 형편없고 진부하기까지 한 사교의 접착제로 활용되었으니, 쇼펜하우어의 고슴도치 우화[236]는 바로 그런 사교가 무엇인지를 보여준다. 그 어떤 시대도 이보다 예술에 대해 잡설이 많았던 적도 없었으며, 이보다 예술을 귀하게 여기지 않은 적도 없었다. 이런 마당에 베토벤과 셰익스피어에 대해 얘기를 나누는 계급의 인사와도 교유할 수 있겠는가? 누구나 자신의 감정에 따라 이 질문에 답하겠지만, 답을 함으로써 자신이 무엇을 "교양"이라고 생각하고 있는지를 드러내게 될 것이다. 물론 놀란 나머지 말문이 막히지 않고 어떻게든 답을 하려고 애써야 가능한 일이겠지만 말이다.

반면에 고귀하고 섬세한 자들, 자연으로부터 품부받은 자들은, 앞서 서술한 방식처럼 서서히 비평적 야만인이 되고 말았을지언정, 다행히도 성공을 거둔 로엔그린 공연[237]이 자신들에게 미친 전혀 불가해하고 예기치 못한 효력은 기필코 설명해야 할 것이었다. 다만 일깨워주고 밝혀주는 손길이 그에게 미치지 못했던 까닭에, 파악도 불가하고 비교도 불가한 생면부지의 느낌, 즉 그 당시 그들을 뒤흔들었던 느낌 역시 고립되고 말았으며, 수수께끼의 천체처럼 짧게 빛난 뒤 꺼지고 말았을 뿐이다. 그 당시 그들은 미적 청중이 무엇인지를 예감했던 것이다.

(1802) 참고.

236 쇼펜하우어, 《부록과 보론》 II, §396 참고.

237 〈로엔그린〉은 바그너의 낭만주의 음악극이다. 1850년 바이마르에서 프란츠 리스트의 지휘로 초연되어 큰 성공을 거두었다. 바그너는 1848년 독일혁명 가담 혐의로 수배되었기 때문에 첫 공연에 참석하지 못했다.

23

[145] 자신이 진정한 미적 청중과 어느 정도 동족적인지, 아니면 소크라테스적·비평적 인간들의 무리에 어느 정도 속하는지를 제대로 검증해보고 싶은 자라면, 무대 위에 재현된 **기적**을 수용할 때의 감수성에 관하여 솔직하게 자문해보길 바란다. 가령 거기에서 엄밀한 심리학적 인과를 지향하는 자신의 역사학적 감각이 모욕을 당했다고 느끼는가, 아니면 그 기적이 어린아이라면 알 수 있는 것이지만 자신에게는 낯설어진 현상이라며 너그럽게 받아들이는가, 아니면 무언가 다른 어떤 것을 겪는가? 이를 기준으로 과연 자신에게 **신화**, 즉 응집된 세계영상을 이해할 수 있는 능력이 얼마나 있는지를 측정할 수 있겠으니, 신화는 현상現像의 약호로서 기적이 없으면 성립하지 않기 때문이다. 하지만 엄밀히 검증해보면, 거의 누구나 우리 시대 교양의 비평적·역사학적 정신에 의해 스스로가 심각하게 와해되었음을 자각할 것이다. 학자적인 방식으로 추상물의 매개를 거쳐야만 비로소 과거에 신화가 실존했다는 사실을 믿을 지경에 이르렀으니 더욱 그렇다. 모든 문화는 신화가 없으면 건강하고 창조적인 자연의 힘을 상실하고 만다. 신화로 둘러싸인 지평이야말로 문화 전체의 운동을 하나의 통일된 것으로 완결시키기 때문이다. 환영 및 아폴론적 꿈의 모든 힘은 신화를 통해 비로소 무분별한 유랑에서 구원된다. 신화의 영상은 어디에나 있되 눈에 띄지 않는 신귀적 파수꾼들로서, 자라나는 젊은 영혼을 보호해주어야 하며, 장부는 그 표지를 보고 자신의 삶과 투쟁을 해석할 수 있어야 한다. 그리고 국가 역시 신화적 토대만큼 강력한 불문법을 알지 못하는 까닭은, 그것이 국가와 종교의 연계를 보장해주고 국가가 신화적 표상들에서 자라났음을 확인해주기 때문이다.

그와 더불어, 이제 신화 없이 인도된 추상적 인간, 추상적 교육, 추상적 풍습, 추상적 정의, 추상적 국가를 비교해보라. [146] 토착신화의 고삐 없이 떠도는, 예술가적 환영의 무질서한 유랑을 떠올려보라. 확고하고 성스러운 본향을 가지지 못한 채 모든 가능성을 고갈하도록, 그리하여 여타 문화의 자양분으로 간신히 연명하도록 운명이 정해진 문화를 생각해보라 — 이게 바로 현재이며, 신화의 파멸을 지향한 소크라테스주의의 결말이다. 그리하여 신화를 상실한 인간은 영원히 허기진 채 온갖 과거지사에 파묻혀 있으며, 아예 동떨어진 고대의 유물들 속에서 뿌리를 찾아 파헤치는 한이 있더라도 뒤적이고 파헤치기를 마다하지 않는다. 갈급한 현대문화의 이 무시무시한 역사학적 갈망, 허다한 타문화 수집, 무엇이든 먹어치우는 인식욕은 무엇을 가리키는가? 다름 아닌 신화의 상실, 신화적 고향과 신화적 모태의 상실을 가리킨다. 이와 같은 문화의 맹렬하고도 섬뜩한 활기는 허기진 자가 게걸스럽게 달려들어 음식을 집어먹는 일과 과연 무엇이 다른지 자문해보라 — 그리고 이 문화는 그 많은 것을 집어삼키고도 만족할 줄 모르며, 제아무리 영양이 풍부하고 몸에 좋은 음식도 이 문화와 접촉하면 "역사학과 비평"으로 둔갑하기 마련인데, 누가 무엇을 더 주고 싶겠는가?

문명화된 프랑스를 보며 우리는 경악을 금치 못하지만, 그곳에서 목도할 수 있는 방식과 유사하게 독일본질과 독일문화가 이미 풀어내지 못할 정도로 뒤엉켜 있다면, 우리 독일본질에 대하여 뼈저리게 절망할 수밖에 없을 것이다. 민족과 문화의 하나됨은 오랜 세월 프랑스의 커다란 장점이었으며 엄청난 우위를 점한 원인이었지만, 이와 같은 모양새를 보자면, 몹시 의뭉스러운 우리 문화가 지금까지 우리 민족적 성격의 고귀한 핵심과 아무런 공통점도 없다는 게 행운이라고 찬탄해야 할 것이다. 그리하여 우리의 모든 희망은 절실하게 뻗어나가, '불안 속에 마비되어가는 이와 같은 문화생활과 교양의 발버둥 아래에 장려한 힘, 내적으로 건강한 태고의 힘이 숨겨져 있다'는 자각에 이르렀다. [147] 그 태고의 힘은 무시무시한 순간들에만 한 번씩 위력적으로 움직이고는, 다시 깨어날 때를 기약하며 잠든다. 그 심연으로부터 독일 종교개혁이 발생한 것이며, 종교개혁의 성가 聖歌에서 독일음악의 미래가락이 처음으로 울렸다. 루터의 성가는 그토록 깊게, 용기와 기백으로 충만하여, 대단히 훌륭하고 섬세하게 울려 퍼졌으니, 그것은 바로 봄이 다가올 무렵 무성한 수풀 속에서 흘러나오는 최초의 디오니소스적 유혹의 소리였다. 이에 답하여 디오니소스 열광자들의 장엄하고도 도도한 제전행렬이 앞다투어 반향하였던 것이니, 독일음악과 관련하여 그리고 **독일신화의 재탄생**과 관련하여 그들에게 감사를 표해야 할진저!

이제 나는 나와 합류하는 벗을 소수의 동료만이 있을 고독한 관찰의 고지로 인도해야 함을 알고 있는 만큼, 길을 밝혀주는 인도자들인 그리스인들을 의지하자고 외치며 그를 격려하고 싶다. 이제까지 우리는 미적 인식의 정화를 위해 그들로부터 두 신의 영상을 빌렸으며, 제각기 독자적인 예술의 나라를 통치하는 그 두 영상이 그리스 비극을 통하여 서로 접촉하여 강화되었음을 직감하였다. 그리스 비극의 몰락은 두 예술가적 원초충동의 기이한 결렬로 인해 초래된 것으로 밝혀질 수밖에 없었다. 그런데다 그 몰락의 과정과 맞물려 그리스 민족성격의 퇴화와 변형이 이루어졌음을 고려하자면, 예술과 민족이, 신화와 풍습이, 비극과 국가가 그 토대에서부터 얼마나 뗄 수 없는 관계인지 심각하게 고심하게 된다. 비극의 몰락은 곧 신화의 몰락이기도 하였다. 그전까지만 해도 그리스인들은 부지불식간에 모든 체험을 곧장 그들의 신화에 결부시키고, 모든 체험을 그 결부를 통해서만 파악해야 했다. 그리하여 곧 다가올 현재마저도 곧장 영원의 상 아래sub specie aeterni, 어떤 의미에서는 시간을 초탈하여 그들에게 드러날 수밖에 없었다. 국가도 예술과 마찬가지로 [148] 순간의 중압과 탐욕을 피해 시간초탈의 흐름에 잠겨 쉼을 얻고자 하였다. 그리고 한 민족의 가치는, 한 인간의 가치와 마찬가지로, 자신의 체험에다 영원의 인장印章을 찍을 수 있는 정도에 따라 정해진다. 왜냐하면 그 인장이 찍힌 민족은 일종의 탈속脫俗을 하게 되며, 시간의 상대성, 삶의 참된 의미, 형이상학적 의미에 대하여 무의식적으로 가지고 있던 내적 확신이 입증되기 때문이다. 만약 한 민족이 스스로를 역사학적으로 파악하기 시작하고 주위를 두른 신화의 보루를 무너뜨리기 시작한다면 정반대의 일이 벌어지고 만다. 이는 일반적으로 결정적 세속화로 이어지고, 그 민족의 현존이 가졌던 무의식적 형이상학과의 단절을 초래하는 바, 이때 온갖 윤리적 귀결들이 동반된다. 그리스 예술이, 특히 그리스 비극이 무엇보다 신화의 파멸을 저지하고 있었던 까닭에, 본토에서 빠져나와 사상과 풍습과 행위의 황무지에서 고삐 풀린 듯 살려던 자들은 그것들을 함께 파멸시켜야 했다. 지금도 여전히 그 형이상학적 충동은, 삶을 향해 쇄도하는 학문의 소크라테스주의 속에서, 퇴락한 형태이긴 하나 엄연한 변용의 한 형태를 창조하려고 시도하고 있다. 그러나 그 충동은 저급한 수준에서 맹렬한 추구로 이어졌을 뿐이며, 그마저도 곳곳에서 몰려와 쌓이는 신화와 미신의 범신귀汎神鬼[238] 속으로 서서히 소실되고 말았다. 그래도 헬라스인은 범신귀의 한가운데에서도 마음이 충족되지 않았으며, 결국 '그리스 놈'[239]이 되어 그리스적 명랑성과 경박함의 가면으로 저 [충동의] 맹렬함을 은닉하는 법을 알고서야, 혹은 동방적인 음산한 무속[240]에 온통 취하는 법을 알고서야 비로소 마음이 충족되었다.

그와 같은 상태에 가장 현저하게 근접한 것은, 알렉산드리아·로마적 고대를 재각성시킨 15세기 이후, 형언하기 힘든 기나긴 중간막 이후였다. 그 정점에는 [그 상태와] 똑같은 지나친 앎의 욕망, 만족을 모르는 발견의 기쁨, 엄청난 세속화가 있으며, 그런 가운데 고향을 잃고 유랑하면서 남의 식탁에 탐욕스럽게 비집고 들거나 [149] 현재를 경박하게 신성시하지 않으면 무지몽매하게 회피해버리나니, 모든 것이 세속의 상 아래sub specie saeculi,

---

238 11장(1,79) 주석 참고.
239 11장(1,76) 주석 참고.
240 "Superstition(미신)"과 "Aberglaube(무속)"라는 용어는 외래어(라틴어)냐 독일어냐 하는 차이만 있을 뿐 기본적으로 의미는 다르지 않다. 하지만 니체는 "Superstition"을 사용함으로써 그리스도교를 "부패한 미신superstitio exitiabilis"이라고 언명한 타키투스를 지시한 것으로 보이며, "동방적인 음산한 무속orientalisch dumpfe Aberglaube"은 이집트, 소아시아 등지에서 유입된 동방종교의 제의를 염두에 둔 것으로 보인다.

"현시대"[241]의 상 아래 있다. 그것들은 하나같이 이 문화의 심장에 동일한 결핍이 있다는, 즉 신화가 파멸되었다는 징후이다. 나무는 이식으로 말미암아 치유불능의 손상을 입을 수밖에 없으므로, 이질적인 신화를 끝내 성공적으로 이식하기란 거의 불가능한 듯하다. 한때는 무서운 투쟁 끝에 이질적인 요소를 배출해낼 정도로 강하고 건강한 나무였겠지만, [이식되고 나면] 통상적으로 쇠약해지고 생장이 정지하거나 아니면 병든 채 증식하면서 고사할 수밖에 없다. 우리는 독일본질의 핵을 강하고 순수한 것으로 평가하고 있으므로 폭압적으로 심어진 이질적 요소들이 독일본질에서 바로 배출되기를 감히 기대하는 바이며, 독일정신이 자기 자신을 되살펴 숙고하는 것도 가능하다고 본다. 아마도 많은 이들이 독일정신이 로만계적인 것의 배출과 함께 투쟁을 개시해야 한다고 생각할 것이다. 그래서 그들은 최근 전쟁에서의 승리의 기상과 피어린 영광을 보고 그 투쟁을 위한 외적인 고취와 준비를 마쳤다고 인식할 수도 있겠지만, 이 길의 숭고한 선구자들, 루터를 위시하여 우리의 위대한 예술가들과 시인들에게 늘 필적해야 한다는 경쟁 속에서 그 투쟁의 내적인 필연성을 찾아야 한다. 그러나 가신家神들 없이, 신화적 고향 없이, 모든 독일적인 것들의 "회복"[242] 없이 그와 유사한 투쟁을 치를 수 있다고는 절대 믿지 말지니! 그리고 독일인으로서 이미 잃어버린 고향으로 돌아가는 길을 더는 알지 못해 겁을 먹고 두리번거리며 자신을 귀환시켜줄 인도자를 찾고 있다면, 디오니소스의 새[243]가 상쾌하게 유혹하는 소리에 부디 귀를 기울이기를, 그리하면 그 새가 머리 위에서 나닐며 가는 길을 밝혀주리니!

241 〈자기비판의 시도〉 7절 (1,21) 주석 참고.
242 "회복Wiederbringen"에 대해서는 19장 (1,125) 주석 참고.
243 바그너의 음악극 〈지크프리트〉에서는 숲속의 새가 지크프리트를 브륀힐데가 잠들어 있는 곳으로 인도한다.

24

음악적 비극 고유의 예술효력들 중에서 우리가 지금까지 부각했던 아폴론적 기만은 우리를 디오니소스적 음악과의 직접적 합일에서 구원하는 반면, [150] 우리의 음악적 격동은 아폴론적 영역, 그리고 그 사이로 들어선 가시적 중간세계에서 분출될 수 있다. 아울러 이제까지 우리가 관찰해냈다 싶은 것은, 이 분출을 통해 무대사건이라는 중간세계, 즉 극이 여타 아폴론적 예술에서는 성취될 수 없는 수준으로 내밀한 곳에서부터 가시화되고 이해되었다는 점이다. 따라서 여타 아폴론적 예술은, 이를테면 '음악의 정신'을 통해 활기차게 부상㉜上했던 지점에서 그 힘이 최고조로 강화되었으며, 아폴론과 디오니소스의 형제동맹 속에서 양측 예술의 의도가 정점에 이르렀음을 인정해야 했다.

　물론 아폴론적 빛영상이 음악에 의해 내밀하게 비쳤을 때 성취한 것은 아폴론적 예술 특유의 약한 효력이 아니다. 서사시나 영혼이 깃든 돌[244]이, 관조하는 눈에게 강제할 수 있는 일, 즉 개별화 세계에 홀려 쉼에 이르게 하는 일을 말할 것 같으면, 극에서는 더 높은 수준으로 영혼이 깃들어 있고 명료함이 있음에도 불구하고 그런 일은 일어나지 않았다. 우리는 극을 관㈇하면서, 극의 모티브 세계, 즉 움직이는 내밀한 세계를 꿰뚫어 보며 파고들었다 ― 그런데도 우리 곁으로 지나가는 것이 한 폭 비유의 영상에 지나지 않는 듯하였으니, 우리는 그것의 가장 깊은 의미를 거의 알아맞혔다고 여기고서 한 자락 막㉠처럼 그것을 걷어내고 그 뒤의 원초영상을 보고자 했다. 그 비유의 영상이 더없이 환하고 명료했음에도 불구하고 우리에게 충분치 않았던 까닭은, 그것이 무언가를 계시할 뿐만 아니라 무언가

---

244 일반적으로 "영혼이 깃든 돌der beseelte Stein"은 고대의 석상숭배를 가리킨다. 그리스인들은 이를 "βαίτυλοι"라고 불렀다. 그러나 니체는 여기에서 '조형예술의 극치'라는 의미로 전용하고 있다.

를 은폐하는 듯했기 때문이다. 그 영상이 비유적인 계시로써, 너울을 찢어보라고, 비밀한 배경을 들춰보라고 권하는 듯했지만, 그와 동시에 사방으로 온통 빛나는 가시성이 눈을 사로잡더니 더 이상 깊이 파고들지 못하도록 가로막았기 때문이다.

　관觀해야 하는 동시에 관觀함 너머를 염원하는 것, 바로 이것을 체험해보지 못한 자는, 비극적 신화를 관찰할 때에 그 두 과정이 [151] 얼마나 확실하고 명료하게 나란히 존재하며 또 나란히 감지되는지를 상상하기 어려울 것이다. 반면에 진정한 미적 관객들은 비극 특유의 효력들 중에서도 그 [두 과정의] 병존이 가장 기묘한 것이라고 내게 확증해줄 것이다. 이제 미적 관객이 겪는 이러한 현상現狀을 비극적 예술가 안의 유비적 과정에 적용해보라. 그러면 **비극적 신화의 발생**을 이해하게 될 것이다. 비극적 예술가는 가상 및 관觀함에 대한 충실한 욕망을 아폴론적 예술의 천구와 공유하면서도 동시에 그 욕망을 부정하며, 가시적 가상세계의 파멸에서 더욱 높은 충족을 얻는다. 비극적 신화의 일차적 내용은 투쟁하는 영웅을 장려함에 이르게 하는 서사시적 사건이다. 영웅이 운명 속에서 겪는 고난, 가장 고통스러운 극복, 모티브의 가장 쓰라린 대립, 요컨대 실레노스 지혜의 실례가 — 혹은 미적으로 표현하자면 추한 것이자 부조화로운 것이 — 실로 무수한 형태들로, 그토록 사랑받으면서, 그것도 한 민족의 가장 풍만하고도 젊은 시절에 늘 새롭게 재현되었다는 수수께끼 같은 면모는 어디에서 유래하겠는가? 이 모든 것에서 한 차원 높은 욕망이 수용되지 않는가?

　예술이 자연현실의 모방일 뿐 아니라 자연현실을 극복하기 위한 형이상학적 보완이라면, 삶이 실제로 이토록 비극적으로 이루어진다는 사실 자체로부터 한 예술형태가 기원했다고 설명하기는 어렵다. 비극적 신화가 어쨌든 예술에 속하는 한, 그것은 형이상학적 변용이라는 예술의 의도에도 온전히 관여한다. 하지만 비극적 신화가 고난받는 영웅의 영상 아래 현상계를 상연할 때, 과연 무엇을 변용하는가? 이 현상계의 "실재"를 변용할 리는 없다. 비극적 신화는 우리에게 바로 이렇게 말하기 때문이다, "보라! 똑바로 보라! 이것이 너희 삶이니! 이것이 너희 현존의 시곗바늘이니!"

비극적 신화가 그런 삶을 보여준 것은, 우리 눈앞에서 그런 삶을 [152] 변용하기 위해서였던가? 그게 아니라면, 그러한 영상들이 눈앞을 스쳐갈 때 우리가 느끼는 미적 욕망은 대체 무엇을 위해 있겠는가? 나는 미적 욕망에 관하여 묻고 있지만, 이와 별개로 그러한 영상들 중 많은 것들이 더러는 연민이나 윤리적 승리 등의 형태로 도덕적 여흥까지도 낳는다는 것을 잘 알고 있다. 그러나 미학에서 너무나도 오랜 통념에 따라, 오로지 도덕적 원천으로부터 비극적인 것의 효력을 도출하고자 했던 자라면, 그것을 가지고 예술에 무언가를 기여한 것으로 생각하지 말았으면 한다. 예술 분야에서는 무엇보다도 순수성이 요구되기 때문이다. 비극적 신화의 설명을 위해 필요한 제일의 요구사항은, 비극적 신화 고유의 욕망을 순수하게 미적인 천구 속에서 찾아야 한다는 것, 그것도 연민·공포·윤리적 숭고함의 영역과 접촉하지 말고 찾아야 한다는 것이다. 그렇다면 추한 것과 부조화로운 것, 즉 비극적 신화의 내용이 어떻게 미적 욕망을 격동시킬 수 있단 말인가?

여기에서 필요한 것은, 앞서 언급한 '현존과 세계는 오직 미적 현상現狀으로서만 정당화된 것으로 나타난다'는 문장[245]을 반복하면서 예술형이상학 속으로 대담하게 뛰어드는 것이다. 이러한 의미에서 바로 비극적 신화가 우리에게 확신시켜주는 바는, 추한 것과 부조화로운 것조차도 하나의 예술가적 유희라는 것, 즉 의지가 자기 욕망의 영원한 충만 속에서 스스로와 노니는 유희라는 것이다. 그러나 포착하기 어려운 디오니소스적 예술의 이와 같은 원초현상現狀은, 오직 직접적인 방식으로만 이해될 것이요, **음악적 불협화음**의 경이로운 의미 속에서 직접 파악될 것이다. 그 이유

---

245 5장(1,47)과 〈자기비판의 시도〉(1,17) 참고.

는 세계 곁에 세워진 음악만이 유일하게, '미적 현상現狀으로서의 세계의 정당화'가 무엇을 뜻하는지에 대해 개념을 제공할 수 있기 때문이다. 비극적 신화가 낳은 욕망은, 음악의 불협화음을 느끼는 욕망 어린 감수성과 고향이 같다. 디오니소스적인 것은 음악과 비극적 신화가 태어난 공동모태로서, 그것의 원초욕망은 심지어 고통에서조차 수용된다.

[153] 불협화음의 음악적 혈통의 도움으로, 이제 비극적 효력이라는 무거운 난제가 대단히 가벼워지지 않았겠는가? 그러면 이제 비극에서 관觀하기를 원하면서도 동시에 관觀함 너머를 염원한다는 것이 무엇을 뜻하는지를 알아보자. 이 상태의 특성을 예술가적으로 사용된 불협화음과 관련시켜 말하자면, 듣기를 원하면서도 동시에 들음 너머를 염원한다고 해야 할 듯싶다. 명료하게 수용된 현실에 대한 최고조의 욕망에도 불구하고, 무한한 것을 향한 이와 같은 노력, 염원의 날갯짓은, '우리가 그 양자의 상태에서 디오니소스적 현상現狀을 인식해야 한다'는 것을 상기시킨다. 이 디오니소스적 현상은 개별세계의 유희적인 건설과 파괴가 원초욕망의 유출이라는 것을 우리에게 매번 새롭게 계시하는 바, 이는 '어두운 자' 헤라클레이토스가 비유한 대로, 돌을 여기 놓거니 저기 놓거니, 혹은 모래 더미를 세우거니 허물거니 유희하면서 세계를 조형하는 어린아이의 힘과 유사하다.[246]

그러므로 한 민족의 디오니소스적 자질을 올바로 평가하기 위해서는, 그 민족의 음악은 물론, 그 민족의 비극적 신화 역시 반드시 두 번째 증인으로 삼아서 사유해야 할 것이다. 음악과 신화 간의 더없이 밀접한 이 동족성으로 미루어보건대, 만약 신화의 쇠약이 디오니소스적 능력의 약화를 표출하는 것이라면, 한쪽이 변질되고 퇴행하면 그와 결부되어 다른 한쪽

---

246 헤라클레이토스는 11장(1,79), 19장(1,123)에서 언급된 바 있으며, 17장(1,110)에서는 그의 단편이 간접적으로 인용되었다. 헤라클레이토스의 "어두운 자ὁ σκοτεινός"라는 별명은 그의 특징을 드러내는 것으로, 아리스토텔레스의 《형이상학》396b에 언급된다. '어린아이의 유희'에 대해서는 17장(1,110) 주석 참고.

역시 쇠퇴할 것이라고 추정하지 않을 수 없다. 그런데 독일본질의 발전을 얼핏만 봐도 양자[의 동족성]에 대해서는 의심의 여지가 없다. 신화를 잃은 우리 현존의 추상적 성격에서 그러하듯이 오페라에서도, 그리고 개념이 이끄는 삶에서 그러하듯이 여흥으로 전락한 예술에서도, 소크라테스적 낙관주의가 생명을 갉아먹는 비예술가적 본성을 우리에게 드러내고 있었던 것이다. 그럼에도 불구하고 독일정신이 [154] 장려한 건강과 심층과 디오니소스적 힘 속에서 건재하다는 징조, 잠에 빠진 한 명의 기사처럼 접근 불가능한 심연 속에서 쉬며 꿈꾸고 있다는 징조는 우리에게 위로가 아닐 수 없었다. 그 심연에서 솟구쳐 오른 디오니소스적 가곡이 우리에게, 그 독일기사가 지금도 여전히 태고의 디오니소스적 신화, 복되고도 심각한 환시 속에서 꿈꾸고 있음을 알리고 있는 것이다. 신화적 고향을 알려주는 독일정신의 새소리를 아주 명료하게 알아듣는 자라면, 독일정신이 신화적 고향을 영원히 상실했다고 여기지는 않을 것이다. 어느 날 독일정신은 어마어마한 잠 끝에 완연히 신선한 아침을 맞으며 깨어나는 자신을 발견하리니, 그리하여 용들을 처치하고 간교한 난쟁이들을 멸하고서 브륀힐데를 깨우리니 — 그러면 보탄의 창조차도 그의 길을 가로막지 못하리라![247]

나의 벗들이여, 디오니소스적 음악을 믿는 그대들이여, 그대들 역시 우리에게 비극이 무엇을 의미하는지를 알고 있다. 음악으로부터 재탄생한 우리는 비극에서 비극적 신화를 갖는 것이니 — 그대들은 비극적 신화 속에서 어떤 것이든 희망할 수 있으며 가장 고통스러운 것조차도 망각할 수 있노라! 그러나 우리 모두에게 가장 고통스러운 것은 — 독일적 천재가 집과 고향으로부터 멀리 떨어져 간교한 난쟁이들을 섬기면서 살았던 장구한 세월의 모욕인 것이다. 그대들은 이 말을 이해하고 있나니 — 종국에는 나의 희망들도 이해하게 되리라.

247 바그너의 음악극 〈지크프리트〉 2막~3막 참고.

25

음악과 비극적 신화는 하나같이 한 민족의 디오니소스적 자질의 표출이며 서로 분리될 수 없다. 양자는 아폴론적인 것 너머에 있는 하나의 예술 영역에서 유래한다. 그리하여 양자는 하나의 권역을 변용하나니, 그곳에서는 욕망의 협화음 속에서 불협화음 못지않게 참혹한 세계영상이 매혹적으로 울려 퍼지고 있다. 양자는 극도로 강력한 자신들의 주술적 예술을 신뢰하면서 반감의 가시를 가지고 유희를 펼치며, 이 유희를 통해 "최악의 세계"[248]의 실존까지 정당화한다. 이런 점에서 디오니소스적인 것은, [155] 아폴론적인 것을 기준으로 측정하자면, 현상계 전체를 현존으로 불러들이는 영원하고 근원적인 예술위력으로 드러난다. 생명이 부여된 개별화 세계를 삶에 붙잡아두려면, 현상계 한가운데에서 새로운 변용의 가상이 필요한 것이다. 불협화음의 사람되심[249]을 생각해볼 수 있다면 ― 사람이란 게 달리 무엇이겠는가? ― 그 불협화음이 살아갈 수 있기 위해, 불협화음 고유의 본질을 아름다움의 너울로 덮어버리는 장려한 허상이 필요할 것이다. 이것이 아폴론적 예술의 참된 의도이다. 우리는 이 아폴론의 이름 아래, 아름다운 가상의 그 모든 무수한 허상들 ― 매 순간마다 어찌하든 현존을 살아갈 가치가 있도록 만들며 바로 다음 순간을 체험하도록 몰아붙이는 허상들 ― 을 취합하고 있는 셈이다.

아울러 모든 실존의 토대, 즉 세계의 디오니소스적 밑바탕은 저 아폴론적 변용의 힘에 의해 다시 극복될 수 있는 만큼만 인간 개별자의 의식

---

248 쇼펜하우어,《의지와 표상으로서의 세계》II, 4권 46장, "라이프니츠의 '이 세계는 가능한 세계들 중에서 최상의 세계'라는 명백히 소피스트적인 표명에 대하여, 진지하고도 솔직하게, '이 세계는 가능한 세계들 중에서 최악의 세계'라는 표명을 내세울 수 있다".

249 니체는 "사람되심Menschwerdung"이라는 용어를 "그리스도의 성육신", "하느님의 사람되심"이라는 그리스도교 교리를 염두에 두고 쓰고 있다. 〈요한복음〉(1,15), 〈필리피서〉 2,5~11) 참고.

속으로 진입할 수 있으므로, 두 예술충동은 반드시 엄격한 상호비율로, 영원한 정의에 의거한 법칙에 따라 자신들의 힘을 펼칠 수밖에 없다. 우리가 체험하고 있다시피, 디오니소스적 권력들이 대단히 격렬하게 일어나는 곳에서는 틀림없이 아폴론 역시 구름으로 모습을 은폐하고서 이미 우리에게 강림해 있을 것이다. 아마도 다음의 어느 세대는 그의 아름다움의 풍만한 효력들을 바라보게 되리라.

그러나 이런 효력을 직관을 통해 가장 확실하게 공감할 자는, 비록 꿈속일지언정 다음처럼 옛 헬라스의 실존으로 되돌아가 느껴본 자일 것이다. 높다란 이오니아식 주랑을 거니노라면, 순수하고 고결한 선으로 그어진 지평선이 바라보이고, 옆으로는 자신의 변용된 형상이 영롱한 대리석에 어리비치는 가운데, 조화롭게 울려 퍼지는 소리와 전아한 몸짓의 언어로 장엄하게 걸음을 내딛거나 섬려하게 움직이는 사람들에 에워싸일 때, —아름다움이 이토록 하염없이 밀려들 때, 손을 들어 올려 아폴론께, "복된 민족 [156] 헬라스여! 델로스의 신께서 당신들의 디티람보스적 광기를 치유하기 위해 그와 같은 주술이 필요하다고 볼진대, 당신들에게 디오니소스는 그 얼마나 위대하단 말인가!"라고 굳이 외칠 필요는 없으리라 —그러나 그와 같은 감격에 젖은 자에게, 아이스킬로스의 숭엄한 눈을 가진 어느 백발의 아테네인이 바라보면서 답할 것이다. "그러하나 이것 역시 말하시지요, 그대 신기한 이방인이여, '이 민족이 이토록 아름답게 될 수 있기 위해 그 얼마나 많은 고난을 겪어야 했던가!'를 말이오. 그러니 이제 나를 따라 비극을 찾아가서 나와 함께 두 신성의 신전에 봉헌하시구려!"

옮긴이 해제

《비극의 탄생》의 기원

"그간 불안하고 변덕스러웠던 나의 경향에 균형을 맞추고 싶었다. 그래서 차분한 사고, 논리적 냉철함, 단조로운 작업으로 이루어지는 학문, 나아가 연구결과로 인해 마음이 심란하지 않을 학문을 원했다. 당시 나는 문헌학이 이 모든 것에 부합한다고 여겼다. 슐포르타 학생이라면 문헌학 연구는 이미 준비되어 있었다."(FS 5,253) — 니체가 여섯 해 동안 엄격하지만 유익했던 슐포르타에서 고전어를 충실히 습득한 후 1864년 본 대학에 입학하여 고전문헌학을 택한 것은 내면에 도사리고 있는 경향에 대한 일종의 방어책이었다. 예술가 기질과 낭만주의적 성향에 대한 방어책. 그러나 그에게 문헌학이라는 방패는 쇼펜하우어와 바그너를 방어하기에는 그다지 튼튼하지 않았다. 그가 1865년 라이프치히 대학 시절 고서점에서 쇼펜하우어의 《의지와 표상으로서의 세계》를 우연히 발견하고 처음 읽었던 때를 돌아보며 쓴 기록(1867)은, 문헌학자로서의 운명이 오래가지 않을 것임을 예고한 것이었다.

나는 집에 돌아와 획득한 보물을 들고 소파 구석에 몸을 던졌다. 그것은 그 음울한 정열적 천재가 내게 영향을 끼칠 여건을 마련해준 착점이었다. 매 행마다 좌절, 부정, 체념이 소리치고 있었다. 거기에서 나는 나의 삶과 정서를 까무러칠 만큼 웅장하게 비추어주는 거울을 보았다. 예술의 태양의 눈, 치우침 없이 가득 비추는 눈이 나를 바라보고 있었다. 나는 질병과 쾌유, 추방과 피난처, 지옥과 천상을 보았다. 자기인식의 갈망, 아니 나 자신을 뜯어보고 싶은 갈망이 나를 덮쳐 압도했다.(FS 3,298)

니체는 대학 재학 시에 이미 문헌학자로서 명성을 쌓기 시작하였지만, 한편으로는 쇼펜하우어 철학과 바그너 음악에 경도되고 있었다. 그런 그가 1868년 바그너와 처음 만나 쇼펜하우어와 음악에 대해 나누었던 대화는 문헌학자로서의 그에게는 차라리 위험한 도화선이었다. 그는 문헌학에 심각한 회의를 품고 철학논문을 구상하기도 하였다. 그러나 학위논문을 쓰기도 전에 스승 리츨의 천거로 바젤 대학에 고전문헌학 교수로 취임하게 되었으니, 그것은 문헌학, 철학, 현대음악이 길항하는 젊은 니체에게 어울리지 않는 "학자의 두건"(1,14)이었다.

니체는 1869년 바젤 대학 교수로 취임한 뒤 트립셴을 수시로 방문하며 바그너 부부와 교유하였다. 그가 트립셴을 오간 1869~1872년의 날들은 《비극의 탄생》을 수태한 "숭고한 우연의 날들 — 심오한 순간의 날들"(KSA 6,288)이었다. 그 당시 작업들은 많은 부분 《비극의 탄생》의 밑작업으로 간주할 수 있다. 가령, 1870년 초에 바젤 박물관에서 행한 두 차례 공개 강연, 〈그리스 음악극〉과 〈소크라테스와 비극〉은 각각 그리스 비극의 기원과 소크라테스주의에 의한 비극의 죽음을 다루며, 이는 또한 《비극의 탄생》의 주요 주제에 해당한다. 니체는 두 강연의 원고를 트립셴에 보내 의견을 교환했을 정도로 바그너와는 정신적 근친이었다. "나는 이곳에서 소크라테스와 비극에 대하여 강연하였지만, 경악과 오해를 불러일으켰다. 하지만 이 강연 덕분에 트립셴의 벗과는 더욱 가까워졌다."(KSB 3,95) 〈소크라테스와 비극〉은 아리스토파네스에 근원을 둔 낭만주의의 시각을 계승한 것으로, 니체는 이때 이미 문헌학자에서 철학자로 옮겨가는 중이었다. "지금 내 안에서 학문과 예술과 철학이 함께 자라

고 있다. 분명 언젠가는 켄타우로스를 낳을 것이다."(KSB 3,95)

1870년 여름, 심중에 켄타우로스를 품고 트립셴 인근의 "알프스 벽지 어드메"(1,11)에서 집필하기 시작한 〈디오니소스적 세계관〉은 비극에 대한 문헌학적·역사학적 탐구가 아니라 철학적 해석이었으며, "이 책의 핵심"(1,11), 《비극의 탄생》의 기원이었다. 때마침 독불전쟁이 발발하자 니체는 대학에 휴직을 신청하고 8월 중순에 의무병으로 자원하여 참전하였다. 그러나 서부전선 "메츠의 성벽 아래"(1,11) 야전에서 전사자의 시신을 염하고 부상병을 돌보던 중 이질과 디프테리아에 감염되어 9월 중순에 고향 나움부르크로 돌아왔다. 4주간의 짧은 참전 경험 후 "전장에서 집까지 따라온 질병에서 서서히 회복되는 가운데 '음악정신으로부터의 비극의 탄생'을 최종적으로 스스로에게서 확인하였다."(1,11~12) "전쟁의 참상과 숭고함 속에서"(1,23) 질병과 함께 디오니소스적 세계관에 집중한 그는 몸의 회복과 함께 마침내 스스로의 몸에서 그리고 문명사에서 비극의 탄생, 비극적 사상의 탄생을 확인한 것이다. 니체는 〈디오니소스적 세계관〉을 다듬고 축약한 원고 〈비극적 사상의 탄생〉을 들고 1870년 12월 24일 트립셴의 바그너 저택을 방문하였다. 다음 날 아침, 취리히 톤할레 관현악단 단원들이 저택 계단에서 리하르트 바그너가 남몰래 작곡한 〈지크프리트 목가〉를 초연하는 것을 들었다. 리하르트의 아내 코지마 바그너의 생일을 축하하는 깜짝 공연이었다. 그날 니체는 〈비극적 사상의 탄생〉을 생일선물로 건넸고, 코지마는 일기에 "최고의 가치가 있는 것"(KSA 15,27)이라고 기록하였다.

아폴론과 디오니소스의 이름은 〈디오니소스적 세계관〉에서 처음 등장하여 《비극의 탄생》을 관통하는 주제, "두 예술충동"으로 자리잡으며, 〈디오니소스적 세계관〉 내지 〈비극적 사상의 탄생〉과 앞서 언급한 〈그리스 음악극〉은 나중에 《비극의 탄생》 전반부 1장~10장을 구성하는 요체가 된다. 그리고 니체는 강연 원고 〈소크라테스와 비극〉을 전반적으로 개정하여 1871년 〈소크라테스와 그리스 비극〉이라는 소책자로 자비 출판

하였으며, 이후 사소한 부분만 수정하여 《비극의 탄생》 11장~15장에 거의 그대로 수록하게 된다. 이상 서너 편 글의 주제와 내용이 《비극의 탄생》 전반부(1장~15장)를 이룬다. 그러므로 1871년은 《비극의 탄생》을 본격적으로 집필한 시기라고 할 수 있으며, 니체는 연말 휴가 때마다 방문하던 트립셴도 방문하지 않고 《비극의 탄생》 출간 작업에 매달렸다. 리하르트가 코지마를 위해 남몰래 〈지크프리트 목가〉를 작곡했듯이, 니체는 바그너 음악극을 위해 은밀히 출간 작업을 마무리했던 것이다. 그리고 〈리하르트 바그너에게 바치는 서문〉의 헌정사와 함께 《비극의 탄생》 초판본이 1872년 새해 벽두에 트립셴에 전해졌다. "당신의 찬란한 기념논문이 탄생했던 때와 같은 시기에, 즉 막 발발한 전쟁의 참상과 숭고함 속에서 제가 이 사상에 집중했음을 당신은 회상할 것입니다."(1,23) 바그너가 음악의 자율성을 주창하며 "찬란한 기념논문" 〈베토벤〉을 썼던 1870년 여름, 니체는 알프스 벽지 마더라더탈과 전쟁터 메츠의 성벽 아래에서 《비극의 탄생》을 수태하여 1872년 초 마침내 결실을 보게 된 것이다. 바그너 부부는 "정말 찬란한 니체의 글"(코지마, KSA 15,36), "이것이 바로 내가 고대하던 책"(리하르트, KSA 15,36~37)이라며 《비극의 탄생》에 대하여 열광적인 반응을 보였다.

이러한 집필 과정상 《비극의 탄생》은 전체적으로 글의 전개가 원활하지 않으며, 감정의 진폭이 크다. 문장 역시 고대 그리스어 특유의 난해한 문체적 특징과 부사의 남발, 감정의 고조에 따른 빠른 호흡이 뒤섞여 있다. 참혹한 죽음의 전쟁과 마취적인 바그너 음악이라는 희소한 경험 탓에 더러는 독자를 전혀 고려하지 않는 혼잣말 같은 서술도 보인다. 내용상으로는 디오니소스적인 것과 아폴론적인 것이라는 두 예술충동의 원리로 예술사를 새롭게 설명하려는 야망과 소크라테스주의 및 학문에 대한 문제적 시각과 바그너 음악극에 도취된 선동이 혼재된 불온서적이며, "현시대"(1,21)의 사상과 예술과 학문에 대해 도발하는 반시대적 선언문이기도 하다. 바그너 추종자들과 니체의 가장 가까운 친구 이외에는 아무도 이 도발적인 서적을 옹호할 수 없을 정도였다. 그를 총애하였던 스승 리츨조차도 책을 받고 "기발할 정도로 경망스럽다"(KSA 15,37)고 혹평하였으며, 입장을 밝혀달라는 니체의 청에 "자네는 '알렉산드리아 후예'인 학자에게 터무니없는 요구를 하지 말게. 설마 그가 인식을 심판하고, 오직 예술에만 세계를 변혁하는 힘, 구원하고 해방하는 힘이 있다고 보기야 하겠는가?"(KSA 15,38)라는 매정한 답장을 보내고 "니체의 맹랑한 편지"를 받았다고 기록하였다.

《비극의 탄생》은 이토록 문제적인 작품이다. 문헌학계가 보기에는 촉망받던 젊은 학자의 죽음이요, 바그너가 보기에는 자신의 필생의 과업을 선전할 젊은 영웅의 등장이며, 훗날의 니체가 보기에는 너무 어마어마한 문제를 새파란 나이에 때 이르게 풀어내고자 악전고투한 결과물이다. 오늘날에는 《비극의 탄생》이 철학서로 다루어지는 까닭에 이 책의 문제성에 대해 선뜻 수긍하기 어려울지 모르겠으나, 학자로서의 니체의 생애를 종식시킬 정도로 파급력이 큰 도발이었으며, 니체의 생애를 결정적으로 뒤바꾼 하나의 운명, 《비극의 탄생》의 표현을 빌리면, 니체라는 비극적 영웅을 세계의 무대에 출현시킨 디오니소스적 분출이었다.

《비극의 탄생》,
"이론적 세계관과 비극적 세계관의 영원한 투쟁"

《비극의 탄생》은 일반적인 학술적 작업으로는 쉽게 접근하기 힘든 난해함을 비장하고 있는 까닭에 전집 편집자 조르조 콜리Giorgio Colli는 "어떤 의미에서 비극의 탄생은 가장 비의적인 작품"(KSA 1,902)이라고 평하기까지 했다. "내가 진작에 이 책을 가지고 무슨 과제를 과감히 건드렸던지를 사람들이 이해할까?"(1,19) ― 니체의 이 의문은 이 "불가능한 책"(1,13), 이 난해한 책이 과연 제대로 읽힐 수 있을 것인지에 대한 의구심의 표출이기도 하다. 그의 의구심을 덜어내기 위해서는《비극의 탄생》을 학계에서 논의된 쟁점 위주로 살피기보다는, 오히려 책의 생성사와 본문 내용, 그리고 후기 니체가 비평한 〈자기비판의 시도〉(1886)와《이 사람을 보라》(1889)에서 언급한 관련 대목을 중심으로 작품 내재적으로 살펴보는 편이 나을 것이다.《비극의 탄생》은 이론적 세계관에 대한 투쟁으로 기획된 저술, 학문 자체를 문제삼고 학자들을 "노예계급"(1,117)이라고 폄칭한 저술이므로.

《비극의 탄생》의 중심 주제를 "이론적 세계관과 비극적 세계관의 투쟁"으로 파악할 경우 그 내용은 크게 다섯 단락으로 나눌 수 있다.

(1) 아폴론적인 것과 디오니소스적인 것이라는 두 예술충동의 투쟁과 화해(1장~4장)
(2) 비극의 기원과 본질(5장~10장)
(3) 비극의 죽음과 소크라테스주의(11장~15장)
(4) 이론적 세계관과 비극적 세계관의 영원한 투쟁(16장~20장)
(5) 비극의 재탄생(21장~25장)

일반적으로 "아폴론적인 것과 디오니소스적인 것이라는 두 예술충동"과 관련한 첫째 주제와 "비극의 죽음과 소크라테스주의"라는 셋째 주제가 가장 신선하고 도발적인 까닭에 제일 많이 논의되는 반면, 넷째와 다섯째 주제는 상대적으로 소홀히 다루어지는 경향이 있다. 아무래도 바그너 음악극과 그리스 비극을 동일시한 니체의 선전 탓에 그 가치가 평가절하되었기 때문일 것이다. 그러나 "나의 첫 저작을 손상시키고 말았던 (…) 잘못된 적용들"(1,20)을 어느 정도 배려하고 묵인하면서 다루면, 기존의 고루한 해석을 넘어서《비극의 탄생》의 철학에 전체적이고 유기적으로 접근할 수 있을 것이다.

먼저 첫째 주제(1장~4장)를 살펴보자. 아폴론적인 것과 디오니소스적인 것이라는 두 예술충동은 각각 '조형·영상·언어'와 '음악'을 충동하는 "예술가적 권력들"(1,30)로서, 양자의 투쟁과 화해를 통해 서사시, 서정시, 비극 등의 예술장르가 탄생하였다. 티탄전쟁에서부터 호메로스 서사시, 도리스 예술, 서정시, 비극에 이르는 여정은 그들의 불일치와 일치가 남긴 "끝없는 흔적"(1,48)이다. 니체는 종국적으로는 두 예술충동을 가지고 종래의 '주관적/객관적'이라는 구태의연한 미학적 도식을 극복하고자 하며, '영상'과 '음악' 간의 관계를 드러내어 서사시, 서정시, 비극의 생성 원리를 해명하고자 한다. 이를 위해 먼저 1장~4장에서 "디오니소스적인 것과 아폴론적인 것이 서로를 뒤쫓아 매번 새로운 탄생체들을 낳고 서로를 강화시키면서 어떻게 헬라스적 본질을 장악했는지"(1,41)를 살핀다. 따라서 첫째 주제의 서술은 고대 세계의 신화 및 예술을 배경으로 한 것으로 다소 전문적이고 산만하게 전개되는 편이지만, 전혀 새로운 원리로 고대 예술의 생성사 및 본질을 규명하겠다는 기획은 신선하고 파격적이다.

다음 주제(5장~10장)는 두 예술충동의 투쟁 끝에 마침내 비극이 탄생하기까지의 그리스 예술사와 비극의 기원 문제를 다룬다. 니체의 통찰에 따르면, 언어와 음악 간의 비밀한 관계 — "서정시인과 음악가의 합일, 즉 동일성"(1,43) — 를 드러내는 서정시에서 비극이 싹텄으며, 언어·음악·춤이 함께 펼쳐지는 디티람보스라는 제의예술과 가무단에서 비극이 직접적으로 기원하였다. 니체는 단순히 비극의 기원사를 서술하는 것이 아니라, '조형·영상·언어'와 '음악'의 근본적인 관계와 비극 가무단의 "예술가적 원초현상"(1,60)을 탐색함으로써 그 기원과 현상現狀에 걸맞게 비극의 본질, 즉 비극에서의 두 예술충동의 합일을 설명해낸다. 그리스 비극은 '오케스트라 위 가무단의 가무서정시'와 '무대 위 배우들의 대화'로 구성되는 바, 니체는 전자를 "가무단의 디오니소스적 서정시", 후자를 "무대의 아폴론적 꿈세계"(1,64)로 해석한다. 나아가 비극의 무대는 "디오니소스적 격동에 휩싸인"(1,62) 비극 가무단의 환시로서, 무대의 대표적 주인공인 오이디푸스와 프로메테우스도 "디오니소스의 가면

181

들"(1,71)에 불과하다. "참되게 실재하는 디오니소스는 군상의 다多로, 투쟁하는 주인공들의 가면들로 나타나되, 개체의지의 그물에 걸린 채 나타난다"(1,72) — 이로써 비극에서의 디오니소스적인 것과 아폴론적인 것의 비의적 합일이 설명된다. 이것이 비극이다. 니체는 기존의 학문적인 증명과정을 불신하고 학술서적의 인용방식이나 각주도 백안시하면서, 전승된 문헌을 자신의 통찰을 위해 전유專有하여 활용한다. (어떤 곳에서는 인용문의 원래 맥락을 뒤집어 역으로 이용하기까지 한다.) 이러한 문헌 활용방식을 니체는 평생 고수하며, 이 자체가 학문에 대한 의구심의 발로이자 "학문을 예술의 광학으로", "예술을 삶의 광학으로"(1,14) 보려는 대범한 시도의 일환이다. 빌라모비츠묄렌도르프가 고전문헌학의 잣대로 그의 시도를 혹심하게 비판한 것은 하찮은 일화에 지나지 않는다.

셋째 주제(11장~15장)는 "비극의 죽음과 소크라테스주의"로, 에우리피데스 비극과 소크라테스주의를 다룬다. 멀리는 아리스토파네스 희극에서 시작되어 가까이는 독일 낭만주의 및 바그너로 계승된, 소크라테스적 이성주의에 대한 비판은 니체에 이르러 풍부한 표현을 얻는다. 니체는 에우리피데스가 "디오니소스적 요소를 비극에서 솎아내고 비극을 순수히 비디오니소스적인 예술·풍습·세계관 위에다 새로 건립"(1,82)함으로써 비극이 파괴되었다고 본다. 에우리피데스는 서사시의 아폴론적 효력을 성취할 능력은 없었으나 디오니소스적 요소들에서 한껏 벗어날 수는 있었으므로, "아폴론적 관조를 대체하는 냉정하고 역설적인 사상과, 디오니소스적 홀림을 대체하는 불같은 격정"(1,84)으로 두 예술충동을 대체하였다. 그리하여 비극은 예술의 에테르와는 무관한 "모든 것은 지성적이어야만 아름답다"(1,85)는 최상위법에 의해 언어·성격·희곡·음악이 교정되었다. 그런데 이 에우리피데스조차도 소크라테스의 가면에 불과했던바, 소크라테스는 지성과 앎에 최고의 가치를 부여하고 비극을 비철학적인 자극제, 유익하지 못한 예술로 간주하여 배척하였다. 소크라테스는 이론적 인간의 전형, 전혀 새로운 유형의 신귀神鬼이다. 그러므로 "디오니소스적인 것과 소크라테스적인 것, 이것이야말로 새로운 대립이며, 그리스 비극의 예술작품은 이로 말미암아 몰락하였다".(1,83) 니체가 보기에 소크라테스 배후에는 논리적 소크라테스주의라는 수레바퀴가 구르고 있다. 소크라테스라는 인물을 빌어 출현한, "사유는 존재를 인식할 수 있음은 물론 교정까지 할 수 있다"(1,99)는 형이상학적 환상은, "죽음을 맞이하는 소크라테스"(1,99)라는 신화적 영상까지 성취하였다. 이것은 앎과 근거를 통해 죽음의 공포에서 벗어난 인간의 영상이다. 후세는 이를 학문의 문장紋章으로 삼고 학문의 낙관주의를 그 한계까지 밀어붙인다, 학문이 전복되어 마침내 비극적 인식이 피어나기까지.

넷째 주제(16장~20장)는 "이론적 세계관과 비극적 세계관의 영원한 투쟁"(1,111)을 다룬다. 아폴론적인 것과 디오니소스적인 것이 비극적 세계관을 이루는 예술충동이라면, 이에 근본적으로 대립하는 것은 "소크라테스를 앞세운 학문, 그 본질 가장 깊은 곳까지 낙관주의적인 학문"(1,103)이다. 달리 말하면, '비극적 세계관·디오니소스적 세계관·비관주의'와 '이론적 세계관·소크라테스주의·낙관주의'의 대립이다. 이 양자의 대립과 투쟁 끝에 비극과 비극적 신화가 죽음을 맞았다. 서정시의 시작부터 비극에 이르기까지 고조되었던 "영상적·신화적 계시를 향한 음악의 정신의 분투"(1,110)는 만개한 지 얼마 지나지 않아 그렇게 학문의 낙관주의에 의해 꺾여버리고, 디오니소스적 세계관은 비의적 심층으로 숨어버린 것이다. 그렇다면 "비극을 저지하고 좌절시켰던 권력은 과연 비극과 비극적 세계관의 예술가적 재각성을 영영 가로막을 정도로 강한가?"(1,111) 아니다. 학문의 정신, 이론적 세계관이 한계에 다다르고 보편적 타당성에 대한 요구가 파멸할 때 비극의 재탄생을 희망할 수 있다. 이는 고대 그리스부터 르네상스, 현대까지 이어지는 세계관적 투쟁인바, 학문의 정신은 언제나 반드시 "신화를 창조하는 음악의 힘"(1,111)과 겨루고 있기 때문이다. 그렇다면 학문의 정신이 한계에 다다랐다는 표지는 무엇일까? 그것은 바로 "음악 하는 소크라테스"(1,102), 즉 음악마저 현상現像을 모방하는 예술로 전락시키는 문화형태, "신아티카 디티람보스"(1,111), "이론적 인간의 명랑성"(1,115), "소크라테스적·알렉산드리아적 문화"(1,132), "오페라의 문화"(1,120)이다. 이 황폐한 문화에서 학문의 낙관주의가 한계에 부딪히며, 디오니소스적 정신이 서서히 깨어나고 비극적 문화가 유입된다. 바흐, 베토벤, 바그너로 이어지는 독일음악과 칸트, 쇼펜하우어의 독일철학은 "독일적인 것들의 회복"(1,149)이며, 디오니소스적 정신의 재각성, 비극의 재탄생이다.

마지막 주제(21장~25장)는 "비극의 재탄생"과 비극적 신화의 본질을 다룬다. 비극은 자체 안에 음악 황홀경을 흡수하고 비극적 신화와 비극적 주인공을 제시한다. 음악의 도움을 입은 비극적 신화는 언어만으로는 결코 성취할 수 없는 형이상학적 의의를 성취한다. 니체는 바그너의 음악극 〈트리스탄과 이졸데〉 제3막을 사례로 들어 설명한다. 아폴론적인 것과 디오니소스적인 것의 합일, "완성된 극과 그것의 음악 간에 섭리하는 예정조화"(1,137) 덕분에 무대의 극은 최고 수준의 현시顯示에 도달하며, 음악은 무대의 세계를 내밀하게 비추어 무한히 확장시킨다. 아폴론적 영상은 인간을 디오니소스적 황홀경의 자기파멸에서 구해내어 "트리스탄과 이졸데 같은 개체적 세계영상을 보고 있다는 환상"(1,137)으로 이끌며, 디오니소스적 음악은 그 환상, 무대의 가상을 최고도로 명료하고 장려하게 드러낸다. 이것이 비극적 신화이다. "비극적 신화는 아폴론적 예술수단을 통해 디오니소스적 지혜를 영상화한 것"(1,141)이다. 그러나 무대의 장려한 가상은 결국 아폴론적 기만에 불과하므로 가장 본질적인 점에서는 파멸하고 만다. 비극적 신화가 현상계를 한계까지 끌어올리고, 마침내 현상계는 "형이상학적인 백조의 노래"(1,141)를 부르며 파국을 맞이하는 것이다. 나아가 이 최고의 파국, "추한 것과 부조화로운 것"조차도 미적 유희, "예술가적 유희"(1,152)에 불과하다. 이것이 바로 "비극적인 것의 원초현상現狀"(1,142), "비극적 효력"(1,152)이다. "모든 현상現像 너머에 있으면서 모든 파멸에도 굴하지 않는 영원한 삶"(1,108)을 표현하는 이 디오니소스적 예술 속에서, "듣기를 원하면서도 동시에 들음 너머를 염원"하는 이 "음악적 불협화음"(1,153) 속에서, "미적 현상으로서의 세계의 정당화"(1,152), "최악의 세계의 실존까지 정당화"(1,154)가 이루어진다. 비극이 재탄생하고 비극이 시작되고 비극적 신화가 재현되고 세계의 유희적인 건설과 파괴가 이루어지고 무엇이든 희망할 수 있고 무엇이든 망각할 수 있다. 이것은 디오니소스적 현상現狀이다.

나의 벗들이여, 디오니소스적 음악을 믿는 그대들이여, 그대들 역시 우리에게 비극이 무엇을 의미하는지를 알고 있다. 음악으로부터 재탄생한 우리는 비극에서 비극적 신화를 갖는 것이니 — 그대들은 비극적 신화 속에서 어떤 것이든 희망할 수 있으며 가장 고통스러운 것조차도 망각할 수 있노라!(1,154)

이상으로 살펴본 바와 같이, "이론적 세계관과 비극적 세계관의 투쟁"이라는 주제는《비극의 탄생》전체를 이끌어가는 서사이다. 이론적 세계관을 구성하는 것은 소크라테스주의, 학문의 낙관주의, 알렉산드리아적 문화이며, 비극적 세계관을 구성하는 것은 아폴론적인 것과 디오니소스적인 것이라는 두 예술충동이 합일하여 낳은 생명체, 비극 내지 비극적 신화이다. 요컨대《비극의 탄생》을 요약하면 비극적 세계관의 기원(1장~10장), 이론적 세계관의 성립과 비극적 세계관의 몰락(11장~15장), 이론적 세계관과 비극적 세계관의 영원한 투쟁(16장~20장), 비극적 세계관의 재탄생(21장~25장)이 된다.《비극의 탄생》이 여러 계기를 거쳐 형성된 텍스트이긴 하나 "이론적 세계관과 비극적 세계관의 투쟁"이라는 주제로 일관하는 까닭에, 후기 니체는 이 책에 대하여 다음과 같이 평할 수 있었다.

이 책에는 두 가지 결정적 혁신이 있다. 하나는 그리스인들의 디오니소스적 현상現狀에 대한 이해로, 이 책은 그 현상에 대한 최초의 심리학을 제시하였으며, 그 현상을 전체 그리스 예술의 단 하나의 뿌리로 보았다. 다른 하나는 소크라테스주의에 대한 이해로, 최초로 소크라테스를 그리스 해체의 연장, 전형적 데카당으로 인식하였다. 본능 대 "이성성". 모름지기 위험천만한, 삶을 매장하는 폭력으로서의 "이성성"! ─ 책 전반에 걸친 그리스도교에 대한 깊은 적대적 침묵. 그리스도교는 아폴론적이지도 디오니소스적이지도 않으며, 모든 **미적** 가치 ─ "비극의 탄생"이 인정하는 유일한 가치 ─ 를 **부정한다**. 그리스도교는 가장 깊은 의미에서 허무주의적인 반면, 디오니소스적 상징 속에서는 극도의 **긍정**이 성취된다. 그리스도교 사제를 "지하"의 "간교한 난쟁이"로 암시한 바 있나니 . . .(KSA 6,310)

디오니소스적 현상 대 소크라테스주의, 본능 대 이성성, 미적 형이상학 대 그리스도교, 디오니소스적 긍정 대 허무주의, 비극적 세계관 대 이론적 세계관, 요컨대, 비관주의 대 낙관주의…….

《비극의 탄생》, 혹은 "강함의 비관주의"

니체는 《비극의 탄생》 초판 출간 이후 14년이 지난 1886년 신판을 출간하면서 기존의 제목, "음악정신으로부터의 비극의 탄생"을 "비극의 탄생, 혹은 그리스 문명과 비관주의"로 개정하였으며, 〈리하르트 바그너에게 바치는 서문〉을 삭제하고 대신에 〈자기비판의 시도〉를 서문으로 추가하였다. 〈자기비판의 시도〉는 《비극의 탄생》 본문과 문체가 완전히 다르며, 내용 면에서는 《비극의 탄생》의 공과를 지적하면서 후기 니체의 눈으로 재해석한다. 그리고 《이 사람을 보라》(1889)에서는 자신이 출간한 책들을 돌아보면서 한 장을 할애하여 〈비극의 탄생〉(KSA 6,309~315)을 평가하고, 〈자기비판의 시도〉에서 언급된 주제를 좀 더 분명하게 다룬다. 이 두 글을 유기적으로 살펴보면, 후기 니체가《비극의 탄생》을 어떤 관점에서 보고 있는지를 확인할 수 있다.

니체는《비극의 탄생》의 과실로, 칸트와 쇼펜하우어, 나아가 헤겔의 공식을 가지고 아폴론적인 것과 디오니소스적인 것의 대립과 화해를 설명하려 했다는 점, 위대한 그리스적 문제를 독일음악(바그너 음악)과 뒤섞었다는 점, 문체의 둔중함과 템포의 비일관성, 매끄럽지 않은 내용 전개 등을 든다. 반대로 공적으로는, 학문 자체를 문제시했다는 점, 낙관주의와 비관주의의 정체를 드러냈다는 점, 그리스도교 및 도덕에 맞서는 "아티스트-형이상학"(1,13)을 선취했다는 점, "비극의 심리학"(KSA 6,313), 디오니소스적 긍정을 인식했다는 점 등을 꼽는다. 과실을 걷어내고 니체가 꼽은 공적을 중심으로《비극의 탄생》을 살펴보면, "이방인의 혀처럼 더듬거리는 영혼과도 같은 것"(1,15)이 진정으로 말하고자 했던 바를 파악할 수 있을 것이다.

먼저, 책의 부제로 언급된 "비관주의"는 세상에 대한 염세가 아니라, 힘과 건강에서 비롯한 의지, 이를테면 "현존 밑바탕에 있는 온갖 공포·악·수수께끼·파멸·숙명"(1,16)마저 기꺼이 수용할 정도로 강한 의지, "강함의 비관주의"(1,12), "헬라스인들의 비관주의"(KSA 6,160)를 뜻한다. 애당초 쇼펜하우어의 비관주의와는 아무런 상관이 없는 이 비관주의는 "충만과 넘침에서 탄생한 최고의 긍정형태, (…) 현존의 온갖 의문스럽고도 낯선 것들에 대한 유보 없는 긍정"(KSA 6,310), 디오니소스적 긍정으로서, "존재하는 것은 그 무엇도 뺄 것이 없으며, 없어도 되는 것은 아무것도 없다"(KSA 6,311)고 선언한다.《비극의 탄생》마지막 장의 "최악의 세계의 실존까지 정당화한다"(1,154)는 문장에 집약된 이 강함의 비관주의, 비극적 세계관은 "그 어떤 제약도 없이 무한히 반복되는 만물의 순환"(KSA 6,313), 영원회귀마저도 기꺼이 긍정하며, 그 어떤 고통이나 두려움도 강함을 단련할 수 있는 강화의 수단으로 삼을 수 있다.

반대로 소크라테스주의, 학문, 그리스도교, 도덕은 "결여·결핍·우울·

고통에서 생장한 것"(1,15)이자 "꺼져가는 기력·다가오는 노년·생리적인 피로의 증상"(1,17)이며, 필연적으로 낙관주의를 염원하는 나약한 데카당스이다. 이것들은 "비관주의에 대한 두려움과 도피"(1,12)에 불과하며, "현존의 공포스러운 얼음물에 과감히 자신을 맡기지도"(1,119) 못하고 파탄하는 문화의 표지이다. 낙관주의를 구성하는 이 모든 가치에 대한 전도顚倒는, 다이너마이트로서의 니체의 모습을 여실하게 보여준다. 이는 니체 철학의 본령과도 같은 것으로 수다한 저술을 통해 익히 알려져 있으므로 재삼 여기에서 상론할 필요는 없을 것이다.

니체는《비극의 탄생》에서 소크라테스주의와 학문을 문제가 있는 것으로 포착하여 그것들을 향해서는 십자포화를 퍼붓지만, 그리스도교 및 도덕에 대해서는 "적대적인 침묵으로"(1,18) 대적한다, 그것들의 반대가치인 아티스트-형이상학의 기치를 들어 올림으로써! 그는 아티스트-형이상학이 "현존에 대한 도덕적인 변명과 의미부여"(1,17)에 장차 대항할 정신을 누설했다는 점을《비극의 탄생》의 공적으로 꼽는다. "세계의 현존은 오직 미적 현상으로서만 정당화된다는 은밀한 문장"(1,17)은, 도덕적 가치만을 인정하는 그리스도교에 대한 "은밀한" 반대 가르침이며, 예술의 그 어떤 목적성이나 도덕화도 거부하는 "순수히 아티스트적이고 적그리스도적인 가르침"(1,19)이다. 아티스트-형이상학이 아는 유일한 세계는, "매 순간 이루어진 신의 구원"(1,17)으로서의 세계, "가상 속에서 이루어진 신성한 해방과 구원의 연속으로서의 세계"(KSA 12,115)이다. "세계는 (…) '가장 고난받는 자, 가장 대립적인 자, 가장 모순적인 자'의 영원히 변천하고 영원히 새로워지는 환시"(1,17)이다. 따라서 아티스트-형이상학은 "선악 너머의 비관주의"(1,17)를 고지함으로써, 세계를 증오하고 비방하는 그리스도교 및 도덕과 맞선다. 삶과 예술을 부정하고 금하고 심판하는 그리스도교적·도덕적 가르침과는 반대되는 가르침, 적그리스도적 가르침인 것이다.《비극의 탄생》은 삶에 대한 적대를 거부하고 "미적 쾌감과 반감의 상태에 대한 체험으로 지어진 책으로서, 그 배경에는

아티스트-형이상학이 있다."(KSA 12,115)

　　마지막으로 바그너의 경우, 니체는 바그너에게 헌정하는 서문을 쓸 만큼 그와 긴밀한 정신적 유대 속에 《비극의 탄생》을 집필하였으나, 1886년 신판에서는 이 서문을 삭제하였다. 그사이 바그너와의 결별(1876)과 실스 마리아에서의 체험(1881), 바그너의 사망(1883)이 있었으며, 급기야 신판의 〈자기비판의 시도〉에서는 바그너 음악을 "가장 비그리스적인 음악", "도취시키면서 동시에 혼미하게 만드는 (…) 위험한 그 음악"(1,20)이라고 단정한다. 그렇다면 《비극의 탄생》 21장(1,135~137)에서 "참된 음악적 비극의 효력"(1,140)의 실례로 바그너의 〈트리스탄과 이졸데〉 제3막을 들어 긴 명문으로 서술하고 다른 음악극들에 대해 수차례 찬사로 언급한 것은 어떻게 평가해야 할까? 이에 대해서는 니체가 〈바이로이트의 바그너〉를 두고 "이 텍스트에서 바그너라는 낱말이 나오면 거기에 무조건 내 이름이나 '차라투스트라'라는 낱말을 집어넣어도 좋다"(KSA 6,314)고 말한 문장을 그대로 적용할 수 있다. 바그너는 니체의 가면, 니체의 그림자, 니체의 심리인 것이다. "내가 젊은 날 바그너 음악에서 들었던 바는 바그너와 아무런 관계가 없다. 내가 디오니소스적 음악에 대해 서술했다면, 그것은 내가 들었던 바에 대한 서술이다 ― 나는 모든 것을 새로운 정신으로 번역하고 변용해야만 했다."(KSA 6,313) 이렇게 하여 《비극의 탄생》의 〈트리스탄과 이졸데〉는 "독일음악과 같지 아니하고 ― 디오니소스적 음악과 같은 음악"(1,21)으로, "위대한 정오"(KSA 6,314)로 변용된다. 독일 낭만주의 음악은 "비관주의자"(1,22)의 심리학에 의하여 디오니소스적 음악, 차라투스트라의 춤곡으로 변용된다.

　　이렇듯 《비극의 탄생》의 결점을 걷어내고 후기 니체의 눈으로 살펴보면, 니체의 첫 저작이 니체 철학의 전체 주제를 배태하고 있다고 해도 과언이 아니다. 요컨대, 《비극의 탄생》은 니체가 생장했던 토양이었으며, 모든 가치 전도顚倒의 시작이었다. 《우상의 황혼》 마지막 절(KSA 6,160)은 마땅히 《비극의 탄생》에 바치는 헌사로 읽어야 한다.

삶의 감정과 힘의 감정이 넘쳐흐르는 황홀경의 심리학, 그 안에서는 고통마저 자극제로 작용한다. 이 심리학이 내게 비극적 감정의 개념 — 아리스토텔레스를 비롯하여 특히 우리의 비관주의자들이 이 개념을 오해했지만 — 을 풀 열쇠를 주었다. 비극은 헬라스인들의 비관주의가 쇼펜하우어적 의미의 비관주의임을 입증하는 증거와는 거리가 멀다. 오히려 비극은 그런 비관주의에 대한 최종 기각이자 대응책으로 보아야 한다. 가장 낯설고 가혹한 문제들 속에서도 삶 자체를 긍정하기, 자신의 최고 유형의 무한량마저 기꺼이 희생할 정도로 삶을 의욕하기 — 이것을 나는 '디오니소스적'이라고 불렀으며, 이것이 비극적 시인의 심리학에 이르는 다리임을 알아보았다. [이 심리학은] 아리스토텔레스가 이해했던 것처럼 공포와 연민에서 벗어나기 위한 것도 아니요, 격심한 분출을 통해 위험한 격정에서 정화되기 위한 것도 아니다. 오히려 공포와 연민을 넘어 생성의 영원한 욕망 자체가 되기 위한 것이요, 파멸의 욕망까지도 제 안에 품고 있는 욕망 자체가 되기 위한 것이다. 이로써 내가 처음 출발했던 장소를 다시 운위한 것이니, "비극의 탄생"은 나에게 모든 가치의 첫 번째 전도顚倒였다. 하여 나의 의욕과 나의 능력이 생장하는 토양으로 나 다시 돌아가 서노라 — 나, 철학자 디오니소스의 최후의 제자가, — 나, 영원회귀의 스승이 . . .

번역에 대하여

《비극의 탄생》의 언어와 문체를 이해하는 데에는 니체가 고대 언어에 능통했다는 사실을 아는 것이 중요하다. 오늘날도 마찬가지이지만, 현대 언어와는 문법과 구문이 판이한 고대 언어에 능숙해지면 언어 감각에서 상당한 변화를 겪으며, 동시대인들의 감각과는 다르게 낱말의 의미에 다중적으로 접근하고 문체적 갈등을 겪으면서 자기만의 표현을 시도하게 된다. 《비극의 탄생》의 니체가 그런 경우이다. 그는 낱말의 의미를 이질적으로 취하거나 새롭게 분절하기도 하고 문체적 갈등을 보여준다. 일례로, "관하다schauen"와 "관조하다anschauen", "효력Wirkung"과 "효과Effect", "도취 Rausch"와 "취함Trunkenheit", "조형가적bildnerisch"과 "조형적bildlich", "예술 가적künstlerisch"과 "예술적künstlich" 등등의 새로운 의미 분절을 보면, 그가 낱말을 엄정하게 다룬다는 것을 알 수 있다. 따라서 《비극의 탄생》의 언어와 표현은 문헌학적 비평의 자세로 엄밀하게 접근해야 한다.

우리는 《비극의 탄생》의 기존 번역서들이 이와 같은 엄밀성을 결여하고 있다고 판단하고 번역에 최대한 개념적 엄밀성과 일관성을 유지하려고 애썼다. 그 어떤 일상어도 함부로 다루지 않았다. 독일어 낱말이 어떤 고대어와 연계되어 있는지 당대 언중의 활용과는 얼마나 다른지, 낱말의 이질적인 의미 선택이 어떤 중의적 효력을 갖는지, "Artist(아티스트)", "Effect(효과)", "Affect(격정)", "percipiren(수용하다)", "Scene(무대)", "Generation(번식, 생식)", "Relation(혈통)" 등의 외래어를 도입한 의도는 무엇인지, 니체의 사고가 어떤 고대 문헌 및 근대의 사상과 연결되어 있는지 등등, 하나하나 면밀히 검토하면서 번역어 선택에 고심하였다. 나아가 《비극의 탄생》은 니체의 자평처럼 둔중하며 난감하며 감정적이며 템포가 일정하지 않은 문체적 갈등을 보여주고 있는 바, 내용의 흐름을 살리되 의미를 손상하지 않는 한에서 구문의 난맥을 해체하는 방향을 택하였다. 원문의 문체적 특징을 손보아 가독성을 취하되 사상의 무거움과 난해함은 해치지 않는 번역을 목표로 작업에 임한 것이다. 《비극의 탄생》 번역을 위해서는 고대 언어 및 문헌에 대한 전문적 지식과 탁월하고 섬세한 독일어 감각이 필요했던 바, 공동 번역이 아니라면 불가능했을 작업이었다.

이 번역서의 역자들은 기존 번역서들의 성과를 뛰어넘고 오역을 최대한 줄이고 니체의 의도를 놓치지 않기 위해 초역 이후 두 번의 공동 검토와 세 번의 개정 끝에 번역 원고를 완성하였다. 아울러 공동 검토 시에는 인다의 최성웅 전 대표와 편집자가 동참하여 역자들에 버금가는 수고를 마다하지 않았으며, 정암학당 초대 학당장 김인곤 선생님께서도 동참하여 비평의 도움을 주셨다. 역자에 두 명의 이름만 올랐지만, 원고 완성에는 다른 세 분의 도움이 들어가 있다.

2017년 2월

김출곤